U0492383

从虚拟资本到虚拟经济

刘骏民 - 著

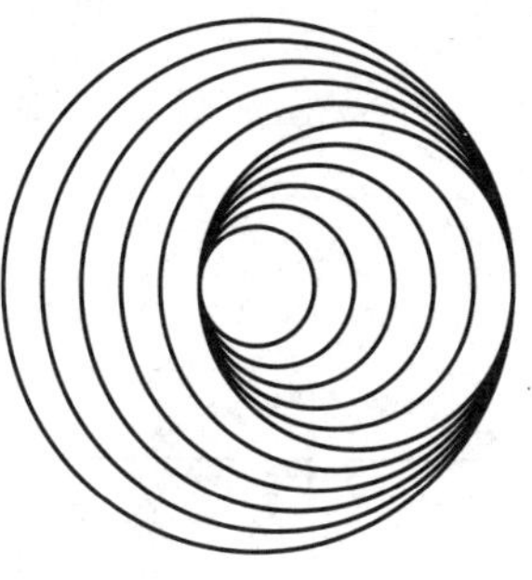

FROM VIRTUAL CAPITAL TO FICTIOUS ECONOMY

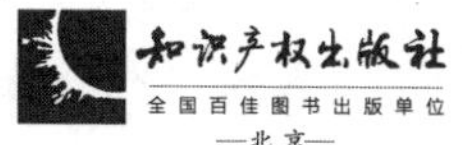

图书在版编目（CIP）数据

从虚拟资本到虚拟经济 / 刘骏民著 . —北京：知识产权出版社，2020.1（2021.4重印）
ISBN 978-7-5130-6531-3

Ⅰ. ①从… Ⅱ. ①刘… Ⅲ. ①虚拟经济—研究 Ⅳ. ① F019

中国版本图书馆 CIP 数据核字（2019）第 218659 号

内容提要

本书从证券业的发展开始，阐述虚拟资本的新发展，分析这些新发展的意义，揭示其背后的规律。揭示当代经济如何从虚拟资本的发展过程中孕育出虚拟经济，虚拟经济的过度膨胀和货币的虚拟化怎样为当今世界埋下泡沫经济和经济危机的种子。

总 策 划：王润贵
套书责编：蔡 虹 石红华
本书责编：李 瑾
项目负责：蔡 虹
责任校对：王 岩
责任印制：刘译文

从虚拟资本到虚拟经济

刘骏民 著

出版发行：知识产权出版社有限责任公司
网 址：http：//www.ipph.cn
社 址：北京市海淀区气象路 50 号院
邮 编：100081
责编电话：010–82000860 转 8324
责编邮箱：caihongbj@163.com
发行电话：010–82000860 转 8101/8102
发行传真：010–82000893/82005070/82000270
印 刷：三河市国英印务有限公司
经 销：各大网上书店、新华书店及相关专业书店
开 本：880mm × 1230mm 1/32
印 张：10.25
版 次：2020 年 1 月第 1 版
印 次：2021 年 4 月第 2 次印刷
字 数：280 千字
定 价：58.00 元

ISBN 978-7-5130-6531-3

出版说明

知识产权出版社自1980年成立以来，一直坚持以传播优秀文化、服务国家发展为己任，不断发展壮大，影响力和竞争力不断提升。近年来，我们大力支持经济类图书尤其是经济学名家大家的著作出版，先后编辑出版了《孙冶方文集》《于光远经济论著全集》《刘国光经济论著全集》和《苏星经济论著全集》等一批经济学精品力作，产生了广泛的社会影响。受此激励和鼓舞，我们和孙冶方基金会携手于2018年1月出版《孙冶方文集》之后，又精选再版孙冶方经济科学奖获奖作品。

“孙冶方经济科学奖” 是中国经济学界的最高奖，每两年评选一次，每届评选的著作奖和论文奖都有若干个，评选的对象是1979年以来的所有公开发表的经济学论著。其获奖成果基本反映了中国经济科学发展前沿的最新成果，代表了中国经济学研究各领域的最高水平。这次再版的孙冶方经济科学奖获奖作品，是我们从孙冶方经济科学奖于1984年首次评选到2017年第十七届共评选出的获奖著作中精选的20多部作品。这次再版，一方面是为了缅怀和纪念中国卓越的马克思主义经济学家和中国经济改革的理论先驱孙冶方同志；另一方面有助于系统回顾和梳理我国经济理论创新发展历程，对经济学同人深入研究当代中国经济学思想史，在继承基础上继续推动我国经济学理论创新、更好构建中国特色社会主义政治经济学都具有重要意义。

在编辑整理“孙冶方经济科学奖获奖作品选”时，有几点说明如下。

第一，由于这20多部作品第一版时是由不同出版社出版的，所以开本、版式、封面和体例不太一致，这次再版都进行了统一。

第二，再版的这20多部作品中，有一部分作品这次再版时作者进行了修订和校订，因此与第一版内容不完全一致。

第三，大部分作品由于第一版时出现很多类似“近几年”“目前”等时间词，再版时已不适用了。但为了保持原貌，我们没有进行修改。

在这20多部作品编辑出版过程中，孙冶方经济科学基金会的领导和同事对本套图书的出版提供了大力支持和帮助；86岁高龄的著名经济学家张卓元老师亲自为本套图书作了思想深刻、内涵丰富的序言；这20多部作品的作者也在百忙之中给予了积极的配合和帮助。可以说，正是他们的无私奉献和鼎力相助，才使本套图书的出版工作得以顺利进行。在此，一并表示衷心感谢！

知识产权出版社

2019年6月

总　序

张卓元

知识产权出版社领导和编辑提出要统一装帧再版从1984年起荣获孙冶方经济科学奖著作奖的几十本著作，他们最终精选了20多部作品再版。他们要我为这套再版著作写序，我答应了。

趁此机会，我想首先简要介绍一下孙冶方经济科学基金会。孙冶方经济科学基金会是为纪念卓越的马克思主义经济学家孙冶方等老一辈经济学家的杰出贡献而于1983年设立的，是中国在改革开放初期最早设立的基金会。基金会成立36年来，紧跟时代步伐，遵循孙冶方等老一辈经济学家毕生追求真理、严谨治学的精神，在经济学学术研究、政策研究、学术新人发掘培养等方面不断探索，为繁荣我国经济科学事业做出了积极贡献。

由孙冶方经济科学基金会主办的"孙冶方经济科学奖"（著作奖、论文奖）是我国经济学界的最高荣誉，是经济学界最具权威地位、最受关注的奖项。评奖对象是改革开放以来经济理论工作者和实际工作者在国内外公开发表的论文和出版的专著。评选范围包括：经济学的基础理论研究、国民经济现实问题的理论研究，特别是改革开放与经济发展实践中热点问题的理论研究。强调注重发现中青年的优秀作品，为全面深化改革和经济建设，为繁荣和发展中国的经济学做出贡献。自1984年评奖活动启动以来，每两年评选一次，累计已评奖17届，共评出获奖著作55部，获奖论文175篇。由于孙冶方经济科学奖的评奖过程一直是开放、公开、公平、公正的，在作者申报和专家推荐的基础上，由全国著名综合性与财经类大学经济院系和中国社会科学院经济学科领域研究所各推荐一名教授组成的初评小组，进行独立评

审，提出建议入围的论著。然后由基金会评奖委员会以公开讨论和无记名投票方式，以简单多数选定获奖作品。最近几届的票决结果还要进行公示后报基金会理事会最终批准。因此，所有获奖论著，都是经过权威专家几轮认真的公平公正的评审筛选后确定的，因此这些论著可以说代表着当时中国经济学研究成果的最高水平。

作为17届评奖活动的参与者和具体操作者，我不敢说我们评出的获奖作品百分之百代表着当时经济学研究的最高水平，但我们的确是尽力而为，只是限于我们的水平，肯定有疏漏和不足之处。总体来说，从各方面反映来看，获奖作品还是当时最具代表性和最高质量的，反映了改革开放后中国经济学研究的重大进展。也正因为如此，我认为知识产权出版社重新成套再版获奖专著，是很有意义和价值的。

首先，有助于人们很好地回顾改革开放40年来经济改革及其带来的经济腾飞和人民生活水平的快速提高。改革开放40年使中国社会经济发生了翻天覆地的变化。贫穷落后的中国经过改革开放30年的艰苦奋斗于2009年即成为世界第二大经济体，创造了世界经济发展历史的新奇迹。翻阅再版的获奖专著，我们可以清晰地看到40年经济奇迹是怎样创造出来的。这里有对整个农村改革的理论阐述，有中国走上社会主义市场经济发展道路的理论解释，有关于财政、金融、发展第三产业、消费、社会保障、扶贫等重大现实问题的应用性研究并提出切实可行的建议，有对经济飞速发展过程中经济结构、产业组织变动的深刻分析，有对中国新型工业化进程和中长期发展的深入研讨，等等。阅读这些从理论上讲好中国故事的著作，有助于我们了解中国经济巨变的内在原因和客观必然性。

其次，有助于我们掌握改革开放以来中国特色社会主义经济理论发展的进程和走向。中国的经济改革和发展是在由邓小平开创的中国特色社会主义及其经济理论指导下顺利推进的。中国特色社会主义理论体系也是在伟大的改革开放进程中不断丰富和发展的。由于获奖著作均系经济理论力作，我们可以从各个时段获奖著作中，了解中国特色社会主义经济理论是怎样随着中国经济市场化改革的深化而不断丰富发展的。因此，再版获奖著作，对研究中国经济思想史和中国经济史的理论工作者是大有裨益的。

最后，有助于年轻的经济理论工作者学习怎样写学术专著。获奖著作除少数应用性、政策性强的以外，都是规范的学术著作，大家可以从中学到怎样撰写学术专著。获奖著作中有几套经济史、经济思想史作品，都是多卷本的，都是作者几十年研究的结晶。我们在评奖过程中，争议最少的就是颁奖给那些经过几十年研究的上乘成果。过去苏星教授写过经济学研究要“积之十年”，而获奖的属于经济史和经济思想史的专著，更是积之几十年结出的硕果。

是为序。

2019 年 5 月

前　言

20世纪80年代以来，各主要工业国家的金融资产开始迅速膨胀，截止到1997年，这些国家的金融资产的总额都已经超过其实际国内生产总值（GDP）的2倍以上，这在西方被称为经济的“金融深化”。美国经济学家麦金农（R. J. Mickinnon）在创立金融深化理论的同时大力向发展中国家推荐金融自由化和金融深化的好处，使得80年代以来，一些发展中国家的金融资产膨胀速度甚至超过了发达国家。金融深化与金融市场的自由化和国际化结合在一起，为世界性的金融危机的频繁爆发埋下了祸根。在1973年布雷顿森林体系崩溃以后，货币无论在国内还是在国际都彻底虚拟化了，国际货币体系开始了浮动汇率的时代。金融资产的膨胀，国内金融市场的自由化和国际化，货币的虚拟化，金融衍生物的迅速膨胀，浮动汇率，等等，这一切在金融领域里的重大发展不但在国内迅速滋生出规模庞大的虚拟经济，也在国际上养育出了巨额的国际投机资本。80年代中期以后，日本、墨西哥、欧洲、泰国和韩国以及拉丁美洲、亚洲频繁出现泡沫经济，并在泡沫经济破灭时引发金融危机。几乎每次局部的金融危机都会迅速蔓延到其他国家而迅速形成世界性金融风暴。国内银行和其他金融机构的坏账、呆账，汇率的剧烈波动使得一些国际性大银行和金融机构瞬间倒闭，也使某些国家积累了十几年的外汇储备在几天和几周内损失殆尽。日元取代美元国际货币地位的美梦在几乎就要实现时被坏账引起的金融危机在短短数月内打破，亚洲新兴市场国家高速增长的经济在金融危机的打击下突然中断。人们开始将目光转向金融体制内部——究竟是什么地方出了问题呢？

本书将从证券业的发展开始，阐述虚拟资本的新发展，分析这些新发展的意义，揭示其背后的规律。本书将揭示当代经济如何从虚拟资本的发展过程中孕育出虚拟经济，虚拟经济的过度膨胀和货币的虚拟化怎样为当今世界埋下泡沫经济和经济危机的种子。

“虚拟资本”是马克思的用语，用来说明股票、债券等证券的本质。“虚拟”一词恰当地揭示了证券的本质特征：它可以作为商品买卖，可以作为资本增值，但本身却没有价值。它们代表的实际资本已经投入生产领域或消费过程，而其自身却作为可以买卖的“金融资产”滞留在证券市场上。通过证券，一笔资产可以有双重存在甚至多重存在；同时，一笔资本的运动过程也演化成了两种或两种以上的既有联系又有相对独立性的经济过程，即实际的经济过程和虚拟的经济过程。随着经济的发展和经济制度的不断演化，这两个过程可能是密切联系的，也可能是完全相互独立的。例如，企业发行的股票就属于前者；80年代以来的证券化中，以信用卡为抵押的组合证券就属于后者。因为，这种证券代表的那笔资金已经进入消费领域完全被消费掉，而以此为基础发行的证券却仍在流通，并保持着价值增值的表面现象。当然，消费信贷的证券化在某些国家尚未开展，已经开展的国家其规模也不大。但是，由于这类证券包括了政府债券中用于非生产性开支的部分，因此数量仍然相当大。在金融创新和证券化的过程中，新的证券形式不断出现，金融活动也更加复杂和更加专业化。与此同时，金融活动的规模也不断扩大。除去金融业的从业人员以外，几乎所有的人都可以直接或通过金融机构参与金融投资或金融投机活动。企业通过金融创新活动灵活地筹资、处理自己的债务和债权，个人也可以通过金融机构的金融活动支持高增长行业和地区的经济，并分享其高增长带来的利益。金融业通过对实际经济的支持创造了巨大的经济财富，但它本身却不属于实

际经济，不是社会财富的直接创造者。其活动的虚拟性足以使它在短期内产生泡沫经济，危害实际经济过程。当代的货币已经失去了内在价值，资本的虚拟化程度又在不断提高，而当代市场经济的高度社会化则集中体现在金融深化上。因此，当代经济的社会化和虚拟化同步加深。当然，经济的虚拟化不但在金融业上获得了充分的表现，而且在房地产业也十分突出。在日本、墨西哥和东南亚的金融危机中，房地产业的过度膨胀都是主要原因之一。经济虚拟化在社会生活的许多方面都有着明显的标志。例如，意大利的足球已经产业化了，其产值占其国民生产总值的比重已近1/3，它不再是单纯的体育活动，而是一个庞大的产业；它不但创造着就业机会，而且也创造着国民财富。第三产业中的许多行业过去都被看作是对国民财富的一种消耗，现在则已经被看作是生产性行业，其产值被列入各国GNP和GDP。这些导致了人们关于“财富”和“价值”概念的重大变化，也导致了人们社会生活的巨大变化。本书提出的“虚拟经济”的概念可分为广义和狭义两种，广义虚拟经济是指除物质生产活动和与其有关的一切劳务以外的所有经济活动，包括体育、文艺、银行、保险、其他金融机构的活动、房地产（除去建筑业创造的产值）、教育、广告业等。狭义的虚拟经济仅指所有的金融活动和房地产业。由于广义虚拟经济涉及价值概念和财富概念的重新定义，涉及生产性劳动的重新定义，而这些对我们要揭示的金融危机频繁爆发背后的原因关系不大，所以本书使用狭义虚拟经济的概念，并以金融业为主来展开论述。

从虚拟资本的研究入手，以虚拟资本的运动为切入点，来重新考察当代的经济活动，将使我们在一个新的视角上对当代的市场经济有一个更深入更透彻的认识，并有助于我们掌握当代市场经济运行的规律。

作者

1998年4月

目 录

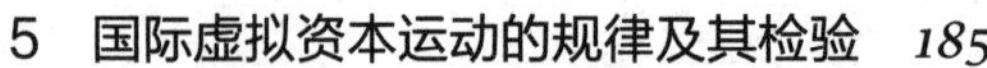

1 金融创新与虚拟资本的新发展

20 世纪 80 年代以来，在发达国家发生了一系列的变化。特别是金融自由化的政策，大大推动了金融活动的发展。在金融活动中证券业的发展特别迅速，在 80 年代中期已经超过了银行贷款，成为当代筹资的主要方式。在证券业迅猛发展的过程中，出现了一些重要的变化。这些变化正在改变着国内和国际筹资的格局，并对国内和国际金融体制以及各国的金融管理措施和制度等诸多方面产生了深刻的影响。本章主要叙述金融领域里发生的一些具有深远影响的新变化。

1.1 20 世纪 80 年代的证券化及其筹资技术

20 世纪 80 年代以来，世界金融业的一个最引人注目的变化是筹资活动的证券化，包括各类抵押贷款的证券化和其他应收款的证券化。随着证券化过程中不断涌现出来的筹资创新，一些新的发行工具和技术被广泛采用，使利用各种证券筹资比传统的银行贷款更容易，成本更低，更具有灵活性。这吸引了大量的借款人从银行贷款转向各类证券市场，加速了证券市场的扩张，从投资者方面看，一方面，证券种类繁多提供了更广阔的选择余地和更大的灵活性；另一方面，从事国际证券投资，既可以使其资产风险进一步分散，又可参与分享国外其他地区和行业的高收益，加上 80 年代以来许多国家相继放松了本国投资者投资于国际证券的限制，便为国际证券业的发展铺平了道路。随着国际证券业的发展，外汇市场也发生了重大的变化。在 80 年代初，只有少数国家有外汇期货市场。当时，它还被看作是现货市场的补充。但是80年代中期以后，随着外汇期货业务已成为欧美各国普遍流行的金融业务，由它派生出来的一些金融工具迅速发展起来。那些被统称为衍生物（Derivative）的期货（Futures）、期权（Options）、互换交易（Swaps）等已经超过了外汇市场上的现货交易。此后，这些交易很快渗入债券市场和股票市场，并出现了债券指数期货和股票指数期货。在国际证券业的投资者中，公共投资机构在80年代以来已经迅速提高了它在国际证券中的地位，成为这一行业的统治者。在交易方式上，一方面各大金融中心的交易所仍保持着举足轻重的地位；另一方面，国际证券柜台交易为大量较低信用等级公司在国际市场筹资提供了便宜的筹资渠道。随着90年代一些大公司在经济不景气环境下的信用等级下降，柜台交易便成了更主要的筹资渠道。

1.1.1 资产的证券化

20世纪80年代国际筹资的证券化起源于资产证券化。资产证券化始于70年代美国房屋抵押贷款的证券化。当时，美国的政府国民抵押贷款协会（Goverment National Mortgage Association，GNMA）支持储蓄金融机构将由联邦住房管理局（Federal Housing Administration，FHA）和退伍军人管理局（Veterans Administration，VA）担保的不同收益和期限的房屋抵押贷款的债权组合成一组资产，并以这一组合资产的债权盈利为抵押，发行新的证券给投资者，GNMA的支持是为这种新证券的发行再提供进一步的担保。这种证券被称为“抵押贷款证券”MBS（Mortgage-Backed Securities），这在当时被看作是一种金融创新，它实现了房屋抵押贷款的流动化。MBS将住房抵押贷款的风险大部分转给了投资者。这一方面提高了这些储蓄金融机构的资本与风险资产的比率，另一方面也带来一些新的问题：由于住房抵押贷款都是固定利率，而且借款人可以提前还贷，因此，一旦利率下降，购买了 MBS 的投资者就担心这种提前还款会迫使他们在低利率下进行再投资，为了消除 MBS 带来的不利影响，1983 年出现了一种新的金融工具“间接化的抵押证券”CMO（Collateralized Mortgage Obligations）。这种证券是分批、连续地还款。这使得提前偿还带来损失的风险大大降低了，除去可改变期限以外，在 MBS 市场的另一创新是“使用提高”的广泛应用。最初，CMO 往往利用政府机构和其他官方的实体提供的担保来提高其信用等级。后来，这种外部的担保扩展到保险公司或其他专业化的金融公司。由于这种信用提高技术的应用，大约 90% 的 CMO 被评为三 A 级或二 A 级的证券。与此同时，由于 Q 字条例的取消，利息率不再封顶，80 年代初的货币市场基金对投资者支付更高一些的利息，从而可以将资金从储蓄与贷款协会（Saving & Loans Associations，S&Ls）吸引过来。由于 S&Ls 的储蓄减少，造成其偿还能力或流动性（Liquidity）降低。在其收支平衡表上反映为其风险资产（贷出的款项）大于其具有流动性的灵活资产。这就产生了 S&Ls 出售其风险资产的必要性。它们希望将其应收的贷款在其未到期前组合成一种可发证券的资产来出售。随着 Q 字条例的取消，利息率扶摇直上，储蓄与贷款协会的绝大多数固定利率的证券资产价值下跌。在这种情况下，他们往往不是继续持有这种债券，而是设法卖掉它们，然后再投资于那些有较高偿还能力和流动性的抵押贷款证券（MBS）。在储蓄与贷款协会迫于资金减少和利率上升的压力而积极从事出售其风险资产和寻求更高收益资产的同时，商业银行也同样受到了货币基金市场强有力的竞争，也出现了资产流动性危机和资本 / 资产比率下降的压力。这样，对商业银行来说，资产的证券化也同样具有巨大吸引力。

自 80 年代初以后，房屋抵押贷款的证券化于 1985 年扩展到了汽车贷款，1987 年又扩展到信用卡贷款，随后是商业资产的证券化和公司贸易应收款的证券化。进入 90 年代，证券化不但扩

展到各式各样的实际和金融资产，而且还扩展到了各种有保障的收入流和现金流，甚至扩展到了统计上的差价。为了与抵押贷款证券相区别，那些抵押贷款以外，由其他资产担保的证券，如商业银行以工商业贷款担保的证券和其他应收款担保的证券被称为资产担保的证券，即 ABS（Assets-Backed Securities）。

在 ABS 的发展过程中，另一引人注目的金融创新是“重新打包”（Repackaging）业务。经营者将买来的各种证券重新组合，加入一些高信用等级的证券，使重新组合的证券具有较高的信用等级，然后以此为担保来发行一种新证券。有时也采用高信用等级的机构担保的方式使新组成的证券信用提高。

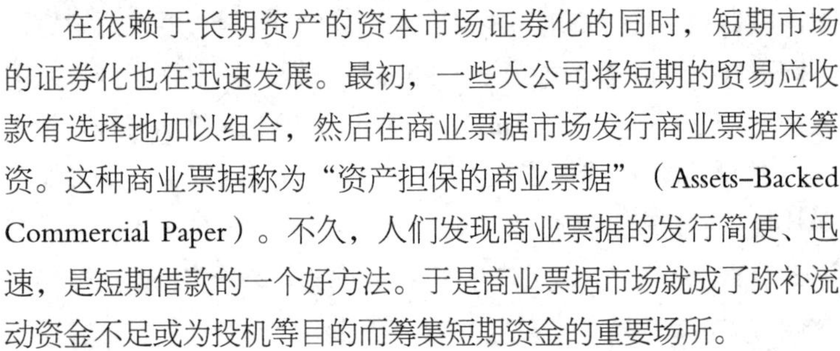

在依赖于长期资产的资本市场证券化的同时，短期市场的证券化也在迅速发展。最初，一些大公司将短期的贸易应收款有选择地加以组合，然后在商业票据市场发行商业票据来筹资。这种商业票据称为“资产担保的商业票据”（Assets-Backed Commercial Paper）。不久，人们发现商业票据的发行简便、迅速，是短期借款的一个好方法。于是商业票据市场就成了弥补流动资金不足或为投机等目的而筹集短期资金的重要场所。

资产的证券化起源于美国，但很快就蔓延到其他国家，并对世界金融体制的变化产生了巨大的影响。在欧洲，国际银行业是相当发达的，证券化也就起着更深远的影响。它使得欧洲的货币市场和资本市场都发生了重大的变化。证券化不但使货币市场和资本市场更加活跃、有效，也使绝大多数的证券市场日益国际化。虽然欧洲一体化进程中仍存在着一些障碍，但欧洲金融市场的国内、外的界限日益模糊。欧盟正在筹建统一的欧洲金融市场。日本证券业的发展较晚，但 80 年代末，日本政府开始逐步放松对证券业的管理，特别是支持证券业国际化发展的一些措施使日本在国际证券市场中占有举足轻重的地位，80 年代以来，加拿大、澳大利亚和新西兰等国家的证券化也都有较大的发展。

1.1.2　金融创新与筹资技术

在资产证券化的过程中，“信用提高”起着重要的作用。没有信用提高（Credit Enhancement）技术，ABS 的发展就不可能这样迅速。信用提高是一种金融技术，它可以由内部提供也可以由外部提供，内部信用提高通常是用抵押品来保护投资者免遭不可预见的损失。内部信用提高方法中，最常用的是一种“从属”技术，ABS 的发行者首先根据信用评级机构的标准，分别计算出每一种抵押品（通常是一些其他证券和应收款等）的必要损失范围及其出现的概率，然后确定这一组证券或其他资产组成的抵押品的总风险水平，根据这一初步组成的抵押品的风险水平，发行者可以考虑其信用提高到某一等级需要加入的高信用等级资产的量，这时，最初的抵押品称为从属抵押品，它依附于高信用等级的资产来提高自己的信用等级。外部信用提高通常是通过银行提供的信用证或担保债券来实现，信用评级机构对经过信用提高技术处理后的证券的评级一般要低于其用于提高信用的资产等级。

信用提高仅仅是资产证券化过程中金融创新的一个典型例证，可以说没有金融创新就没有资产证券化。金融创新最初只是被看作筹资活动中对某种新型证券的发明创造，但到 80 年代末和 90 年代初，它已经成为一种系统复杂的技术，称为“金融工程技术”（Financial Engineering Techniques）。利用这种技术可以不断地设计出符合筹资者和投资者不同需要的金融工具，可以将那些不稳定的收入流转换成投资者可靠收入的来源。概括地说，金融工程技术就是筹资者通过设计筹资方式、途径和发行工具以迎合投资者需要的筹资技术。

第一种普遍的技术是用来改变出售 ABS 的卖者的应收款的期限与 ABS 期限不一致，从而消除提前偿还和应收款资产价值波动的一种方法，多用于信用卡 ABS。ABS 的卖者用其利息作抵押，为组成 ABS 的证券提供风险抵押金，任何提前偿还的应收款都用来补充这一风险抵押金。这样，卖者就承担了未到期资产收益波动的风险，并将投资者与提前偿还及收益波动的风险隔离开了。在卖者应收款的分期偿还（同期构成的资产期限不同）开始以前，卖者仅仅是为未到期资产的价值波动提供抵押金，这时卖者的利息不断地补充到这一风险抵押金中，直到构成 ABS 的资产中已经出现到期偿还的资产时为止。这段时期称为“循环期”。一旦分期偿还开始，“循环期”便结束。在分期偿还应收款时，偿还的本金并不立即偿还给 ABS 的持有者，也不用来支付卖者的利息，而是储蓄在有担保的投资合同 GIC（Guaranteed Investment Contract）中或这种投资合同的账户上，直到这一账户的资金足以应付 ABS 到期时的偿还为止。在分期偿还期内，卖者的利息占未到期应收款的百分比会扩大，直到它超过为压平应收款资产价值波动而提供的必要资金比例。这时它就与分期偿还的本金一起，逐渐变为 100% 地为 ABS 担保的资金，最后在 ABS 到期时偿还给投资者。也有一些分期偿还的信用卡 ABS，在信用卡应收款开始偿还本金时，开始支付给信用卡 ABS 的持有者，而不是先存在 GIC 的账户上，在 ABS 到期后一起偿还。

第二种基本技术是“替代”（Substitution），它通常用于压平不平衡的现金流。它是用类似的新资产来代替那些在 ABS 到期前偿还的资产。事实上，没有“替代”，短期资产的证券化是不经济的。例如，信用卡应收款，它的平均偿还期限非常短，如果不采用替代技术的话，迅速偿还的应收款本息在以其为抵押的 ABS 到期前就不断流回到发行以这些资产为抵押的 ABS 的卖者手中，这就使得以这种短期资产为抵押的 ABS 非常不合算，它的前期机会成本太高。在法国，由于法律禁止“替代”，尽管许多金融机构都希望减少其平衡表中的风险资产的数量，但他们却不愿发行信用卡 ABS。

在“替代”技术的应用中，一个突出的问题是那些进入资产组合中的新资产的信用问题。除非（新加入抵押资产的）新资产的信用有新的担保，或新资产的信用等级本来就很高，否则由于包括了有更大风险的新资产，ABS 的信用等级就会下降。在实践中，发行者可以利用“替代”技术，将其短期应收款资产转变为一种非分期偿还的债券，但信用评级机构却担心发行者没有足够的相应信用等级的资产来代替那些偿还了的资产。因此，他们要求发行者必须有某些形式的支柱性（Backstop）投资对那些用于替代的新资产给与保证。发行者最常用的一种方法是利用担保投资合同账户（GIC）。在 ABS 的发行中，也常使用一种利率互换技术（Interest Rate Swap Technique）。利用这种技术可以将浮动利率的资产转化为固定利率的 ABS。在这种转化过程中，发行者至少要找到几个大的投资者，他们恰好愿意购买这种固定利率 ABS，而不愿购买浮动利率的证券。有时，情况正相反，发行者也可以利用利率互换技术将固定利率的资产转化为浮动利率的 ABS。究竟怎样转变，将视投资者的需要而定。在利率互换技术的实施中，ABS 的设计者通常要适应发行者和投资者的一些特殊需要。例如一些大的投资者愿意接受分期偿还，却又要避免利率波动的风险时，安排分期偿还的时间表和确定固定利率的水平就是一项复杂的工作。它需要利用许多利率预期的技术。但是，如果信用评级机构和管理当局认为发行者仍承担很大的风险，往往又不允许将这一发行 ABS 的资产从其资产负债表中去掉，在互换 ABS 的设计中，税收也往往使这种设计更复杂，因为表面对称的税收负担在买卖双方承担风险不同时，实际上会存在很大差异。特别是在利率变动或其他市场波动发生时就更是如此。

资产证券化的技术也被用于商业票据市场，并在资产担保的商业票据（Asset-Backed Commercial Paper）发行中得到发展。这种商业票据的发行特别迅速，二级市场的交易也很活跃，从而能使发行者和投资者经常调整自己的债务结构和投资证券组的构成。并且，在国际发行的商业票据市场，常常使用远期外汇合同或货币交叉互换技术来回避外汇风险。总之，在商业票据市场

上，在期限的配合、利率的转换、风险的归避以及发行票据面额的确定等方面，筹资技术都得到了不小的发展。

在资产证券化的过程中，筹资技术不断发展。每一种证券的发行都包含着与其他证券发行有明显差异的复杂的发行技术。甚至同种证券的发行，由于其目的和环境条件的不同，发行者采用的技术和设计方案也就有这样或那样的差异。进入 90 年代，筹资活动已经成为一种“工程设计”性的复杂工作。

随着资产证券化的发展，整个金融业都受到了巨大的影响。贷款的规模日小，而证券筹资的规模日增，银行的作用也在发生重要的转变，其存贷中介的地位正在削弱，而其为发行证券服务的代理人性质却在加强。一些大公司通过这种服务进入资本市场和货币市场筹资。这些变化波及许多国家和国际金融业。我们用“金融业的证券化”来概括包括资产证券化在内的这些重大变化。

1.2　金融衍生物市场的迅速发展

20 世纪 80 年代初，金融期货交易、期权交易、互换交易、远期利率合同（Forward Rate Agreements）以及其他与风险躲避有关的金融工具，还仅仅是少数发达国家使用的金融工具。它们是由金融现货市场（Cash Market）派生出来的，称为衍生物（Derivative）。这些衍生物的交易关系称为“衍生物市场”。它是金融现货市场的补充。80 年代中期以来，衍生物市场迅速发展，现在，衍生物交易已经成为各主要金融市场上的常用金融技术，近年来这一市场的特征主要是：（1）外汇交易合同的交易量迅速扩张；（2）利用金融工程技术，并通过衍生物来制定复杂的投资战略；（3）柜台交易市场在衍生物的交易中比在传统的证券交易中扩张得更快。

1.2.1 衍生物的功能及其市场扩张

衍生物最初是在外汇期货市场上广泛应用，主要用于躲避汇率波动的风险和外汇投机。尔后在所有金融期货市场迅速发展，它存在于债券市场、股票市场和外汇市场，并很快成为一种投资工具。

衍生物的基本功能是可以用来躲避风险，这取决于它的多样性和灵活性。它既可以适应希望资产保值者的需要，也可适应甘冒风险者的投机需要。除去这些人们熟知的功能以外，近年来迅速发展的“金融期权”交易和“掉期”交易使这些衍生物具有了一些新的功能。其最突出的新功能有两个：一是它可以更有效地帮助某些公司去吞并其他公司；二是它可以更有效地帮助投资者将自己的债务与股权衍生物联系起来制定复杂的，但却更有利的投资战略。

一般来说，在某个公司考虑其投资战略的时候，往往先要收集大量与某些行业有关的资料，包括现有企业的经营状况和该行业的市场前景。即使在这些工作看来已很充分的时候，贸然深入一个新的行业也往往要受挫。在股权衍生物（Equity Derivatives）发展起来的今天，想进入某个行业的公司便可先投资于该行业的一篮子股票期权（Equity Option），来作为其投资战略的第一步，对该行业进行试探性投资。期权与期货不同，它没有在期限内必须购买或出售股票的义务，而是在期限内保有买或卖的权力。在股票价格对其不利时，它可以放弃这种权力。其可能的损失仅仅是购买股票期权合同的支付。因此，这种试探性的投资的成本就非常之低。准备进入该行业的公司如果认为该行业股票看涨，它就可以购买买方期权（又称看涨期权 Call Option）。如果公司判断相反，它就可以购买卖方期权（或称看跌期权 Put Option），即使它的判断是错误的，它也可以因“期权”交易而避免该行业“系统风险”的大部分。

经过初步的试探之后，准备进入该行业的公司一方面会根据初步实践的体会验证自己根据资料分析做出的行业判断的可靠性，另一方面也可进一步考虑具体收购其股票的对象。一旦目标选定，对该企业股票的收购就可以开始。在目标的选定过程中，股票期权仍是一个有力的工具。当收购者预见到某个企业的股票将会过低的时候，它就会利用买方期权来为自己在购买该企业的股票上建立一个财务地位。一般来说，当一个企业的股票在市场上被收购时，其价格会暴涨，这往往使兼并花费高昂的代价，甚至功败垂成。利用股权衍生物，兼并者可以将其成本大大降低。兼并者可以在收购活动之初，在理想的价格上出售该股票的卖权给第三者，通常是银行。一旦收购活动使股票价格上涨，它就可以按协议价格从第三者手中购得所需数量的股票，而第三者通常又找不到除兼并者以外的大买主，兼并就可以在比平常低得多的成本下完成。此后，为了防止股价在兼并完成后下跌过大，兼并者还可以从银行或第三者手中购得该股票的卖权。这样，在股价下跌较大时，只要兼并者愿卖，银行或第三者就必须购买。兼并者通过这种期权交易便可支持其股票的价格，在许多国家，直接支持自己股票价格的活动是非法的，但通过股票衍生物便可获得这种支持的间接途径。

对于一些公共投资机构，利用衍生物制定更复杂、更有利可图的投资战略已不再是新鲜事了，他们在世界范围内考虑他们的投资战略，并不断地调整其持有的证券组合，以获得最小的风险和最大的收益。利用衍生物，他们可以更有效地避免各种风险，并进行套利活动。例如，从事国际股票指数期货交易，以分享经济繁荣国家的利益，同时又通过期权交易为自己购得某种市场地位，既抓住了分享高收益的机会，又可大大减少投资的风险和成本。

正因为衍生物能为投资者带来现货交易所不具备的种种好处，它才得以迅速发展。1986 年，只有美国和少数发达国家有期货和期权交易。到了 80 年代末 90 年代初，绝大多数国家的金融当局几乎都认识到：期货和期权市场是金融市场现代化的先决条件。到 90 年代初，几乎绝大多数国家都建立了最低限度的衍生物交易市场。在一些国家，衍生物的交易量往往大大超过现货的交易量。这使得衍生物的交易量对现货市场上的价格形成产生了重大影响，许多专家认为，衍生物的交易有助于揭示现货的价格。

进入 90 年代以来，衍生物市场上的创新活动虽未停止，但新衍生物的出现已大大减少了，代之而起的是更注重对现有衍生物的综合利用和各种“组合”性创新。投资机构在组合其现货的证券组的同时，也建立衍生物的组合。这就使得投资战略的制定、实施和调整变得更复杂。他们使用一些现代化的数据处理手段，并采用理论和数学的方法来筹划改善业绩、重构风险以及减少成本的投资战略，并迅速形成了一个新的专业：“金融工程”专业（The Profession of Financial Engineering）。

1.2.2 衍生物市场的 OTC 交易

在衍生物市场的发展中，柜台交易又称场外交易或店头交易（Over The Counter，OTC）的发展尤其突出。场外交易（OTC）要比在交易所交易的限制小得多，这使得 OTC 交易比交易所交易更灵活，在交易所上市某种衍生物往往要拖延很长时间，而在店头进行衍生物的交易则要迅速和方便得多。由于对柜台交易的管理远不如交易所交易那样严格，一些中介机构便可利用金融工程技术改装或重组衍生物，以适应客户的特殊需要。这种灵活地为客户设计所需金融工具的做法，在交易所交易中就很难做到。交易所的交易总是力求标准化。如在期限上和股票指数的（企业或部门）构成上，交易所总是寻求标准化和统一，而 OTC 交易则可根据需要随时加以调整。

OTC 交易长期以来被看作是交易所交易的一种补充。20 世纪 90 年代以来，情况似乎正朝着相反的方向发展，无论从交易量、灵活量、灵活程度，还是从参与者的信用等级和规模上看，OTC 市场都占有更重要的地位。

交易所的金融期货和期权交易受到了柜台交易，特别是互换交易的强烈冲击。一些公共投资机构在一些主要的世界股票市场之间进行股票指数的互换交易。这种交易一方面可使投资者的风险在世界范围内被分散；另一方面也可使投资者进入那些有高收益但却很难进入的国外市场。一些信用等级高的大公司也发现，他们在 OTC 市场可以凭借其较高的信用等级获得比交易所更高的收入。在最近几年，经纪业盈利不断下降的情况下，许多中介机构都转向 OTC 市场。在那里他们不但可靠自己较高的信用等级获得交易所难于获得的高收入，而且还很容易利用金融工程技术不断设计出新的投资工具，扩大营业额来增加收入。

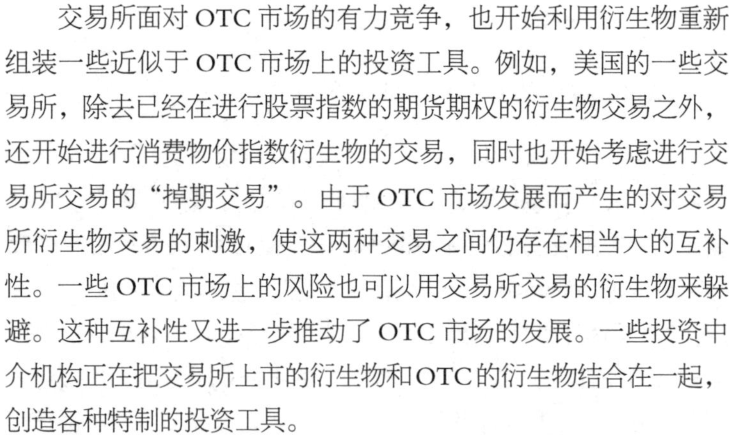

交易所面对 OTC 市场的有力竞争，也开始利用衍生物重新组装一些近似于 OTC 市场上的投资工具。例如，美国的一些交易所，除去已经在进行股票指数的期货期权的衍生物交易之外，还开始进行消费物价指数衍生物的交易，同时也开始考虑进行交易所交易的“掉期交易”。由于 OTC 市场发展而产生的对交易所衍生物交易的刺激，使这两种交易之间仍存在相当大的互补性。一些 OTC 市场上的风险也可以用交易所交易的衍生物来躲避。这种互补性又进一步推动了 OTC 市场的发展。一些投资中介机构正在把交易所上市的衍生物和OTC的衍生物结合在一起，创造各种特制的投资工具。

由于 OTC 市场的灵活性，使得衍生物交易得以迅速发展。现在，已经不限于利用金融证券的衍生物来躲避风险和进行套利活动，一些非金融资产，如房地产和商品贸易合同也用来发行衍生物。

1.3 柜台交易与公共机构

20 世纪 80 年代以来，在世界证券业迅速发展的过程中，柜台交易日益扩大，成为继交易所之后更重要的交易渠道；与此同时，公共投资机构在证券业乃至金融业中的作用也在强化。

1.3.1 柜台交易与交易所交易

柜台交易不仅仅是在衍生物交易中强烈冲击了交易所，在整个证券业中都是如此。在交易所交易中，所有的交易过程都在官方的管理监督之下，而且必须将所有的交易都公开暴露给公众，而柜台交易的官方管理要松得多，透明度也差，一些企业不愿暴露的东西也可以设法回避。实际上，OTC 市场是一个由中介机构自己组织起来的“证券商市场”。在这个市场中，投资者或证券商只与中介机构打交道。而且，中介机构自己也是投资者，它可以为自己买卖证券，也可以作为中介，将其客户与其他中介机构联系在一起。随着公共投资中介机构在证券业中地位的不断加强（这一趋势将在下面详述），OTC 市场得以迅速发展。

一般来说，交易所对证券交易起着如下几个作用：（1）为券证交易提供有形的场所；（2）提供各类有关信息并尽快形成资产的价格；（3）遵循一套自我管理和官方监督相结合的管理原则进行证券交易；（4）提供清算服务系统；（5）提供信用保证体系。

上述这些交易所的基本功能并不是不可替代的。一些自动仪器、设备的使用不但可以代替交易所的有形场所，而且突破了有形场所对证券交易的限制。通过一些现代化网络，证券交易往往可以在更大的范围内进行。价格等有关证券交易的信息也可通过电视屏幕和电话等通信系统来传输，与此同时，衍生物市场日益起着揭露证券价格形成的作用。既然可以在交易所之外了解价格形成的有关信息，又能在交易所之外完成交易，证券商自然希望能够在证券交易所之外交易，以摆脱交易所交易的高昂成本。交易所的一套管理监督原则，为投资者提供了一定程度的保护。但在经纪业收入不断下降的最近几年，它的高昂成本和缺乏 OTC 交易灵活性的特征，对证券商构成了一种巨大的压力。而对一些小的投资者来说，较高信用等级的中介机构已经足以提供他们所需的保护。因此，一些人断言，交易所的某些保护实际上是虚幻的。越来越多的投资者宁愿放弃这种保护而获得更灵活多样、成本更低的交易渠道。在中介机构之外结清他们的证券现货和衍生物交易。在 OTC 交易中，主要的参与者是大银行，保险公司和其他投资公司等公共投资中介机构，其信用保证绝不亚于交易所。从这些因素看，OTC 市场至少是交易所交易的一个紧密型的替代物，OTC 交易是交易所交易的一个强有力的竞争者。

在当代西方的证券管理制度下，中介机构必须在交易所登记和参加交易所的交易。导致他们将更多的财力物力转向 OTC 市场的主要原因还是 OTC 交易有较高的收益。在经纪业收益下降的情况下，转向 OTC 市场自然是一个明智的选择。此外，中介机构也不难发现，作为中介机构赚取佣金收入与作为投资者获取证券投资的收入是无法相比的。必须积极参与各种证券的所有权交易，而不仅仅是作为这种交易的代理人才能获取较高的收入。作为投资者，他们需要更广泛地分散其风险并能够随时调整手中的证券组合。OTC 市场无疑提供了这方面的帮助。对于中介机构来说，他们并不希望摆脱交易所交易，而是希望摆脱它的严格管理及灵活性差的限制，避开交易所的高成本。许多中介机构在交易所获取信息，却在 OTC 市场上完成它们的大部分交易。这些情况也促进了交易所的改进。面对 OTC 市场的强有力竞争，交易所也在适当放松一些限制，并推出一些新的交易形式。

1.3.2 公共投资机构日益占统治地位

机构投资者（Institutional Investors）是指诸如保险公司、年金基金组织、互助基金组织以及各类从事投资的其他公共投资机构。20 世纪 80 年代中期以来，公共投资机构发展迅速，并在证券业中占据了统治地位。

对于广大的小额投资者来说，获取收入的最好选择之一是投资于证券。证券的风险远高于银行存款，要减少风险，最有效的方法就是通过持有证券的多样化尽可能地分散风险。这对小额投资者是根本不可能的，但各类公共投资机构却能提供这样的服务。这些机构将小额资金集中起来投资于各种证券，不但可以使小额投资者的投资风险大大降低，还可以使他们进入一些难于进入的行业、地区和其他国家。随着金融创新和证券化的发展，一些新的资金加入到公共投资的行列中来。如部门基金（Sectorial Funds）、指数基金（Index Funds）、风险资本基金（Venture CapitaI Funds）、经营期货基金（Managed Futures Funds）和资产分配基金（Asset Allocation Funds）等。公共投资机构的发展使小额投资者有机会分享各类经济活动的利益。

1. 公共机构投资增长的原因

在公共投资机构中，规模最大的要数保险公司和年金基金组织。它们的发展，对公共投资的发展起着关键的作用。在发达国家，人口的平均年龄正在提高，人口老龄化的预见正逐步显现。这一方面意味着年金基金组织和保险公司的可投资金会自动地逐年增长；另一方面也意味着这些投资机构的债务负担日益加重，它们必须寻求更稳定和更高的收入流来支持它们日益加重的年金支付。这种明显的趋势引起了发达国家政府的高度重视，纷纷制定新的政策，采取一些措施支持年金基金的发展。

在美国和日本，年金基金组织相当发达，它们自 20 世纪 70 年代以来，就一直是债券市场和股票市场的主要投资者。在英国和荷兰等一些国家也是如此。但是在欧洲的其他一些国家，年金债务的很大一部分是非基金化的。这意味着这些国家的一部分企业要从自己的收入中拿出相当一部分来支付退休雇员的养老金。对于政府也是如此，它也必须在正常预算之外来支付其退休雇员的养老金。这种状况会削弱企业的竞争力，加重政府的财政负担。如果使年金基金化，就可以把支付的负担转化为支持经济发展的一种“动力”。因为公共投资机构通过其金融投资，会把这部分资金变成自行增值的资产，而整个经济也会受到这一基金的支持而得到更大发展。近年来，绝大多数年金基金组织发达的国家都在采取措施加速它的发展。从非基金化到基金化的转变，会使世界范围内的年金基金组织有一个更大的发展。

在美国和日本等年金基金化的国家，由于基金化的年金基金数额巨大，因而其投资的收益更接近平均的水平。一些希望获得更高一些收入的小额投资者为了获得退休收入的补充，往往寻求其他的投资途径，这便促进了以信托投资公司为主要形式的互助基金组织的发展。随着资产证券化和衍生物的发展，投资者在各种信托投资机构中，可以选择他喜欢的投资工具。

在公共投资增长中，金融工程技术的发展也是一个重要的因素。现代金融投资是一项专业性很强的行业。公共投资机构可以集中一些专业人才，利用最先进的设备，因此可以充分发挥现代金融工程技术的优势，在世界范围内制定风险最小、收益最大的投资战略，不断创造出符合投资者各种要求的金融工具，在使投资者满意的同时不断壮大自己。而单个的私人投资者就很难直接利用现代化金融投资的种种优势。

2. 公共投资机构的新特点

公共投资的基本特点是在避免风险的基础上尽可能提高收益，而私人投资者则可能有较高的投机偏好。公共投资机构，特别是保险公司和年金基金组织，有按合同支付年金的义务，这就要求它们采取最先进的专业技术去管理风险，尽可能地分散这种风险，这就使它把持有证券的多样化作为基本的战略目标之一。它们希望投资于一流信用等级的证券，这就在很大程度上刺激了信用提高技术的发展，它们在国际范围内考虑其投资战略，这就要求提高公司在国际范围内的透明度及其账目、报告的可比性，这要求公共投资机构在国际范围内的合作与相互协调。公共投资机构日益利用和发展风险转移技术，促进了具有随时可调整的灵活的证券组合的发展。利用衍生物（期货、期权和互换交易等金融工具）可以躲避市场风险（即利率、汇率和价格风险），利用资产证券化技术，可以躲避任何一项资产的信用风险（也包括一些市场风险）。要有效地保持投资的低风险，公共投资机构就必须根据不断变化的市场状况，随时调整手中持有的证券，因此它们偏好那些更具灵活性的证券组合。公共投资机构这种对灵活性的偏好，使它近年来较注重短期金融投资，这往往使一些公共投资机构的长期投资战略受到一定程度的损害。

近年来，公共投资机构（包括大量非持股公司和投资机构）日益重视对企业的有效控制。为了增加收益和减少风险，公共投资机构往往要按较低价格卖掉一些业绩变差的公司股票，这通常会使公共投资机构蒙受损失。为了避免这种损失，多数公共投资机构采取了积极的态度。它们希望通过自己的直接干预和控制，使企业的业绩转好。公共投资越来越重视他们在公司董事会的权利，越来越关心公司的各项管理状况。公共投资机构近年来加强了对公司活动的干预和直接控制。进入 20 世纪 90 年代以来，一些国家的公共投资机构正在朝着控制某些工业部门的方向发展。

从宏观角度看，当私人投资者统治证券市场的时候，风险因素会成为一种威慑力量阻碍证券业的发展。当公共投资机构成为证券市场的统治者的时候，通过其有效的风险分散技术，证券市场的风险被平均化为系统风险，从而大大削弱了风险因素对证券市场发展的阻碍作用。总之，公共投资机构的发展给证券市场带来了重大的变化；同时，公共投资机构对企业直接控制的加强也

会对整个经济结构产生深远的影响。

1.4　证券业的管理与国际证券市场的一体化

20 世纪 80 年代以来，各主要资本主义国家在证券业的组织和管理体制上实行了一系列有利于促进证券市场国际化的改革。这些改革是促进证券投资国际化的决定性因素之一。它对各国金融体制和国际金融体系的发展演变，以至对世界经济的发展具有深远的影响。对这些组织和管理体制上的变革加以总结和概括，是研究当代虚拟资本国际化的重要依据之一。

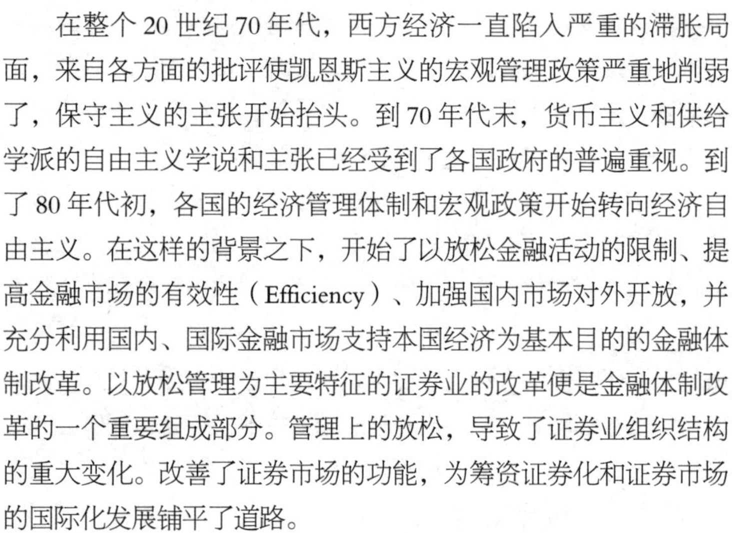

在整个 20 世纪 70 年代，西方经济一直陷入严重的滞胀局面，来自各方面的批评使凯恩斯主义的宏观管理政策严重地削弱了，保守主义的主张开始抬头。到 70 年代末，货币主义和供给学派的自由主义学说和主张已经受到了各国政府的普遍重视。到了 80 年代初，各国的经济管理体制和宏观政策开始转向经济自由主义。在这样的背景之下，开始了以放松金融活动的限制、提高金融市场的有效性（Efficiency）、加强国内市场对外开放，并充分利用国内、国际金融市场支持本国经济为基本目的的金融体制改革。以放松管理为主要特征的证券业的改革便是金融体制改革的一个重要组成部分。管理上的放松，导致了证券业组织结构的重大变化。改善了证券市场的功能，为筹资证券化和证券市场的国际化发展铺平了道路。

证券市场的改革是围绕两个主要方面展开的：一是培育市场的功能，使本国证券市场在国际上更具竞争力；二是加强对投资者的保护。前者是主要目的，是改革的主流，后者是补充和对前者的保障。

1.4.1　证券市场功能的改革

在 20 世纪 80 年初，随着自由主义经济主张成为各主要资本主义国家制定政策的主要依据，减少政府干预和管制，改善市场条件，加强市场的调节功能成了资本主义经济政策制定者和经济管理者的主导思想。长期以来，凯恩斯主义者把金融市场看作是政府宏观货币政策的执行者和附属物，实行严格的管理和控制。这促进了欧洲债券市场的形成。以后，国内一些投资者和企业开始转向境外筹资与投资。相比之下，国内市场缺乏竞争力。为了加强本国市场在国际上的竞争力，必须消除存在于价格竞争、投资工具品种竞争以及区域性竞争等方面的种种障碍，提高市场效率并促使其国际化。

1. 消除进入证券业的障碍

为了加强本国证券市场在国际上的竞争力，首先要消除长期存在于银行业和证券业之间的严格界限。那些长期对这两种业务加以严格区分的国家，如日本、加拿大和美国，在 80 年代中期以后，都相继打破了这种限制。在美国是做一些关键性的改革，在日本是对证券业实行“非管理化”（Deregulation）即放松管制，在加拿大几乎是完全放弃了对银行进入证券业的限制。在更大量的国家中，过去那种享有进入股票交易所垄断权并只允许经营证券业的证券商制度也被打破。银行可以通过参与、收购某个证券公司，也可以通过自己建立新的证券公司进入交易所。在加拿大，1986 年的“金融部门新方向”（New Direction in the Financial Sector）政策，允许联邦注册的商业银行和其他金融机构建立自己的证券公司。1992 年 6 月实行新的管理法之后，储蓄金融机构也被允许进入证券交易所，并可以建立有关的咨询机构。在美国和日本，80 年代中期以后，其银行和证券业的界限也日益模糊。1987 年，日本政府颁布“抵押、契约业务法案”允许以抵押贷款契约为抵押发行抵押贷款存单。这种存单还不是严格意义上的证券，它只被允许在金融机构之间转让。但它起到了类似证券化的作用：把死资产变活。1992 年，日本议会通过对 1948 年证券交易法的修正案，允许商业银行和证券业通过其分支机构互相从事对方的业务。银行业与证券业的界限在很大程度上变成了银行或其他中介机构与其附属机构之间的界限。在美国，1991 年的“格拉斯－斯缔格尔法案”（Glass-Steagall Act）也允许美国的银行通过其非银行附属机构进入证券业。

在美国、日本和加拿大，外国企业进入其证券交易所在其较早的证券交易法中就不曾被禁止，其证券市场带有程度不同的开放性。而在其他一些国家，证券市场近似于封闭型。其证券交易所的会员中，不允许有外籍证券公司。这种情况在欧洲较为明显。1986 年，英国首先打破这种封闭型的限制，允许外籍的证券商在接受本国管理的情况下成为交易所的会员，不论国内还是国外，大的银行和金融机构都可以通过收购现有的证券公司或建立新的证券公司的方式成为英国证券交易所的会员。这一改革（还包括可议价佣金制度和引入计算机交易系统等）使交易所成员的资本总额大大提高。这加剧了交易所成员之间的竞争，提高了证券市场的效率，增强了本国市场在国际上的竞争力，同时也促进了它的国际化。紧随英国之后，丹麦于 1986 年，爱尔兰于 1987 年，法国、希腊于 1988 年，西班牙于 1989 年，比利时于 1990 年，意大利于 1992 年都实行了类似的改革。一方面允许银行进入证券业；另一方面允许外籍证券商进入本国的交易所，在澳大利亚和新西兰，自 1984 年之后就开始实行类似的改革了。放松进入证券业的限制是证券管理体制改革的一个主要内容。

2. 佣金制度的改革

在传统的证券交易所交易中，佣金率（Commission Rate）是由交易所确定的固定佣金率，它使交易所交易的成本偏高，特别是同 OTC 交易相比之下，有很大一部分证券交易被 OTC 市场夺走。为了改变交易所交易成本偏高的状况，加强交易所与 OTC 市场的竞争力，许多国家先后实行可议价佣金制度。美国早在 1975 年就开始实行议价佣金制度。加拿大于 1983 年，澳大利亚、瑞典、新西兰于 1984 年，英国于 1986 年，法国于 1988

年，荷兰于1990年，西班牙于1992年也都先后实行议价佣金制度。在另外一些国家，如德国（1988年）、葡萄牙（1988年）、日本（1990年）、比利时（1991年）等国家也都先后降低了佣金率，并对大宗的交易实行可谈判的佣金制度。

改革固定佣金制度降低了投资者的交易成本，但它的作用却远不像人们期望的那样使交易所交易的成本能够与OTC交易相竞争。英、美一些国家的研究表明，大宗交易与小批量交易的佣金率差别很大，并造成了中介机构之间的批发业务佣金率偏低，零售业务佣金率偏高的格局。佣金制度的改革强化了经纪业的竞争，也使整个经纪业的收入下降。这迫使一些中介机构更重视证券本身的收益，单纯地靠经纪业几乎难于生存了，必须自己也持有和买卖证券。这也是造成公共投资机构日益增多的一个重要原因。

3. 吸引外国投资者和证券发行者的措施

20世纪80年代中期，各主要资本主义国家就注意到吸引外国投资者的好处。在其开放证券业的措施中包含了吸引外国投资者的内容。与此同时，一些国家也采取措施吸引外国的借款人到本国市场上发行证券或鼓励本国的投资者投资于外国证券。例如，美国证券交易委员会（SEC）1986年授权纽约证券交易所（New York Stock Exchange）、美国证券交易所（American Stock Exchange）和美国全国证券交易商协会（National Association of Securities Dealers）制定一些标准，接纳外国证券商为其交易所会员。这些标准充分注意到了外国证券商本国的法律、管理制度和报告公司状况的习惯，并尽量不使其在进入美国市场时做大的改动。这使得外国证券商进入美国市场更容易了。1990年，美国证券交易委员会启用144a条例（Rule 144a）。该条例大大减轻了私营证券商进入美国发行证券的注册登记“负担”。对于一些美国投资机构购买的外国私营证券商投放的证券，144a条例放松了公布其资产负债平衡表的某些要求。这在很大程度上消除了外国证券商进入美国私营证券投放市场的障碍。美国证券市场对外国借款人的开放程度更大了。

80年代中期以后，发达资本主义国家相继放弃了绝大多数对国际金融业务的限制（特别是外汇业务），将国内的资本市场对外国的投资者、借款人和中介机构开放。在欧共体内部，1990年7月起已实现了资本的自由流动，而且这种自由化的趋势已经蔓延到其他一些区域一体化和区域性合作组织。自由化在世界各地的迅速蔓延，使跨国的投机资本大幅度增长。一些大的公共投资机构，如互助基金、保险公司和年金基金等组织也参加到这个行列中来，他们利用先进的金融工程技术和风险躲避技术将其资产中的很大一部分投资于外国证券，不但尽可能地持有全球性的证券组，而且根据变化的国际经济环境不断调整手中持有的证券组合。利用现代化的信息系统和交易方式，他们能迅速完成交易和证券组的调整，这就使国际资本流量大增，并进一步冲击着国际残存的各种限制，国际证券市场正在朝着一体化的方向发展。一些国家的金融当局和一些国际组织的专家认为一个一体化（Integration）或全球化（Globalization）的证券市场，有利于资本的国际分配，同时也有利于世界经济的稳定。这一点在当前特别重要，因为衍生的全球性市场已经产生了资金由一个市场或一个地区迅速而大量地流向另一个市场和地区的危险。

在证券市场国际化的进程中，现代化的通信设备和计算机技术也起着十分重要的推动作用。1992年6月，美国启用了期货和期权交易的全球交易系统（Global System），它与早先用于店头交易的“美国全国证券交易商协会的自动报价系统”NASDAQ（National Association of Securities Dealers Automatic Quotations）一样，促进了美国证券市场的进一步国际化。

4. 促进证券市场的自动化和改善清算系统的措施

近年来，证券交易日益向着高度自动化和计算机化的方向发展，这不仅促进了证券交易的国际化，更重要的是它正在改变传统的证券交易方式和证券交易的组织结构。由交易所集中进行的有形场地交易正在被分散的以计算机为基础的交易网络所代替。这一网络，不但使交易所之间，各国的主要市场之间的联系更密切，而且还组成了证券商（以大证券公司为主）的世界性网络。

在美国，1971年启用NASDAQ自动报价系统之后，于1977年开始使用“计算机辅助交易系统CATS（Computer Assisted Trading System）”。这种系统由中央计算机收集、存储和处理证券买卖的委托交易指令（orders），并可以模拟交易所交易程序自动匹配成交。80年代中期以后，各发达资本主义国家纷纷建立类似的自动交易系统。1986年法国巴黎证券交易所开通了CAC（Cotation Assiste′fe en Continu）计算机辅助交易系统。它是美国CATS系统的一种改进型交易系统。英国的伦敦证券交易所使用称为SEAQ（Stock Exchange Automatic Quotation System）的自动报价系统。它是在NASDAQ系统的基础上加以改进的系统。1987年，澳大利亚股票交易所建立了类似CATS的SEATS（Stock Exchange Automatic Trading System）系统，瑞士建立了类似的RIS系统，1988年西班牙，1989年比利时、德国都建立了这类系统。日本是较早建立自动交易系统的国家之一，它是在1982年建立这种自动交易系统的。

自动交易系统可以在很短的时间内完成交易所交易的一系列程序：收集和集中委托买卖的指令；然后可根据不同的价格决定方式，如个别拍卖，连续拍卖确定价格；然后根据委托指令进行比较或匹配，完成委托的交易；通知顾客并进行清算；自动将交易状况报告给市场监督系统和市场信息储存系统；并及时传播市场信息。

自动交易系统的应用大大提高了市场的透明度，使委托业务量大增，特别是对零售的委托业务。自动交易系统提供了安全有效的交易手段。价格形成变得更有效率，任何交易信息都能在价格上得到反映。自动交易系统也使证券交易的成功率上升，同时

也有利于对投资者的保护。通过自动交易系统，加强了国际证券市场的相互联系，一些区域之间的交易网络已经使一些地区实现了证券市场的一体化。显然，自动交易系统的应用一方面提高了证券市场的效率，另一方面也促进了国际证券市场的一体化。

从表面上看，交易系统的自动化和计算机化应该使清算体系大大改善。但实际情况却恰恰相反。大部分证券交易的清算都是在成交日以后的 5 天之内进行交割。无论自动交易体系多么先进，却不能防止有个别人在交割日违约。而现代化的交易网络却有助于将这种个别的违约加以扩散。特别是在投机资本数量很大且交易人之间存在密切而复杂的相互联系的情况下，某一个别交易环节出现违约很可能对整个系统的交割构成损害。在 1987 年的证券业风潮中，人们更清楚地认识到了这一点。许多国际组织都对此做过专题报告，如 1988 年国际证券管理者协会（International Society of Securities Administrators）的报告和 1989 年 30 国集团的报告以及 1992 年国际清算银行 BIS（Bank for International Settlement）提供的专题报告。这些报告都提出了改善清算系统的一些具体建议和方案。这些研究报告有一个共同的认识：清算的期限越短，清算违约的风险就越小。因此，它们建议缩短交易的对比和匹配时间以及随后的交割期限，例如，30 国集团的报告建议，交易匹配期（即对众多交易者之间的买卖进行相互冲账并计算出交易者在清算日交割净额的期限）应在成交后的次日完成（T+1），而最后的交割应在成交日后的第 3 天（T+3）。BIS 的报告则建议建立一个更有效的“付款交货”（Delivery Versus Payment）的清算系统，简称 DVP 系统。在这个清算系统中，将建立一个中央证券储蓄机构 CSD（Central Securities Depository），它持有大量的不流动的证券。这些证券并不实际被交割，而只是以计账形式进行“交割”。这样，它就不必真的持有证券。一旦清算中出现拖欠，就可利用与 CSD 的交易将这一交易排除于正常交易之外。大量的拖欠风险会被 CSD

吸收，从而使清算体系的风险减少。这些建议引起了各国证券管理当局的高度重视，有不少国家也开始采取一些措施实施某些建议。

5. 政府证券的改革

在证券业的创新和改革不断发展的形式下，政府证券的品种、发行方式就显得单一和缺乏灵活性，其对公众的吸引力也显得不足。为了更适应投资者的需要，迎合证券市场现代化的步伐，发达国家的政府在20世纪80年代末也开始了政府证券现代化的改革。

在初级证券市场，政府债券也在多样化。从短期财政部债券（T-bill）到中期债券和长期债券，无论在期限、利率结构还是还款方式等方面都力求更适应投资者的不同需要。在发行方式上，拍卖技术被广泛应用。过去，一些国家对短期财政部债券的发行通常采取拍卖方式，现在许多国家将其扩展到长期债券的发行，用以代替传统的财团承销的方式。在拍卖方式中，市场条件能够更充分地反映在发行价格上。一些不常使用拍卖方式的国家，也都纷纷改用拍卖方式发行政府证券，如澳大利亚（1989）、日本（1989）和德国（1990）。政府不但可以从拍卖中得到更大一些的利益，还可以通过拍卖过程更清楚地了解政府证券的市场条件。

在二级市场上，许多国家都模仿美国政府证券市场的“主要证券商”体系，利用从事欧洲债券二级市场交易的银行系统来进行政府证券的二级交易。由于大量的银行参与交易，可以更好地保证市场的灵活性。英国于1986年，法国于1987年，意大利于1988年，西班牙于1988年，比利时和葡萄牙于1991年，都先后采用这种更具灵活性的二级市场组织进行政府证券的交易。

近年来，许多国家的政府也在推动政府证券交易的自动化和计算机化，并建立了广泛的从事国际证券交易的证券商网络。由于政府证券的量很大，这就有利于在二级证券市场建立CSDS系统，使整个二级市场的清算体系得到改善。

6. 提高 OTC（店头交易）市场的透明度

在 OTC 市场迅速发展的过程中，产生了两个令人担心的问题。第一，证券价格形成的质量下降，这可能损害证券市场的有效性。所谓证券价格的质量，是指价格反映市场供求状况的完全程度，在 OTC 市场将大量证券交易从交易所夺走之后，交易所的证券价格形成就不能反映一部分市场外交易中供求变化对价格的影响。在交易所交易量较小的情况下，证券的价格形成过程就可能受到严重损害。第二，人们担心 OTC 市场不能有效地防止价格操纵和证券的内幕交易。在 80 年代中期，OTC 交易开始迅速扩大的时候，这些担心便在许多国家迅速蔓延，引起了证券管理当局的高度重视。

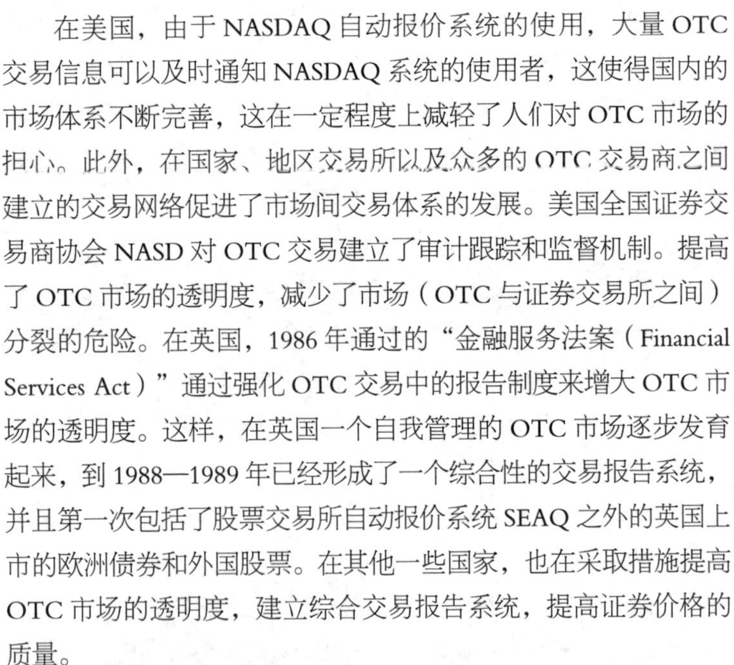

在美国，由于 NASDAQ 自动报价系统的使用，大量 OTC 交易信息可以及时通知 NASDAQ 系统的使用者，这使得国内的市场体系不断完善，这在一定程度上减轻了人们对 OTC 市场的担心。此外，在国家、地区交易所以及众多的 OTC 交易商之间建立的交易网络促进了市场间交易体系的发展。美国全国证券交易商协会 NASD 对 OTC 交易建立了审计跟踪和监督机制。提高了 OTC 市场的透明度，减少了市场（OTC 与证券交易所之间）分裂的危险。在英国，1986 年通过的“金融服务法案（Financial Services Act）”通过强化 OTC 交易中的报告制度来增大 OTC 市场的透明度。这样，在英国一个自我管理的 OTC 市场逐步发育起来，到 1988—1989 年已经形成了一个综合性的交易报告系统，并且第一次包括了股票交易所自动报价系统 SEAQ 之外的英国上市的欧洲债券和外国股票。在其他一些国家，也在采取措施提高 OTC 市场的透明度，建立综合交易报告系统，提高证券价格的质量。

7. 证券市场组织结构的变化

在证券市场的发展过程中，市场的组织结构也发生了很大变化，一个突出的发展是在传统的交易所交易和店头交易市场之外出现了一些新的交易市场。它们被称为第二市场和第三市场。一些中等规模的，特别是一些新发展起来的企业的股票，在尚不符合交易所上市和店头交易挂牌的要求时，被允许通过一些大的中介机构在大的投资机构之间进行交易。这通常被看作是市场新发展起来的一个组成部分，或一种新的市场组织形式，称为第二市场（有些人将交易所交易称为第一市场，店头交易称为第二市场，将此种市场称为第三市场）。这实际是一种“内部交易市场”，交易只在大的投资机构之间进行。这种交易市场从 20 世纪 70 年代末开始，逐渐在一些发达国家获得了合法地位。1978 年在意大利，1980 年在英国，1981 年在荷兰，1982 年在丹麦，1983 年在法国，1985 年在比利时和澳大利亚，1987 年在德国，1989 年在希腊，1992 年在葡萄牙，都先后建立了不上市的证券交易市场。80 年代中期以后，随着计算机终端交易系统的发展，出现了一种“非中介化”的交易方式。凡是参与自动交易网的投资者，不论大小、是否公共投资机构，只要租用这个网络，并建立自己的交易终端，就可以不通过中介机构直接在投资者之间进行交易。这种交易被称为第三市场（或第四市场）。英国于 1987 年正式建立了这种第三市场，后于 1990 年将第二市场（非上市证券交易市场）与第三市场合并。

另一个引起证券市场组织结构变化的重要发展是衍生物市场的发展，包括金融期货和期权以及利率期货、股票指数期货、期权等。这一市场的发展迎合了风险躲避者和投机者的需要。美国 1972 年最先在芝加哥商品交易所（Chicago Mercantile Exchange）开设了外汇期货交易。随后，芝加哥交易所（Chicago Board of Trade）于 1975 年开设了利息率期货交易。进入 80 年代，金融期货和其他衍生物交易迅速扩散到全世界。澳大利亚 1979 年批准成立了悉尼期货交易所（Sydney Futures Exchange）；1982 年英国在伦敦设立期货交易所；新西兰于 1983 年成立新西兰期货交易所；加拿大1984年成立多伦多期货交易所；瑞典于1985年，法国于1986年，丹麦、芬兰、瑞士于1988年，日本于1989年，德国于1990年，奥地利、比利时、西班牙于1991年，意大利于1992年都先后正式设立了期货交易所。

在期货交易所，许多80年代中期以后新创造的金融资产的衍生物都可以上市交易，从政府债券和货币市场金融工具的期货、期权交易，到利息率期货、股票价格指数期货甚至消费物价指数期货等。它们满足了投资者躲避各种风险的特殊需要，也满足了投机者获得更多套利机会的需要。进入90年代以后，衍生物市场率先实现了全球24小时全天候交易的一体化的国际市场。它是国际证券市场的一个新的组成部分，也是一个重要的组成部分。但是，近年来，一些专家担心由于衍生物为躲避风险和各种套利活动提供了有力工具，因此可以用它来帮助实现最小风险、最大收益的投资战略，加上它与现货市场的密切关系，可能会在某些时期（如股票指数下跌趋势明显的时期）对现货市场造成巨大的压力，扰乱证券市场的正常运行。为了防止可能发生的这种情况，美国的证券交易所于1988年开始实行一种在证券价格剧烈变动时期自动停止有关衍生物交易的新机制。美国的这一举措也引起了其他国家的注意，目前不少发达国家正在拟议推出一些类似的措施。

1.4.2 证券管理机构的改革及加强保护投资者的措施

证券业规模的迅速扩大，是在放松管理和限制的基础上实现的。其中，资产证券化的发展和非交易所证券交易的扩大都在一定程度上增加了投资者的风险。虽然衍生物市场提供了躲避各种特定市场风险的工具，但小额投资者承担的违约风险却因资产证券化而有所增加。此外，价格操纵和内幕交易的可能性也增加了。基于这种情况，各发达国家的政府在证券业的发展过程中不断采取了一些措施来保护投资者的利益，并适应证券业的发展改革旧的证券业管理机构。

1. 证券管理机构的变化

传统的证券业管理结构大致可分为三大类。第一类是把证券业看作是银行的一部分，由银行和银行管理机构来管理银行的证券业，由证券交易所的联合组织（如证券商协会）和地方政府来管理各证券交易所的证券经营。证券交易所实行自我管理和官方管理相结合。第二类是在一些银行业和证券业被法律明确分开的国家专门设置行政管理机构来管理证券交易所和非银行的证券公司。第三类是上述两类的混合，通常是由银行管理当局和官方证券管理机构以及其他政府有关机构联合管理证券业。

80 年代以来，随着证券业的发展，这些传统的管理机构也进行了一些重大改革。有些国家建立了一些新的证券管理机构，也有些国家是将一些新的管理职能付与现存的管理机构。在英国，1986 年通过了金融服务法案（Financial Services Act）。根据这一法案，建立了证券投资管理局（Securities and Investment Board，SIB），作为政府的代理人来管理证券业。SIB 的首要职能就是组织证券业的自律组织（Self Regulating Organizations，SROs）。证券商只有加入这一组织，成为它的会员，才获得经营证券业的权利。此外，还成立了管理的专业机构 RPBs（Regulatory Professional Bodies）。当证券商被其验证有能力经营证券投资的时候，它就成为 RPBs 的成员，获得了经营证券业的资格。证券业的日常管理由 SIB、SROs 和 RPBs 共同负责。

1988—1989 年，法国也建立了新的证券管理机构（Conceal Desbourses de Valeurs），并扩大了老的证券管理机构 COB 的权力。在意大利，证券业行政管理机构 CONSOB（Commission Nazionale per le Societae la Borsa）于 1983—1985 年间也扩大了管理范围（包括对股票交易所的行政管理），并从 1991 年开始与意大利银行共同管理新出现的证券投资公司。其他一些国家也都先后建立新的管理机构或改革旧的证券管理机构，以适

应证券业迅速发展的形势。在挪威1986年成立银行业、保险公司和证券委员会（Banking Insurance Companies and Securities Commission）；西班牙1988年成立了全国证券市场委员会（National Securities Market Commission）；澳大利亚1991年成立了澳大利亚证券委员会（Australian Securities Commission）；希腊1991年成立了资本市场委员会（Capital Markets Commission）；1992年，日本建立了证券交易监督委员会，负责对证券公司进行强制性调查，同时也执行与财政部合作管理证券业的职能。

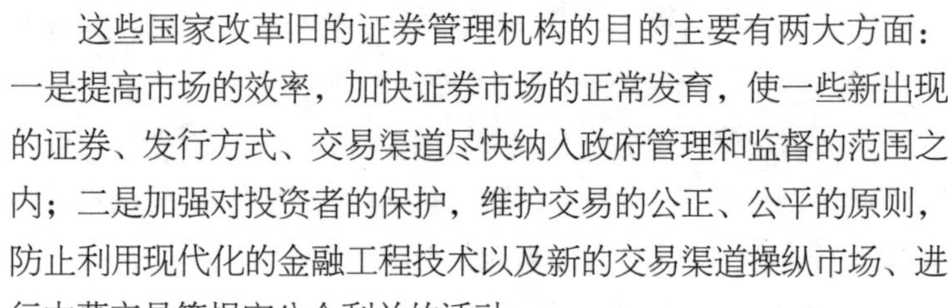

这些国家改革旧的证券管理机构的目的主要有两大方面：一是提高市场的效率，加快证券市场的正常发育，使一些新出现的证券、发行方式、交易渠道尽快纳入政府管理和监督的范围之内；二是加强对投资者的保护，维护交易的公正、公平的原则，防止利用现代化的金融工程技术以及新的交易渠道操纵市场、进行内幕交易等损害公众利益的活动。

2. 扩大证券业自有资本的措施

在绝大多数国家，过去的证券业是由较小的经纪人企业或证券公司统治的。随着证券业的开放，一些大银行和其他金融机构进入这一行业。虽然多数国家的大金融机构只是通过购买原有的证券公司或以自己分支机构的方式建立新的证券公司，却仍然为该行业注入了更多的资本。这些增加的资本使该行业可以应付证券业务量的巨大增大。尽管如此，证券业的“自有资本（Capital Base）”仍然令人担心，特别是1987年的证券业危机以后，各国证券管理当局一致认识到，管理者在现代化和国际化证券业中的主要责任就是确保公正、公平的原则。而当务之急，第一，是确定能够包括证券公司面临的所有风险的自有资本的数量标准，并使这一标准在国际协调一致；第二，是加强国际证券业管理的合作，以使参与国际投资的投资者受到有效的保护。

1988年巴塞尔银行监管委员会（Basle Committee on Banking Supervision），在达成了银行自有资本的国际标准协议以后，开始将注意力集中在银行面临的市场风险的主要组成部分上。他们发现，巴塞尔协议对银行业自有资本的规定，使它们在从事证券业时处于不利的地位，这也助长了银行将其风险资产证券化。银行通过证券化使自己的风险资产减少，资本与风险资产的比率提高。但这却不能使整个金融市场的风险减少。考虑到证券业的风险问题和银行与非银行证券公司的公平竞争问题，巴塞尔委员会开始与国际证券委员会组织 IOSC（International Organization of Securities Commission）合作来解决证券公司自有资本的国际标准问题。1992 年 1 月，这两个委员会就与此有关的问题举行了第一次联席会议，并就证券公司自有资本的定义、衡量标准等基础性问题达成了初步意向。在欧洲共同体，1989 年也就投资公司和使用机构的自有资本比例和偿付能力达成协议，以在欧共体内部保护投资者的利益以及银行和投资公司在证券业的公平竞争环境。

3. 证券业管理的国际合作

在证券业迅速国际化的发展过程中，各国管理机构之间的合作也不断加强，这对各国的证券市场及其管理机构产生了重要的影响。在国际证券业管理合作的发展过程中，国际证券委员会组织的 IOSC 起了重大的作用。根据 1986 年 IOSC 会议关于促进证券业管理当局国际合作的决议，许多国家签署了会议备忘录，赞同在现有国内管理体制下，尽可能地加强国际合作的范围和深度。1989 年的 IOSC 会议为证券业的国际合作奠定了法律基础。一些国家开始根据该会议的决议来调整国内的证券管理法律和体制，消除妨碍实施国际合作的各种法律和组织上的障碍，以便进行更有效的国际合作。1992 年会议以后，IOSC 开始进一步就国际证券业管理的具体问题进行深入讨论。包括国际证券公司的自有资本标准、混合金融集团的国际管理、国际审计的标准、现货市场和衍生物市场之间相互协调、二级证券市场的透明度问题以及不正当及非法收入的“洗黑钱问题”，等等。IOSC 的努力促进了国际证券业管理的多边合作，也促进了证券交易信息的国际交流和有关违法调查的国际合作。

在欧洲，欧共体建立欧洲统一市场的努力对欧共体内部及其邻国的证券业管理产生了重要的影响。一些长期争论的问题现在正在解决或接近解决，如投资公司与金融机构的资本/资产比例问题、公司执照的相互承认问题、证券市场透明度的保证问题以及交易信息的共同公布、监督和管理等问题。类似欧共体一体化管理的情况也在北美地区出现。1991年加拿大证券管理当局与美国证券交易委员会达成了互相承认对方司法权的协议，根据这个协议，任何本国公司的法律文件，在对方国家有同样的权力。一个在本国上市的证券，只要在本国获得了合法的地位，如交易所上市、店头挂牌交易，等等，也将在对方国家获得同样的待遇。1992年，加拿大、美国、墨西哥建立了美洲证券管理委员会（Council of Securities Regulators of America），组成了一个地区性的证券管理合作机构。

4. 证券业管理的其他改革措施

为了更好地保护投资者免受玩忽职守、滥用利益集团之间的矛盾、欺诈行为或不负责任的投资引诱等行为之害，近年来，许多国家在证券管理当局加强了注册登记制度，并制定了广泛适用于各类中介机构的管理条例。在1986年，英国开始执行的金融服务法案（Financial Services Act）就是一个主要针对登记注册要求的综合性法案。它不但适用于各种证券公司，也适用于银行等金融机构所从事的证券业务，它对进入金融业规定了一系列的要求。1990年，国际证券委员会组织也提出了一些证券业务的管理原则来规范国际证券业务，并在该组织的年会上向各国管理者推荐。

近年来，各国的证券业管理当局特别重视防止价格操纵和内幕交易的措施。在一些国家，过去是靠君子协定来防止内幕交易，随着对进入证券业各种限制的放松和证券业迅速扩张及其国际化，内幕交易的丑闻不断出现，各国相继加强了防范措施。欧共体绝大多数国家在1989年后都采取了严厉的法律措施来打击内幕交易，并成立了专门的委员会；日本在1993年成立了专门对付内幕交易的委员会；德国也建立了调查和起诉内幕交易的专门机构。

在对内幕交易的防范中，自动化的证券交易网络对早期发现和追踪内幕交易有很大帮助。利用这一网络可以及时得到交易信息的各种报告，建立审计跟踪系统对市场进行适时的监督。美国、英国、加拿大、法国和澳大利亚都建立了这种审计跟踪系统。

根据以往的经验，在一个公司对另一公司通过收购其股票实行兼并时，最容易出现内幕交易和价格操纵。而要区分正常的收购活动和违法的价格操纵又非常困难。为了解决长期以来存在的这一问题，美国于1988年颁布了《内幕交易与证券欺诈实施法案》（Insider Trading and Securities Fraud Enforcement Act）。这一法案要求经纪人、证券商和投资机构的专业人员适时地报告其收购和接管（Take over）的过程。在法国，最近的一项规定要求：当一个公司的股票持有者的股份超过该公司资本的1/3时，该股票持有者就必须提出收购该公司100%的股票的一个出价。这些措施的主要目的是保护小额股票持有者的利益。最近，许多国家都采取了对公司主要股票持有者加强监督的措施。一些欧共体国家规定，收购一个公司的股票超过公司股份的5%，就必须向管理机构写出相应的书面报告。

1.4.3 国际证券市场的一体化

严格地说，统一的全球证券市场尚未形成。但是，国际债券市场正在朝着一体化的方向发展却已经是明显的事实。在20世纪80年代初，一些发达国家的政府就采取措施促进其债券市场的国际化。但那时的主要做法还是吸引外国中介机构积极参加本国市场的交易，而且主要是鼓励外国投资者购买本国政府的债券。结果一些国家的政府债券有很大一部分由外国的私人投资者和公共投资机构持有。当金融创新和证券化的发展使公共投资机构为主的投资者开始具备管理世界证券组合的能力的时候，就逐步在几种主要货币上出现了金融资产的全球性市场。作为国际常用的货币——国际货币——美元、日元、马克、瑞士法郎和加拿大元等的国际使用量大幅度增加了。但是，作为国际货币的几种主要货币的币值通常与本国的货币政策、经济状况以及国际收支等本国特有的一些因素密切相关。这就给持有国际金融资产带来了很大的汇率风险。此外，这些国内因素也给国际投资者带来了利率风险。在与这些风险相抗衡的斗争中，衍生物市场迅速发展起来，它为风险避免者提供有效服务的另一面是为投机者提供赚取利率差价和汇率波动所造成收益的机会。现在，衍生物交易已经形成了全球性的统一市场。几乎世界任何一国的投资者都可以全天候（24 小时）参与世界性的衍生物交易。

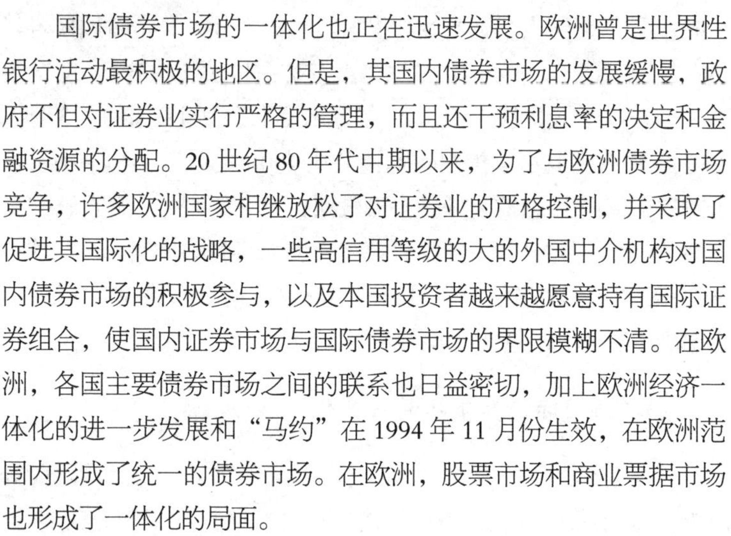

国际债券市场的一体化也正在迅速发展。欧洲曾是世界性银行活动最积极的地区。但是，其国内债券市场的发展缓慢，政府不但对证券业实行严格的管理，而且还干预利息率的决定和金融资源的分配。20 世纪 80 年代中期以来，为了与欧洲债券市场竞争，许多欧洲国家相继放松了对证券业的严格控制，并采取了促进其国际化的战略，一些高信用等级的大的外国中介机构对国内债券市场的积极参与，以及本国投资者越来越愿意持有国际证券组合，使国内证券市场与国际债券市场的界限模糊不清。在欧洲，各国主要债券市场之间的联系也日益密切，加上欧洲经济一体化的进一步发展和“马约”在 1994 年 11 月份生效，在欧洲范围内形成了统一的债券市场。在欧洲，股票市场和商业票据市场也形成了一体化的局面。

欧洲债券市场的一体化程度远高于全球性的债券市场一体化。在一定程度上，欧洲一体化的债券市场可以看作是全球性债券市场的一个分开的部分，它是全球性债券市场的一个组成部分，但又有所区别。在世界的其余国家和地区，国内市场与国际市场的界限也是日益模糊的。而且，通过衍生物市场和货币市场，各国债券市场的联系也日益紧密和趋于一致（由衍生物的投机削平利率差异和汇率波动）。一些大的投资者已经习惯从全球市场的角度考虑其投资战略，并熟练地运用现代化的金融工程技术来处理由国家间差异和变动带来的国际风险。同样的情况也适用于股票市场和其他证券市场。

总之，进入 20 世纪 90 年代以后，国际证券市场的一体化成了明显的发展趋势。但是国际一体化的进程还仅仅是开始，许多国际证券投资还相对集中在世界的个别区域内，如北美、欧洲和亚太地区。许多发展中国家对世界证券业的参与率仍然很低，全球性的证券担保系统尚未形成，许多信用等级的证券尚难于参加世界性的市场。全球性证券交易多在 AA 级证券上。OTC 的国际交易还主要停留在区域性的市场范围之内。许多国家尚未达到全球性交易的状态。许多公共投资机构虽然已大大增加了对国际证券的投资，但其持有证券中的大部分仍集中在国内的证券上。许多国家的证券管理监督制度仍然阻碍着证券投资国际化的发展，它们仍然起着“监禁储蓄（Captive Savings）”的作用，阻碍着国际资本的运动。一些公共投资机构采取“慎重”原则，也从投资战略的制定上排斥更多地持有国际证券。这些因素一方面意味着国际证券市场的一体化尚有极大的发展潜力，另一方面也意味着在国际证券市场一体化的进程中仍会有许多困难和障碍。

2 证券的虚拟性分类及其运动

证券，包括股票、债券、商业票据和其他可转让的金融工具，都属于虚拟资本。所谓虚拟资本，是说它们具有资本的形式，却没有资本的内容。在正常情况下，所有的证券都像商品一样可以买卖，在买卖过程中它们可以具备实际资产类似的性质，即通过买卖之间的差价获得利润或遭受损失。在持有这些证券的时候，它们也表现为是可以自行增值的资本。但是，它们却与实际资本有着本质的区别，它们是虚拟的，本身不具有价值。当金融动荡发生的时候，它们的价格可以数倍高于它们所代表的实际资产价值，也可以大大低于实际资产的价值，甚至一钱不值。在20世纪80年代的创新浪潮中，在证券化的发展中，出现了许多新的证券形式和直接融资方式，使得传统的对证券虚拟性的概念不再适合当代更复杂的证券业。必须对当代的不同种类的证券的虚拟性进行分类，并根据它们的不同虚拟程度来考察当代虚拟资本的发展。这一章将集中对虚拟资本及其运动进行定性分析。考察当代虚拟资本的本质特征及其发展；研究虚拟资本的运动与实际经济活动的基本关系。

2.1 证券的虚拟性及其分类

本节首先对虚拟资本进行分类，并指出当代证券的一些共性特征；其次，我们将着重考察虚拟资本的两个新形式的本质特征。最后，我们还要阐述虚拟资本的社会属性和资本拜物教的新发展。

2.1.1 虚拟资本的定义及其分类

马克思在使用虚拟资本一词时，通常有两种情况：第一种情况是指证券与实际资本的分离，证券只是实际资本的代表，本身没有价值，却被当作有价值的“商品”买卖。第二种情况是指证券是凭空创造出来的，它不代表任何有价值的东西。例如，凭一笔资产开出一张汇票，在它到期前依据前一张汇票或资产开出的第二张汇票就不代表任何价值，它是纯粹“幻想的”资本。第一种情况是指一笔资本（包括货币资本商品资本和生产资本）的双重存在，第二种情况则是指一笔资本的双重以上的存在，即三重、四重等的存在。几乎所有可交易的证券（包括可转让储蓄存单）都符合上述第一种情况，它是虚拟资本的基本含义。因此，我们将虚拟资本定义为：同实际资产相分离的，本身无价值却可被作为“商品”进行交易的各种凭证。

这一定义并不包括地契、房契和提货单这类凭证。因为买卖它们所代表的实际资产必须完全通过它们的转手实现。它们没有相对独立于其所代表的实际资产以外的“虚拟的价值运动”，它们没有同实际资产相分离，不属于虚拟资本的范畴。只有以这些实际资产的所有权凭证开出的汇票或发行的抵押证券才属于虚拟资本。

为了研究虚拟资本与实际经济活动的关系，有必要按其虚拟程度的大小进行分类。让我们先来考察不同证券在虚拟性上的差异。

1. 股票和债券——第一类虚拟资本

公司股票和债券是传统的虚拟资本形式，是与实际资产联系较为密切的虚拟资本。它们的虚拟性仅在于它们所代表的实际资产的价值运动与其是基本分离的。

股票是企业所有权份额的凭证。企业发行股票所筹得的资金将按照产业资本循环的方式进行，进行产业资本的价值运动 G—

W…P…W′ G′ 。而股票却相对独立于产业资本循环之外，在所有权的转移中采取了 S（股票）—G（货币）和 G—S 的运动形式。这当中有股票价格问题，而股票本身是没有价值的，但却有价格。并且，作为资本的价值增值运动，股票与其所代表的资产的运动也是分离的。实际资产获得利润，而股票除获得股息外，还要加上股票价格波动带来的正或负的收入。就这个意义看，它们是虚拟资本。不过，一方面，它代表了实际资本，它的价值增值过程与实际资本的收益有关；另一方面，它的价值增值又与整个经济状况有密切的关系。

公司债券是一种可转让的债权（其他可转让的公司债权也一样），它直接代表的是一笔货币资金，这笔资金将用于企业的经营，转化为实际资产。因此，与股票的性质类似，公司债券也进行独立于实际资产以外的“虚拟的价值增值”运动，它只以利息的形式，分得企业利润的一部分，同时也会获得公司债券价格波动的收入（正或负）。无论是浮动利率还是固定利率的债券，一旦开始独立地运动之后，便与它代表的那笔资金的运动分离了。

公司股票和公司债券都直接代表一笔实际资本（或货币资本，或商品资本，或生产资本），它们虚拟的价值增值运动虽然与实际资本的增值运动相脱离，但它们所代表的实际资本并不消失，而且实际资本的增值运动与其虚拟的增值运动密切相关。我们将它们称为“第一类虚拟资本”。第一类虚拟资本是直接代表实际资产并始终与实际资产共存的各种证券，包括公司股票、公司债券和公司的短期商业票据。

2. 政府债券——第二类虚拟资本

政府债券与公司债券不同，它直接代表一笔货币资金，但这笔资金却不是自行增值的资本。在西方，政府靠发行债券筹集的资金主要用于政府的各项非生产性开支，如军费、行政性开支和对低收入家庭的转移支付等，它们将成为总需求的一部分被花掉，不进入价值增值的实际生产过程。这部分资金被政府花掉后就不再存在了，但政府债券却依然存在，并仍保持着价值增值的外衣。这时，政府债券连同它的增值就纯粹是一种虚拟。政府债券比公司债券有更大的虚拟性。我们将这种最初代表一笔资金，尔后这笔资金进入非生产性领域被花掉的证券称为“第二类虚拟资本”。它包括政府债券的大部分和其他以非生产性开支为目的发行的证券。

3. 证券化和 ABS——第三类虚拟资本

在证券化和衍生物的发展中，出现了许多发展了的虚拟资本形式。例如资产证券化中的“重新打包（Repackaging）”业务，将一些低信用等级的证券组成一组，加入较高信用等级的证券并用其作为抵押发行的新债券。新债券的发行不但可以改变证券的期限，而且可以通过对原有证券的买卖随时调整证券组内的证券种类和数量。新发行的证券是在原有证券的基础上发行的，它们是虚拟资本的虚拟资本。我们将这种虚拟资本的虚拟资本称为“第三类虚拟资本”，它们与原有的证券一起代表同一笔货币资金。在证券化的过程中，许多收入流（包括住房抵押贷款、汽车抵押贷款和信用卡贷款等）都被证券化了。贷款已经被用掉，买了房屋、汽车或其他消费品，借者将其收入分期偿还贷款。这种以收入流为实际基础的证券并不代表任何实际资产，既不代表物化的资本也不代表一笔投入生产的货币资本。它们同政府债券一样，是纯粹幻想的。即使用住房、汽车做抵押也不会改变其性质，这种资产抵押证券并不代表物化资产，而是间接代表一笔贷出的资金。物化资产是用这笔贷款购得的，且已进入借款人的消费。物化资产的价值会逐年减少，而据此发行的债券却保持着价值增值的外衣，这一增值与实际资产无关，只与借款人的收入或还款能力有关。

4. 金融衍生物——第四类虚拟资本

在金融衍生物出现以后，虚拟资本发展到了一个更高的阶段。首先是金融期货、期权等。股票和债券的期货合同不仅是虚

拟资本的虚拟资本，而且是无中生有的虚拟资本。因为在期货交易中，多数（98% 左右）是根据金融资产的价格涨落支付其差额。无论买者还是卖者，绝大多数不必真的拥有合同中规定数额的证券或资金，也不必在交易清算时真的买入或卖出这些证券。因此，这类投资被称为杠杆投资（Leverage Investment），也是一种投机性的投资。交易双方不过是为证券的涨或落打赌。其次是金融衍生物的发展了的形式，如指数期货、期权等交易。在这种交易中，交易双方甚至抛弃了金融期货那种纯粹“幻想的交易”的外壳，就股票指数等的涨落打赌。交易的东西本身是什么已经不重要了，甚至有无东西交易都无关紧要。我们将这种无交易物的交易合同或凭证称为“第四类虚拟资本”。它们是始终无任何对应交易物的虚拟资本。

5. 证券的国际化使其虚拟性加大

从理论上说，股票代表的是物化的实际资产，而债券则代表一笔货币资金。在纸币制度下，后者与实际资产的关系带有间接性，所以债券的虚拟性更大一些。在通货膨胀严重的条件下，这种虚拟性上的差异就表现为其价值的差异，债券会与纸币一同贬值，而股票则因直接代表物化的生产资本在一定程度上可以避免通货膨胀[1]。从这里我们可以看出，证券的虚拟性如何，不仅与它是否代表一笔实际资产有关，还与它所处的货币环境有关。当然。从短期看，股票的风险比债券大，它的虚拟成分似乎也更大。但实际上，短期内货币环境的变化通常不大，而心理因素的影响却很大。由政治的、经济的以及其他方面的变动引起人们对企业经营状况、经济形势的预期发生变化而产生的行为影响，通

---

[1] 1976年Nelson，1977年Fama和Schwert，1983年Gultekin曾撰文指出，股票实际上不能用于躲避通货膨胀；但是，David Pely 1997年在*Journal of International Money and Finance*上撰文指出，根据他的经验性研究，股票是可以用来躲避通货膨胀的。

常在股票上的反映比债券更大。如果在较长的时期内，货币环境发生剧烈变动（如严重的通货膨胀），只要企业的经营状况不受影响，直接代表物化资本的股票就比直接代表一笔货币资金的债券虚拟性更小一些，这是因为当代的纸币本身就是虚拟的。

1973 年以后，黄金基本上退出了国际货币的舞台。在各种国际支付活动中货币全都是价值符号。无论是转账支票还是现钞都具有与纸币相同的性质。马克思曾指出了以银行信用为基础的银行券的虚拟性，同样，以国家信用为基础的法偿币也是虚拟的。银行券以银行信用为基础，法偿纸币以国家信用为基础，二者基础有差异，但虚拟性是相同的。现代各国的纸币是这二者的结合，它们以各国中央银行的货币政策为基础。

在国际证券投资中，一切证券都必须还原为一笔货币资金，它必须用一种货币来命名。股票虽然直接代表企业在其所在国的一笔物化资本，当它在另一国家出售时，如果用发行国的货币命名，销售国的股票购买者就必须将该股票的外币价格和收益换算成本国货币的价格和收益来考虑投资的利弊得失。这就产生了国际证券的汇率风险。汇率风险说明：股票（债券也是一样）不但与其发行国的币值有关，也与购买国的币值有关。无论是股票还是其他证券，在国际交易时都仅仅是代表一笔用某国货币命名的货币资金，从而增大了它的虚拟性。如果用购买者国家的货币命名，结果也是一样，它只不过直接代表一笔购买国货币命名的资金，仍然受汇率的影响，即受两国币值变动和货币政策的影响。如果用第三国的货币命名，就要受三国币值的影响。即使用特别提款权或欧洲货币单位来命名也不会使问题得到根本变化。因为这时各国的币值和货币政策将对它起综合性的作用，它仍然代表一笔货币资金。正是这种经常变化的浮动汇率制度，为投机者和风险避免者同时提供了机会，这就是即期、远期外汇交易及其衍生物交易。

在国际证券交易中，第一，每一种证券都必须还原为一笔货币资金，这使它们进一步远离了物化的资产；第二，国际证券不仅受本国货币虚拟性的影响，还受其他国家货币虚拟性的影响，这就是传统证券国际化以后虚拟性增大的基本原因。

我们已经将虚拟资本分为四类。其中，前两类是旧有的虚拟资本形式，只不过在 20 世纪 80 年代的证券化过程中扩大了队伍，并因国际化而增大了它们的虚拟性。后两类是虚拟资本的新发展，有必要做进一步的研究。现在我们来详细考察第三类虚拟资本的虚拟性。

2.1.2　ABS 与第三类虚拟资本的虚拟性

我们将以证券抵押而发行的证券归为第三类虚拟资本，它是虚拟资本的虚拟资本，是一笔货币资金的第三重存在。在 20 世纪 80 年代兴起的证券化过程中，一切较稳定的收入流都可以被证券化。包括将各种抵押贷款（住房、汽车等）证券化和银行、企业各类应收款的证券化。在资产证券化（ABS）中，有两种类型。一种是将一些有价证券作抵押发行新证券。这是典型的虚拟资本的虚拟资本。另一种是将不可转让的金融资产证券化。例如住房抵押贷款证券化。借款人与金融机构签订一份合同，金融机构贷款给借款人购买房屋，借款人以所购房屋作抵押承诺分期偿还贷款。房屋低押贷款机构根据此项合同便可得到不断流回的（包括本、息）还款。对于经营住房抵押贷款的金融机构来说，它贷出的资金将被长期占压。如果以抵押贷款合同再作为抵押发行债券，就可以在贷款到期前就收回这笔资金，避免资金的长期占压。抵押贷款合同并不是严格意义上的可转让证券，但它们仍然是虚拟资本。因为：第一，该合同虽无价值增值的内容，却有价值增值的形式；第二，虽然有房屋作抵押，抵押贷款合同却不代表住房（它由房契代表）这一物化的资产，而是直接代表一笔贷出的资金；第三，这笔资金已经用掉，还款的实际保证（亦即价值增值的内容）不是所抵押房屋的价值增值，而是借款人持续不断的收入流。根据抵押贷款合同发行的证券实际上是间接代表一笔被用掉的、不存在的资金。对于那些以收入为担保的贷款的证券化来说，这一点就更明显。例如信用卡贷款的证券化，作为抵押的贷款合同并无实际资产作抵押。其他 ABS 也是如此。可以说，20 世纪 80 年代资产证券化的过程实际是虚拟资本创造虚拟资本的过程。

1. 第三类虚拟资本与实际资产的关系

第三类虚拟资本的基本特征是虚拟资本创造的虚拟资本，它们只是间接代表一笔贷出的资金。这笔资金可能已经被用掉，从而这些证券代表的价值已经被消耗掉，它不再代表任何价值。也可能这笔资金被投入生产，不但这笔资金的价值仍然存在，而且还在进行着真实的价值增值。但这种代表的关系却都是间接的。

现在，我们以 ABS 为例来考察这种虚拟资本与实际资产的间接关系。我们先考察 ABS 中与生产活动有关的资产证券化。例如，银行将一些长期贷款（银行应收款）组成一组发行新的债券。我们暂时假定，银行用作抵押的这些长期贷款合同都是同生产性企业签订的。这就是说，这些新证券只是间接代表投入生产领域的一笔资金。所谓间接，第一，是说它是那些贷款合同的代表，而不是贷款的代表（贷款的代表是贷款合同）；第二，是说它并不仅仅代表某一笔贷款合同，而是代表一批贷款合同，是贷款的某种集体组合的代表。从技术上说，这是减少风险的一种金融技术，从本质上说，这是借贷关系社会化在证券业上的进步。与普通的企业债券不同，普通的企业债券是直接代表一笔进入生产领域的资金，它的偿还与该企业的经营直接相关。而上述的这种 ABS 则代表许多进入生产领域的资金，这种新债券与许多进入生产领域的企业，甚至许多行业的经营相关联。这是证券业的进一步社会化。过去是一个企业面对社会通过证券筹资，现在是许多企业共同对社会筹资。

同传统的银行贷款相比，上述这种 ABS 也代表着借贷关系的

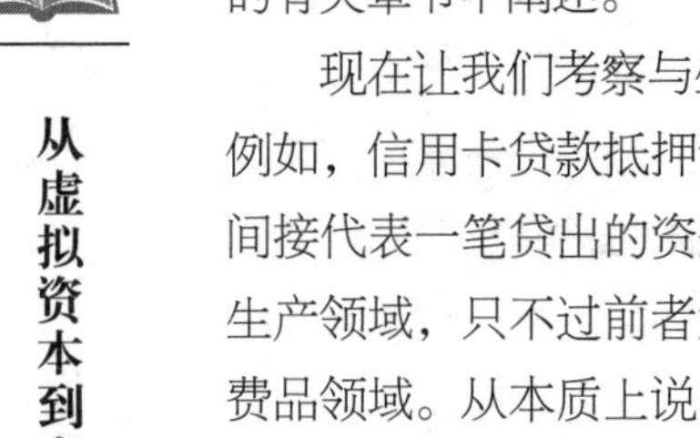

进一步社会化。银行一方面面向社会吸收存款，另一方面也面向社会贷款。它已经具备了社会化的特征。但是，由于储蓄大部分是不可转让的，这就限制了筹资的社会性。证券是可以转让的，这就使筹资更具有灵活性。持有证券的并不始终是一个投资者，只要证券被持有，就意味着社会上始终有投资者。证券的二级市场为这种借贷关系的进一步社会化提供了途径。银行发行的定期可转让存单和银行各种应收款的证券化都是一种社会进步。当然，这种进步伴随着资本的进一步虚拟化。这一点我们将在后面的有关章节中阐述。

现在让我们考察与生产资本无关的 ABS 与实际资本的关系。例如，信用卡贷款抵押证券和汽车贷款抵押证券。这两种证券都间接代表一笔贷出的资金。而这笔资金进入的是消费领域而不是生产领域，只不过前者大多进入一般消费领域，后者进入耐用消费品领域。从本质上说，这类证券的增加，意味着消费的增加。它并不增加社会的资本存量，因此也不具有价值增值的内涵。借款人可能是医生、律师、警察、工人和其他职业者。他们的收入不但与他们个人的工作业绩有关，还与他们行业的景气状况有关。将这些人的贷款合同组成一组来发行债券，在很大程度上是将债券的偿还与整个经济状况更密切地联系在一起。贷款已经被花掉，借款人凭收入还钱。当把许多借款人组成一组时，偿还就与这些人从事的各种活动有关，这就是这组贷款合同的实际内涵。依据这组贷款合同发行的债券也就间接地依赖于这组借款人的经济活动。

20 世纪 80 年代的证券化，使虚拟资本进一步发展了它的虚拟性，它距离个别实际资本越来越远，却与整个经济活动的距离越来越近。按马克思的用语，就是与“社会总资本的运动”的关系越来越密切。可以说，80 年代的证券化过程是金融投资——亦即虚拟资本运动——进一步社会化的过程。

2. **第三类虚拟资本的虚拟性**

在ABS的发展中，我们已经分不清新发行的证券代表哪一个企业，或哪一个行业；也分不清它与哪一类职业的收入更密切。当我们按照传统，把证券与个别实际资本的关系看作其虚拟性的衡量标准时，这种虚拟性是日益增大了。这种增大的虚拟性来源于如下两个方面：

第一，第三类虚拟资本间接代表一笔贷出的资金。而货币连同金融机构的经营资本都带有相当大的虚拟性。因此，虚拟资本在当代的虚拟性增大，有很大一部分与当代货币金融体系的虚拟性有关。这使得任何直接或间接代表一笔货币资产的债券的收益在很大程度上与国内的货币政策及各种金融管理措施有关。

第二，第三类虚拟资本与贷出资金的间接关系使它与个别实际资本的关系更疏远。它与传统企业债券的一个重大差别就是它不再仅仅与某一企业的经营状况相关，而是与许多企业的平均经营状况相关。

当第三类虚拟资本在国际发行和交易的时候，首先，它的虚拟性将与借款国的货币体系有关；同时也与购买国的货币体系有关，这就进一步增大了它的虚拟性。其次，投资者不但与个别实际资本的关系疏远，而且由于在不同的国家，距离其“社会总资本”也比其本国投资者更远。

2.1.3 衍生物与第四类虚拟资本的虚拟性

前面指出，各种金融衍生物、期货、期权等交易合同称为第四类虚拟资本，它们的买卖大多是支付价格差额，而不是进行全额交易。其中最突出的是指数期货交易，它们是虚拟资本的最高级形式。人们在交易什么，以及有无东西进行交易都已无关紧要，人们只需要“交易”这个形式，而不再需要它的内容。对于投机者来说，衍生物交易是一场高风险、高收益的赌博；而对风险避免者来说，它又是一个安全的避风港。衍生物把冒险者和风险避免者拉到一起，这使得经营各类金融衍生物的金融机构增加了一项新的职能，它们不仅是借者和贷者的中介，也是风险避免者和冒险者的中介。这种新的中介作用，不仅存在于外汇市场上，而且已经被扩展到一切证券以及其他存在价格波动的领域。

衍生物有两种形式：一种是股票、债券、外汇等金融资产的期货、期权合同，这是一种初级衍生物，它们还保持着个别金融资产交易的形式；另一种是各类指数期货、期权合同，它们在形式上也不再保留与任何个别资产的联系，是一种高级衍生物。

1. 衍生物的初级形式与实际资产

在20世纪80年代以前，期货市场中的商品期货占压倒性优势。80年代，金融期货迅速扩大，到80年代中期，金融期货已占期货市场的压倒性优势了。例如，在美国的芝加哥商品交易所（Chicago Mercantile Exchange，CME），1974年金融期货只占其交易总额的4%，到1986年，猛增到85%。金融期货与商品期货不同，它们距离实际资产更远，虚拟性更强。因此，我们主要研究金融期货和其他金融资产的衍生物。

期货交易主要有两类：期货合同（Futures）和远期合同（Forward Contract）。这二者在功能上十分类似，但也存在一些差别：期货在交货日期和合同数量规模上都是标准化的，而远期合同则不是；期货合同是买者和卖者与交易所之间的合同，而远期合同则是买者和卖者之间的合同；期货合同可以在市场上自由买卖，其利润和损失总是能及时实现，而远期合同必须等到到期日才能实现其利润或损失；远期合同需要一次缴纳较大的差额保证金（Margin），而期货则是根据价格波动随时补充或提走差额保证金。这些差别并不使它们与实际资产的关系有什么本质不同。

首先，一份某种股票或债券的期货合同或远期买卖合同只是对未来买卖一定量该种金融资产的承诺。这一合同并不直接与股票或债券代表的实际资产发生关系，它只是间接与某种实际资产发生关系。就这一性质看，远期合同首先是虚拟资本的虚拟资本。其次，这种间接代表实际资产的性质也是虚拟的。因为它只是名义上代表某种金融资产或名义上间接代表某种实际资产。无论期货还是远期合同多数并不实际交割。那些远期合同多数在到期前就以相反的远期合同抵偿了前一份合同，以实现其盈利或避免进一步损失。在一份最初订立的远期合同到期以前通常会有若干次方向相反的合同订立，以期相互抵消后取得差额。实际交割的数量只占合同总量的大约 2%，98% 的远期合同是为了取得价格差额。期货合同则更是如此，在一份期货合同订立之后，不但可以在其到期前订立相反的期货合同，而且可以在二级市场随时买卖以实现其盈利或减少损失。期货合同与远期合同不但是虚拟资本，而且还是买卖双方都不在乎有没有“货”交易的虚拟资本，是一种“无中生有”的虚拟资本。买者和卖者都是在做一种“假设”的买卖，他们不必真的卖出或真的买进。

但是，期货还保持着与个别实际资产的最后一点联系，如果预期现货的价格看跌，而现货一时卖不出去，就会在较高价格上卖出期货。如果大家都看跌该种资产的现货，与交易所订立卖出的期货合同者增多，而订立买入期货合同的商人就减少，期货价格就会下跌。这也会影响到现货价格，使其下跌。一些经济学家认为，期货交易起着“尽快暴露现货价格”的作用。如果现货价格过高，人们多会预期其下跌，期货的卖者增多，买者减少，期货价格下跌，引起现货价格下跌。期货价格由于受到更多的个别实际资产以外因素的影响而有相对独立的价格决定过程。对于金融期货，即各种证券的期货合同来说，证券本身已经具有相对独立的价格决定过程，期货合同的价格决定又要相对独立于证券的价格决定过程，这就使它们与实际资产的联系进一步削弱。对于商品期货，这种联系就要密切得多。因为商品期货交易只是商品现货交易的第一步虚拟化。因此，上述分析只适用于金融期货，当然也包括外汇期货。

股票和债券的价值增值和价格决定已经相对独立于实际资产的价值增值运动。它们的期货交易又相对独立于它们的现货交易。在股票债券等虚拟的价值增值运动中已经加入了大量的社会、经济和心理因素，使这种运动只是部分地与个别实际资产相关，更多地与整个经济状况和金融状况相关，期货则进一步加入了社会和经济环境的影响，使它的运动更依赖于社会的和整体经济的状况。

上述内容对期权交易同样适用。因为，无论是看涨期权还是看跌期权的买入都只是购买了买入或卖出的权力，不必履行合同。某项资产的期权合同与该资产的联系更松散，因此也就离个别实际资产的距离更远一些，离整个经济、金融状况更近一些。

期货和期权交易是金融资产社会化的进一步发展，它们的运动更依赖于整个经济的状况。它们本身也起着平衡现在与未来，减少现货价格波动幅度等社会性的职能。

2. 高级衍生物与实际资产

20 世纪 80 年代以后出现的利息率期货、股票指数期货和近年来的物价指数期货、期权交易是衍生物的高级形式，也是虚拟资本的最高级形式。它们根本割断了与任何个别实际资产的联系，甚至在名义上也抛弃了对某种具体资产进行交易的形式。

指数期货的价格是将价格指数的一个点乘一个规定的系数来人为地确定指数每变动一个点的标准价格。例如每一个点规定为 500 美元，当该指数由 200 变为 201 时，它的价格就由 100000 美元变为 100500 美元。在指数为 200 时买入指数期货的投资者就有 500 美元的盈利。显然，它只是将价格指数扩大若干倍假想为期货的价格。指数期货实际上没有价格，也没有相对独立的价格决定过程。它的价格决定因素是决定价格指数的因素。指数期货和利息率期货是彻底摆脱了实际资产而只与整个经济状况有关的虚拟资本。

指数期货合同不代表任何一种证券，也不代表任何一种实际资产。交易是在没有任何交易物品情况下进行的。对于个别投资者来说，这可以免去对股票或某项具体金融资产的选择。也可以把它当作是购买了所有的构成指数的股票，而更多的是把它当作一种就某一指数或利率的涨落进行的赌博。作为投资，它具有盈亏的外表，却没有实际投资，甚至间接投资那种盈亏的内容；作为交易，它有买卖的幻想形式，却没有买卖的内容。它把投资和交易高度简化了，贱买贵卖的商业原则在这里简化成了纯粹的差额支付，只要盈亏而不要买卖，只要投资的结果而不要与实际经营活动有任何牵连。与股票和债券不同，指数期货的资金自始至终滞留在金融市场，而股票和债券至少在发行时会有相应的资金进入实际经营。指数期货则与实际资产无关。

2.1.4 资本的虚拟性与经济的社会化发展

马克思在《资本论》中曾详细论述了商品的内在矛盾怎样孕育并发展为庞大的资本主义经济。今天的虚拟资本正是商品内在矛盾继续发展的产物。

1. 虚拟资本的社会属性

马克思指出，劳动的产品，当它是为卖而生产的时候，它就具有了社会属性，成为商品。同时也使这种劳动产品具有了二重性，即使用价值和价值。使用价值是商品的物质属性，价值是商品的社会属性。马克思对价值形式的发展做了极为精辟的论述，他指出，货币的产生是价值形式发展的必然结果，是商品内在矛盾的外化。货币产生以后，商品的内在矛盾获得了一种外在的表现，一边是作为使用价值的商品，另一边是价值独立化表现形式的货币。在《资本论》第三卷中，马克思论述了资本主义信用制度的产生和发展。指出了“银行券”的货币职能和它的虚拟性。在马克思生活的时代，还是金本位或金汇兑本位的时代，马克思只是指出了货币向纸币这种价值符号发展的趋势。马克思指出的这一趋势在他去世以后继续发展，首先是在各国国内贵金属退出了流通领域，尔后，在国际支付中，黄金也退出了世界货币。这后一个发展是马克思始料不及的。

货币符号化以后，它的社会属性便更明显了。20 世纪 30 年代人们就已经认识到，需要有一个强有力的中央银行从全社会的角度对这种符号化的货币进行宏观控制。第二次世界大战以后，它已经成了一种普通常识。人们虽然很少提到当代货币的虚拟性，但都高度重视它与实际经济活动之间的数量关系。马克思本人曾批评过货币数量论，指出货币的价值与其数量无关，但他指的是贵金属货币和可兑换的各类纸币。当贵金属退出货币领域，只作为一般商品于国内流通的时候，任何纸币在国内都不再是贵金属的代表，不再代表黄金与商品界发生关系，而是与整个商品界直接发生关系。货币的价值也只取决于其与实际经济活动的数量关系。这时，货币数量论在原则上就不再是谬误，而是真理。货币既然是价值独立化的产物，它就必然要摆脱个别使用价值对其执行社会职能的束缚。它是社会的，是所有商品的对立物，摆脱贵金属的束缚，它就能更充分地体现其社会属性。货币的虚拟化是价值形式的进一步发展的必然结果。

价值增值是资本主义商品经济的本质特征，马克思指出在资本主义的发展过程中，一切可能产生收入的地方都会打上资本的烙印。那些没有价值的东西，如股票和土地，由于能够带来收入，都被资本化了。“二战”后，一个值得注意的发展是纸币的减少和支票的使用增加，这使得资本主义国家对货币有了更宽的定义。例如，广泛使用的 MI 概念就包括现钞和可开支票的银行存款账户。这样，货币的符号化更纯粹了，它的绝大部分不是钞票和硬币，而是银行账户上的数字。电子设备的发展，使得支票也变得多余了，各种交易、投资等需要支付货币的地方，只要在不同的账户上转记数字就够了。而且，作为活期存款的一种，货币的绝大部分（指支票账户）也由于可获得一定收入而具有了资本的外衣。在资产证券化的过程中，各种收入流都被资本化了。

人们的工资、利润、利息等收入，只要其中一部分定期偿还购买住房、汽车等的贷款，就可以用来发行债券，这些债权也都披上了价值增值的外衣。银行的其他贷款、企业的各种应收款，只要还款是有保证的，都可以发行债券，取得虚拟资本的形式。衍生物的发展使赌博、投机的活动也被资本化了。虚拟资本在当代的发展，是资本主义生产方式进一步发展的必然结果。列宁曾经指出，资本主义生产日益社会化产生了现代银行制度，而银行作为社会化生产的产物又起着控制社会生产和社会簿记的作用。虚拟资本正是在资本主义信用的基础上发展的。这使它一出现就具有社会属性和资本主义社会特有的价值增值的烙印。虚拟资本的发展过程是不断脱离实际生产的过程；同时也是不断提高对社会经济整体状况依赖程度的过程。马克思指出，商品的使用价值和价值的二重性，在资本主义生产过程中转化为物质生产和价值增值的二重性。“二战”后，在价值形式的独立化表现形式——货币的不断发展的同时，价值增值过程也在外化，它越来越与实际生产过程相分离。作为虚拟的价值增值过程，也像虚拟的货币与商品家族的对立一样，它也越来越朝着与整个实际生产过程相对立的方向发展。价值增值过程的外化和虚拟化，这就是虚拟资本发展的本质。

2. 资本拜物教的新发展

马克思曾论述了从商品拜物教到货币拜物教再到资本拜物教的发展过程，一层一层揭露了这些拜物教的谜一样的性质是怎样产生的。最能表现资本拜物教神秘性的是生息资本的运动：G—G′，它隐藏了生产过程，似乎货币会自己生出货币，货币资本本身就具有价值增值的能力。对于资本主义的生息资本，人们还可以发现它与生产过程的密切关系，了解它的利息不过是贷出的货币资本进入生产领域之后创造的，对于股票、债券，发现它们与实际生产过程的联系也不十分困难。但是在资产证券化和衍生物的发展中，资本拜物教的形式得到了进一步的发展。一些收入被

证券化以后，人们在其价值增值的外衣下找不到它们与生产过程有什么联系。对于指数期货就更是如此，它们的价值增值似乎与任何实际资产都无关。似乎货币本身也真的能自行增值。市场的神秘性也在虚拟资本上得到了进一步的发展。

古典经济学家曾试图揭示价值规律以让人们看到那只“看不见的手”。而现代经济学家寻找各种“科学”的预测方法和躲避风险的方法来尽量避开市场中那些不可知的东西。但是这些努力的效果甚微，随着经济的发展和国际货币体系的变化以及国际经济往来的加强，市场的不确定性似乎与消除它的方法一同成长。国际证券投资的多样化被称为避免风险的最有效的方法之一。除开能否真的做到全球性的“世界证券组合”投资以外，至少，在理论上仍然有系统风险根本无法躲避，于是人们认识到，机会和风险同在，没有风险，也就失去了机会。价值增值过程的这种简化在指数期货上得到淋漓尽至的表现。价值增值完全与生产过程无关，它不过取决于对风险和收益的选择，对未来的判断。而这种判断更多的是凭运气。对于投资者来说，市场依然是神秘的，价值增值过程在指数期货上取得了彻底的独立存在形式，它与实际生产过程的联系完全被割断了。因此也就高度概括了资本主义经济的资本拜物教性质。股票指数高度概括各种股票的价格变动，它既包含了实际资本在生产和经营中的风险，又包括了整个经济环境变化的风险。风险提供了赢利（亦即价值增值）的机会。人们只需在风险和盈利的时点上进行选择，根本不必介入生产过程。

3. 虚拟资本的国际化

“二战”后，生产资本的国际化迅速发展。通过跨国公司和各种类型的国际经济技术合作，生产活动可以在世界范围内选择技术、利用资源和开拓市场。这使得国与国之间不再以“互通有无”的贸易关系为经济联系的基本纽带，国际经济关系得到了全面发展，正在形成生产、贸易、金融全面国际化的新格局。虚拟资本的国际化，便是20世纪80年代以来，世界经济新格局中的一个重要方面。

生产资本的国际化，使价值增值过程延伸到了国界以外，而虚拟资本的国际化则在国际创造虚拟价值增值的假象。国际证券的收益一方面取决于实际价值增值；另一方面也取决于政治和经济等各方面的影响。这种影响不但直接作用于这些国际证券的价格，也同时作用于汇率，使其波动并导致收益上的变动。这后一部分收益（或亏损）与实际价值增值无关，它依赖于生产以外的社会因素，特别是国际性的社会因素。资本的日益社会化发展超出了国界，而虚拟资本的国际化运动则集中体现着资本主义经济的高度社会化发展。人们持有国际证券不但要考虑与它有关的实际生产和经营的状况，更重要的是考虑整个国际经济状况以及可能发生的各种国际事件对国际证券收益的影响。显然，国际范围内的虚拟价值增值运动比国内的虚拟价值增值运动更依赖于生产以外的社会因素。虚拟资本的国际化表明，资本正在向着高度社会化的方向发展。我们在后面的章节中将要指出，虚拟资本的国际化，将促进货币市场和资本市场的国际化，促进国际证券管理协调机构的发展，促进国际资本市场和货币市场的一体化。

2.2 虚拟资本的运动

前面已经指出，资本主义生产的发展一方面造成了价值的独立表现形式——货币的虚拟化，另一方面也导致了价值增值的相对独立化和虚拟化。因此，要研究虚拟资本的运动规律，就要从实际经济运行中来考察虚拟资本运动与实际生产过程的运行关系。

在20世纪80年代的证券化到80年代中期以来衍生物的发展过程中，虚拟资本有日益摆脱个别生产过程，从而日益与整个社会生产和世界经济状况发生密切关系的趋势。这一趋势是从两方面发展的。首先，金融创新活动总是不断创造出远离个别生产过程，从而远离个别风险的各种金融工具。证券投资的风险分散化与证券投资的多样化已经成为当代投资的一种时尚。因此在设计新的金融工具时，总要把减少风险作为基本目标之一来考虑。例如，以资产作抵押的证券（ABS）、信用提高技术和指数期货，等等，都是把证券与个别生产经营活动隔开，使它与多个生产经营过程发生综合性的关系。证券的收益和风险越来越与集团的、行业的，甚至社会的生产过程相关。

其次，投资者为了分享高增长行业、地区和国家经济增长的利益并尽量减少个别风险，在世界范围内寻求证券投资的多样化，以尽量使其持有的证券接近“全球性证券组”，从而使风险降低到“全球性系统风险”的水平。市场风险有两类，一类是个别风险，另一类是将所有个别风险综合在一起的“系统”风险。但是，实际的生产经营过程总是具体的和个别的，而它的效益如何，不但取决于其自身的经营管理，而且还取决于整个行业、全国甚至世界的经济状况。这就是个别风险大于“系统”风险的原因。实际上，这种个别风险与系统风险的矛盾，正是资本主义基本矛盾在经济运行过程中的反映。资本主义私人占有与生产日益社会化的矛盾在经济运行过程中导致了个别生产经营过程与其社会性之间的矛盾。它的具体表现形式之一就是个别风险大于社会的系统风险。在实际的生产经营过程中，人们只能靠多种经营减少个别风险，使生产过程尽可能地具有社会性。这显然要受到规模、专业人员的数量及其水平等具体条件的限制。组合证券投资为分享其他行业和其他国家经济活动的收益，同时避免某一行业、地区和国家的个别风险提供了一个有效的工具。当代许多大的跨国公司都在积极参与国际证券投资就是一个很好的例证。

一方面证券本身在发展过程中呈现出摆脱个别生产经营过程的趋势；另一方面，投资者又在通过国际多样化进一步摆脱个别生产过程，这就是当代虚拟资本运动的基本趋势。这一趋势既是资本主义基本矛盾的产物，又在一定程度上缓和了这一矛盾。当然，证券投资的多样化只是对投资者来说减少了个别风险，它丝毫不减少个别生产过程的风险。企业倒闭和债务拖欠，决不会因为证券的存在而减少，只是在投资多样化的情况下使投资者免受或少受损失。证券投资的多样化可以减少个别风险并不适用于实际的生产经营过程，因此它也是虚拟的。虚拟资本不但在创造各种虚拟的价值增值的假象，也在不断地创造出避免了风险的假象。马克思曾经把商品的价值实现——销售——称为“商品的惊险跳跃”，一旦完不成这个跳跃，商品卖不出去，“摔坏的不是商品而是商品的所有者”。这种状况在证券化的过程中正在发生变化。股份制的绝大部分股东只占企业股本的较小部分，而且责任有限，证券化又使他们与多数企业联系在一起，只有在整个行业或整个经济不景气时才会把他们“摔坏”。证券化和证券投资的多样化、国际化并不减少实际生产经营的市场风险，但却可以把个别风险平均化为近似的“系统”风险，从而保护个别投资者。

2.2.1 虚拟资本运动与实际资本运动

从虚拟资本受实际经济活动的影响来看，主要是来自两个方面，一是个别经济活动的影响，二是整个经济状况的影响。

1. 虚拟资本运动与个别生产过程

对个别实际生产过程有影响的虚拟资本的运动首先是公司股票和债券的发行。股票和债券的发行都是直接为企业筹资。所筹集的资金进入个别生产过程，具体的数量关系我们在后面的有关章节中详述。公司股票和债券在二级市场上的交易也对实际生产过程有重要影响。第一，二级市场的存在对一级市场发行证券起支持和保证其灵活性的作用。如果没有二级市场，投资者就只能长期持有公司的股票和债券，有了二级市场，投资者就可以在任何时候出售这些股票和债券以获得所需的资金，二级市场保证着这些股票和债券的灵活性并产生了获得价格波动带来的收益的可能。第二，股票的价格与股息收入有关，也与利息率和整个经济状况有关。如果股息过低导致股票价格下跌，就可能引起收购股票、接管公司的活动。这实际是一种社会约束，它促使企业经营得更好。第三，股票所表现的价值增值过程并不是由它所代表的企业来单独支撑的。股息只是支持虚拟价值增值的一个因素，甚至不是主要的因素，因为股票的收入有很大一部分来自股票价格的波动。无论是日常的较小股价波动还是大幅度的股价波动，往往都是由政治的和整个经济的等非企业经营因素引起的。股票的价值增值过程不是由企业实际的价值增值过程单独支撑的，至少，总体的价值增值过程，即该国的总资本运动会对其产生重大的影响。在股票价格的简单公式中（股票价格的简单理论关系式：股价 = 股息 ÷ 市场利息率），股息似乎与利息率起的作用不分仲伯。但是，股价的波动往往是股息和利息率以外的因素造成的，它们集中体现在投资者的心理上。那些经济的、政治的、社会的种种因素，作用于投资者的心理，并驱使他们买或卖，以造成股票供求的变化。在实际预测股票价格的变动时，它所代表的企业经营状况只是一个限制条件。第四，当一国的股票在国外二级市场上买卖时，它的收益不但依赖于发行股票企业所在国的总资本的运动和货币体系的运行状况，而且也依赖于国际的通货膨胀差异、利息率差异和汇率等国际因素的变动。

对于公司债券，它只在发行时与企业的实际生产经营活动有直接关系，此后在它到期之前，如果是固定利息率，它将有价格波动发生。这种价格波动与个别生产过程完全无关，而是与整个金融状况和总资本的运动有关。如果是浮动利率，它将直接与金融状况有关。显然，在虚拟资本中，股票是与个别实际生产过程关系较为密切的一种虚拟资本，债券则相对疏远。

公司股票和债券与实际生产过程最密切的关系还在于它们的发行，它们在二级市场上的运动则与总资本的运动和金融状况有更密切的关系。对于资产证券化中的一些虚拟资本，有些属于贸易和企业的应收款，它们的发行只不过意味着企业债务被转移，增加资金的主要是中介机构（还有少数大企业），不是企业。这样，证券化对个别生产过程的影响就是微弱的。但它一方面影响整个金融状况，另一方面又受到集团的（多个企业和行业经营状况）或综合生产过程的影响和总资本运动的影响。

衍生物的情况就更典型。它已经是一种完全的虚拟价值增值运动。无论是股票指数还是利率指数等指数期货、期权，它们并不对任何实际生产过程产生影响，而只是通过对货币金融状况的影响间接影响总资本的运动。它们本身的运动受股票价格指数或利息率指数的影响。但这种影响也完全是虚拟的。因为这种衍生物既不代表企业所有权，也不代表对企业的债权；投资者既不持有任何一种实际的证券，也不持有这些证券的代表物。对于期货、期权等衍生物，情况倒稍有不同。金融期货是股票和债券的代表，它们与企业状况往往还残存着间接的联系，它们的价值增值过程，虽然主要取决于金融状况和总资本的运动，但或多或少还要受到企业经营状况的影响。对于外汇期货来说，则完全是与国际间的金融状况差异和国际收支状况有关。

从对实际经济的影响来看，证券的发行与其在二级市场交易之间有相当大的区别，证券发行会使个别生产经营活动得到所筹的资金，而二级市场的交易，则只影响资金的流动，通过资金的流动和货币总量的变动来间接地影响实际经济过程。在绝大多数情况下，二级证券市场对经济的影响主要是宏观的，通过诸多货币变量来间接地影响经济过程。

2. 虚拟资本与总资本的运动

虚拟资本与总资本的运动（即总的经济状况）有比其与个别资本运动更密切，也更值得重视的关系，具体地说，就是虚拟资本与一国的宏观经济运行的关系更为密切。对于那些与个别生产过程尚有不同程度关系的公司股票和债券，其虚拟的价值增值主要有两个部分，一是来自公司利润的股息和利息支付，二是价格变动引起的收入。如果一国发行的全部虚拟资本都是公司股票和债券，那么前一种收入就与总资本的盈利状况直接相关，同时也与虚拟资本的虚拟数量（超出实际生产资本的数量）有关。后一种收入在更大意义上属于国民收入的再分配，在多数情况下属于“让渡利润”。但是，虚拟资本包括大量与个别实际生产无关或间接相关的证券，这样，就使得从宏观上研究虚拟资本总的增值过程和总资本的增值过程之间的运行关系变得十分有意义。在西方国家的虚拟资本中，有很大比例是政府债券。其中，只有少量用于国有企业的投资和对私营企业的支持，多数用于国防、行政、各种公共事业和福利开支。这些开支虽然与生产无关，却也要还本付息，政府债券的还债保证是其财政收入。就这一点看，政府债券与该国的国民收入及其创造过程（总资本的运动）有关。在实际操作中，多数国家经常使用的方法是发新债还旧债。这样，政府的债务不断扩大，而持有这种债券造成的虚拟价值增值的规模也会不断扩大。此外，在证券化中，有相当一部分证券与生产过程无关，而与人们的消费有关。如以住房、汽车抵押贷款合同为抵押的证券，以信用卡抵押贷款为抵押的证券，等等。它们也在相当大的程度上扩大了虚拟价值增值的规模，为了从宏观上说明实际价值增值与虚拟价值增值的关系，我们利用马克思的社会再生产理论来建立一个简单的理论关系模型。

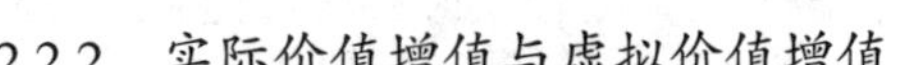

2.2.2 实际价值增值与虚拟价值增值

马克思用“C+V+M”来表示社会总产品的价值构成。我们对此稍加改动，假定：（1）不变资本 C 恰好等于固定资本，流动资本只用于支付工资，没有原材料的开支，且固定资本一年消耗掉，这种假定还可以解释为 C 仅仅是固定资本的年折旧部分加上流动的资本中用于购买原材料的部分。（2）C 是股本资金投入的，假定社会为股份制，社会上将有与 C 价值相等的股票

（假定平价发行）。（3）假定流动资金中用于工人工资的开支即可变资本全部用发行债券的方法筹集，并于年初预付给工人。（4）假定总资本一年周转一次。（5）假定债券市场总有适合需要的资金可以获得，年利息率为 10%。

1. 无政府债务的虚拟价值增值模型

根据马克思的社会再生产理论，总资本为 C+V，假定 C=4000，V=2000。剩余价值率 M/V 为 100%，则有剩余价值 M=2000。其公式为：

$$C+V+M=4000+2000+2000=8000（GNP） \quad (2.1)$$

到第一年年底，剩余价值（M）的分配为：2000（V）的债务利息 2000×10%=200，假定年底股息率定为 15%，股息收入为 4000×15%=600，企业用于第二年扩大再生产的资金总额为 600，余下 600 为当年的税收。假定政府的财政收支平衡，政府收入（T）为 600，政府开支（G）也为 600。即 G–T= 赤字（债务）=600–600=0。

现在我们考察证券市场。在证券市场上，年初发行了价值 4000 的股票和期限为一年的债券 2000，股票持有者到年底不但可获得 600 的股息收入，还将获得股价上涨的收入。我们用股价计算的简单公式，股价 = 股息 ÷ 利息率，可计算出年底的股价为 600÷10%=6000。这样，年初平价发行的股票到年底升值 50%，虚拟的价值增值为 2000。年初发行的 2000 公司债券到年底将连本带息归还 2200。其中年底总产品价值中的 2000，不必再支付给工人，因年初已借款预付，现在用它来归还贷款，用剩余价值中的 200 付息，于是年底的虚拟价值增值公式可写为：

（股本 + 股息收入 + 价格波动）+（债券本金 + 利息收入）

在上述例子中为：

$$(4000+600+2000)+(2000+200)=8800 \quad (2.2)$$

从式（2.2）中可以看出，虚拟资本的价值增值在形式上是与总资本的运动分开的。它与总资本的价值增值有两个联系，一是股息，二是利息，这是年终可以真正实现的收入。虚拟资本运动的独立性表现在其价格波动的虚拟增值上，这一价格波动带来的收入不受剩余价值的约束，也就是不受实际实现利润总量的约束。年终要实现 2000 的价格波动收入，年初以 4000 买入的股票必须全部以 6000 的总价格转手。其关键在于：（1）有没有足够的人肯买，（2）他们能否支付足够 6000 的货币。如果这两个条件能够满足，就会实现 2000 的虚拟收入。

现在我们来看在这种情况下的全部收入。工人年初已获得 2000 预付的收入，马克思假定工人是年终获得收入的，按我们的假定，如果工人一年内花掉了预付的工资收入，第二年年初仍需贷款或发行 2000 的债券来预付第二年的工资（假定第二年是简单再生产）。如果我们假定年初预付工人的工资全部是购买去年的产品，那么今年年底产品的实现就必须借助于举债使工人在明年能够购买今年的产品。从收入分配上说，2000（V）的产品价值作为偿还年初贷款的本金分配给了债券的持有者。无论工人本身持有这全部 2000 的债券，还是由其他人全部持有或二者兼而有之，第二年年初的举债将帮助这部分产品的实现。除这 2000（V）以外，还有股息收入 600、政府税收 600 和扩大再生产用 600 及利息 200。这几项相加恰好等于剩余价值总额或利润总额（2000）。它们是当年的国民收入，将与产品总价值中的 V+M 部分（2000+2000）相等。现在我们假定股票价格波动的收入 2000 也实现了，显然它不是剩余价值中的组成部分，即使用 600 的股息和 200 的利息购买增值的股票，也不会使总剩余价值或总利润有任何增加。它们的实现取决于人们手中持有的货币量。当有足够的货币量实现这 2000 的价格波动收入时，会使收入分配发生变化。我们先假定 C 不受影响。当年实际总产品的价值 8000 中包括了实现 C 的那一部分购买力。生产者卖出 8000 的总产品后将用其中的 4000 补偿 C 的消耗。由于货币的介入，虚拟价值增值过程增加了 2000 的收入。如果这 2000 的收入全部进

入余下的产品市场（即除去用于补偿总产品中 C 的部分后，总产品中的 V+M 部分即 2000+2000），就意味着国民收入分配将发生如表 2–1 和表 2–2 的变化。

如表 2–1 所示，在没有虚拟价值增值的情况下，根据我们的假定，工人将得到 2000 的货币收入，股东得到 600 的股息，政府得到 600 的税收收入，年初通过购买债券贷款给厂商用于支付工人预付工资（2000）的债券持有者获得 200 的利息收入，厂商将留下利润（剩余价值）中的 600 用于下一年的扩大再生产。这些加在一起恰好等于当年的全部国民收入（V+M=4000）。实际收入的分配情况与此也完全一致。但在存在虚拟价值增值的情况下，如表 2–2 所示，工人仍然得到 2000 的货币收入，政府、债券持有者仍然得到与原来相同的货币收入 600 和 200，厂商仍然用 600 的货币收入去扩大再生产。这时，名义国民收入与实际国民收入出现了不一致，名义国民收入为 6000，实际国民收入为 4000，虚拟价值增值的总产值部分转化为虚拟的国民收入（2000）。它影响了国民收入分配，使得所有的实际收入的分配份额都发生了变化。在我们的例子中，除股东收入份额从原来的 15% 增加到 43.3% 以外，其余的分配份额都下降了。虽然在我们的例子中忽略了一些可能出现的变化，但我们至少可以得出虚拟价值增值将减少固定收入阶层实际收入的结论。

表 2–1 没有虚拟资本干扰的国民收入（V+M）分配

	股东	工人	政府	债券持有者	企业留余	总额
货币收入	600	+2000	+600	+200	+600	=4000
占总收入比例	15%	+50%	+15%	+5%	+15%	=100%
实际收入	600	+2000	+600	+200	+600	=4000

如果实现价格波动收入的条件不能充分满足，年初发行的价值 4000 的股票就不能全面转手以实现 2000 的价格波动收入。如

果没有足够的货币支持，在 4000 股票的交易中，需求就会不足，这年年初价格为 1 的股票就不可能在年底涨到 1.5。供求关系的调节作用会使它的价格低于 1.5 且高于 1。这时股东收入会大于 600 且小于 2600。但是，无论哪种情况发生，股价的波动在很大程度上依赖于货币市场，同时又从宏观上影响国民收入分配，从而影响以后的实际总资本运动。

表 2–2　虚拟资本干扰下的国民收入（V+M）分配

	股东	工人	政府	债券持有者	企业留余	总额
货币收入	2600	+2000	+600	+200	+600	=6000
占总收入比例	43.3%	+33.3%	+10%	+3.3%	+10%	=100%
实际收入	1732	+1332	+400	+133	+400	=4000

如果放宽 C 的实现不受影响的假定，那么，我们就可以得出这样的结论：货币市场将对虚拟价值增值产生重大影响，而虚拟价值增值又对实际价值增值的总过程产生影响。需要强调的是，货币通过虚拟价值增值对实际价值增值的影响不能等同于货数币量与国民生产总值的数量关系（即货币数量说所描述的那种关系）。前者描述的是虚拟价值增值与实际价值增值的关系，后者描述的是全部商品价值与其独立化形式——货币之间的关系。后者不但对实际价值增值产生影响，也对虚拟价值增值产生影响。

2. 加入政府债务的模型

我们仍然使用上面假定的例子，在一切都与前述相同情况下，我们只假定政府在去年年末曾发行 1000 的债券，期限一年，今年年底按固定市场利率 10% 偿还本息。这样，我们有如下三个公式：

政府收支情况：G–T= 赤字 = 债务

1600（G）–600（T）=1000（债务）

实际价值增值：4000（C）+2000（V）+2000（M）=8000（GNP）

虚拟价值增值：

（4000 股票 +600 股息 +2000 股价波动收入）+（2000 公司债券 +200 利息）+（1000 政府债券 +100 利息）=9900

政府年初发行债券 1000，用于增加政府开支，到年底将使虚拟价值增值扩大 1100。但是政府今年的税收 600，无法偿还年初的债务（也可以假定为以前累积的到期债务）。通常的办法是发新债还老债。政府在今年需发行（1000+100）实际上并不依赖于税收（600），它与实际价值增值过程无关。它的利息支付靠新债，不与当年的剩余价值或利润总额发生关系。这部分虚拟价值增值的实现，取决于货币市场上，人们是否愿意，并有足够的货币收入来购买年底发行的新债。凯恩斯主义经济学家把政府借新债还老债看作是一种无害的游戏。因为政府当年年底从名义国民收入中以债券方式筹集的资金 1100 会以偿还老债本息的方式全部返还国民收入。政府只不过将这部分国民手中的钱拿来又放到另一部分（往往也包括前一部分中的一些人）国民的口袋里。如果第二年政府不打算削减政府开支（1600），同时又不打算增加税收的话，它还需在第二年年初继续发行 1100 的债券。这将使虚拟价值增值的队伍更大。既使政府第二年成功地削减了政府开支，从 1600 下降到 600，从而保持平衡，不再举债，这第一笔债务造成的债务负担也会迅速地扩张下去，除非用增加税收或进一步减少政府开支的办法使债务由税收（也就是国民）来负担，否则债务将按复利的几何级数增长。若干年后，这种游戏将再也不能玩下去了。与股票一样，国债的虚拟性使它也内含着泡沫经济的危险。无论哪种虚拟资本，一旦增值过度就会产生泡沫，损害实际价值增值过程。

3. 证券化的影响

现在，我们在上述例子中加入证券化的因素，以考察证券化对虚拟价值增值的影响。资产证券化可大致分为两类：一类是以与生产经营活动有关的公司债券作抵押或以公司贷款、其他应收

款为抵押发行的债券（ABS）；另一类是以住房、汽车等与消费有关的抵押贷款合同为抵押发行的债券（MBS）。在前面的例子中我们曾假定，第一年年初，企业以发行债券的方式筹集 2000（V）用于预付工人的工资，政府发行 1000 的国债用于增加政府开支。这些债券将由个人和机构的投资者持有。现在，我们假定，年初发行的这些债券的一半（1500）由机构的投资者持有。他们可将这笔债券作抵押发行新的债券，这样他们可以在年底以前就收回这笔资金。当然，实际的证券化通常是把不同利率和不同期限的对企业的债权（包括企业债券和对企业贷款）捆成一组作抵押发行债券。这不同于债务关系的简单转移。值得强调的是，年初发行的债券并不是不再上市的证券，它会在二级市场上交易，会有价格波动。而证券化也不是将一种证券全部证券化。如果一种证券只由一个投资者全部持有，他就没有必要用证券化的办法获得资金，他可以把它卖掉来获得资金。一种证券上市后，会有许多投资者持有它，每一投资者，特别是机构的投资者又总是同时持有许多证券。当这一机构投资者将其持有的证券组成一组发行新债券时，这一组中任何一种证券的价值都可能随证券在二级市场上的价格波动而发生变化，作为新债券发行抵押的证券组合需要随市场变化随时调整其成分。在我们简单化的假定情况下，年初发行的全部债券（1000 政府债券和 2000 企业债券）的一半作为抵押发行新债券。这样，实际价值增值过程中的可变资本中的 1000 就有了三重存在。一是作为可变资本在生产过程中执行生产资本的职能；二是作为年初的企业债券上市交易或被人们持有；三是证券化后发行的新债券，代表着国债和企业债的组合进行交易和被持有。作为抵押证券组成分之一的公司债券（1000）并不因被作为抵押而失去独立性。因为与其相同的另一半债券仍在二级市场上交易，它的价格也在波动。但是就利息的来源看，年底企业债券获得的利息是剩余价值或总利润的一部分，这部分利息会因企业债券的证券化转移到新证券持有者的手中。

国债就不同了，它支付的利息不是只来源于总利润或剩余价值。政府债券筹集的款项已经被其用掉了，政府只能用发新债或增税的办法偿还本息。因此国债的利息来源于购买新债券的投资者收入或纳税人收入。在我们简单的例子中，国债利息来源于股东的股息收入和工人的工资收入。

由于证券化，社会虚拟资本的总量增加了。但是，由于先发行的债券用作抵押，而使它们处于严格的限制之下，只有在其价格有较大波动时才会重新进入市场。这就使虚拟资本的宏观运动变得更复杂。用作抵押的证券组与新发行的证券在很大程度上是叠加在一起的。似乎是新的虚拟价值增值代替了抵押证券的虚拟价值增值，实际上却并非如此。抵押证券组中的所有证券都保持着它们原有的虚拟价值增值的全部特性，它们各自发行者的个别经营状况以及整个经济环境，仍会像以前那样影响着它们的虚拟价值增值。而新发行的证券则作为个量的综合，受到所有个量的综合影响以及新证券发行者的信用状况的影响。抵押证券的价格波动，从而其虚拟价值增值与新证券的虚拟价值增值是既密切联系又相互独立的两个虚拟价值增值过程。

由于证券化中抵押证券组与新证券有很大的叠加性，所以证券化只增加名义的虚拟资本数量，对日常的证券交易量并不产生很大影响。只有当个量因素或环境因素的影响使抵押证券组的价值量与新证券的价值量发生较大差异时，证券化才可能对日常证券交易量产生较大的影响。

上述的分析也适用于房屋和汽车抵押贷款的证券化。但这类住房、汽车和其他耐用消费品抵押贷款的证券化有助于提高总需求，帮助这些产品完成它们的风险跳跃——价值实现。

我们仍使用上面的例子。第一年年初，企业发行股票筹得4000 的资金用于购买不变资本，通过发行 2000 的债券筹得雇用工人的可变资本，生产得以进行。年底，生产出了价值 8000 的总产品，其价值构成如下：

$$4000+2000+2000=8000$$

假定物质构成为：4000 是第一年生产出来的生产资料，2000 是生活必需品，2000 分成两部分，一部分也是生活用品，用 Ms 表示，另一部分是住房、汽车和其他耐用消费品，用 Mc 表示。假定 2000（M）=800（Ms）+1200（Mc）；假定第一年的总产品全部在年底销售完毕。为了简单，我们假定 4000（C）由企业相互交换来实现。相当于 2000（V）的生活必需品由企业年初发行债券，筹得资金预付工资，再通过工人年底的购买来实现。800（Ms）的生活用品，由股东上一年分得的股息来购买。对于 1200（Mc）的汽车和住房等的购买就只能由股东和工人过去的储蓄来购买。这样，1200（Mc）能否实现就取决于人们有无足够的储蓄，如果人们的储蓄不足，或根本没有储蓄，它就不能全部实现或全部不能实现。1200（Mc）的实现不仅取决于储蓄总量，而且取决于人们是否有能够获得支付住房和汽车的价格的货币量。住房和汽车抵押贷款正是针对那些没有足够积蓄，却有稳定的工薪收入的人。他们以购得的住房和汽车为抵押获得贷款，用稳定的收入流中的一部分分期偿还贷款本息。这种抵押贷款帮助了住房和耐用消费品的实现。生产者收回货款，消费者得到了住房和汽车。但是，经营抵押贷款的金融机构必须为这种购买垫付资金和长期占压资金。这就使抵押贷款的发展受到了抵押贷款机构的资金规模和筹资能力个量因素的限制。抵押贷款的证券化打破了这种个量因素的限制，把抵押贷款推向社会，也就把弥补总需求不足的负担推向了社会。从这一角度说，证券化对实际价值增值起一定的好作用。

但是，抵押贷款的证券化增加了社会上虚拟资本的总量。购买房产在西方被看作是一种投资。而房产也往往随着时间的推移和经济的发展而升值。根据马克思的资本概念，房屋等不动产是不会自行增值的。它的价值增值也是虚拟的。西方一些经济学家也认识到房地产、股票、期货等炒得过热，不但不会使国民经济

发展，反而有产生泡沫经济的危险。

2.2.3 虚拟资本的运行与泡沫经济

在前述虚拟资本运动的实现模型中，我们仅在于说明虚拟价值增值与实际价值增值的基本关系和相对独立性。虚拟价值增值中的股息收入和利息收入受实际价值增值的制约；但其收入的另一部分，对于许多投资者来说，甚至是主要的部分，依赖于虚拟资本的价格波动。而这一价格波动能否真正实现，变为投资者的收入，则与有无足够的货币资金投入有关。要进一步认识虚拟资本的运动，就必须搞清实际价值增值、虚拟价值增值与货币供求量之间的运行关系。为了从理论上研究这三者之间的运行关系，有必要建立一个简单的理论模型。

1. 投机的货币需求与证券市场

凯恩斯在研究货币市场的运行时曾指出货币的需求主要由两部分组成，一部分是交易的货币需求，另一部分是投机的货币需求。对于投机的货币需求，他做了如下解释：首先，货币也是一种金融资产，持有它的机会成本是使用它可以获得的最有保障的收入，也就是投资于债券可获得的收入。因此，这部分投机的货币需求是市场利息率的函数。在考察人们持有货币还是持有债券的选择行为时，他指出，任何人对市场利息率都有自己的评价其高低的一个标准。通常是人们心中根据经验而计算的一个平均利息率水平。现在的市场利息率越是高于这个水平，他们就越是预期利息率不久就会下跌，一旦利息率下跌，债券价格就会上涨。而现在的高利息率下，债券价格肯定比未来要低，也就是债券价格看涨，现在的合理行为就应是买进债券，造成债券的需求上升，引起债券的价格上升。如果现行的市场利率低于这一平均利息率，利息率就在人们心中看涨，债券价格看跌。凯恩斯的这一描述指出了利息率对货币资金进入证券市场和退出证券市场起着重要调节作用。同时也说明了货币资金从人们口袋里流入证券市场和流出证券市场回到人们手中对利息率的决定性作用。在现代凯恩斯主义宏观经济学中，货币的供给是一个政策变量，由各国的中央银行控制。这样，货币的供求关系就被描述如下：

货币的供给用 Ms 表示，为一外生变量，货币的需求（MD）由交易的货币需求（MD_T）和投机的货币需求（MD_A）构成。交易的货币需求是国民收入（NI）的函数，投机的货币需求是利率（r）的函数。其函数图形见图 2–1，凯恩斯主义宏观经济学使用这一图示来说明利息率的决定，并用来说明货币市场的运行机制。

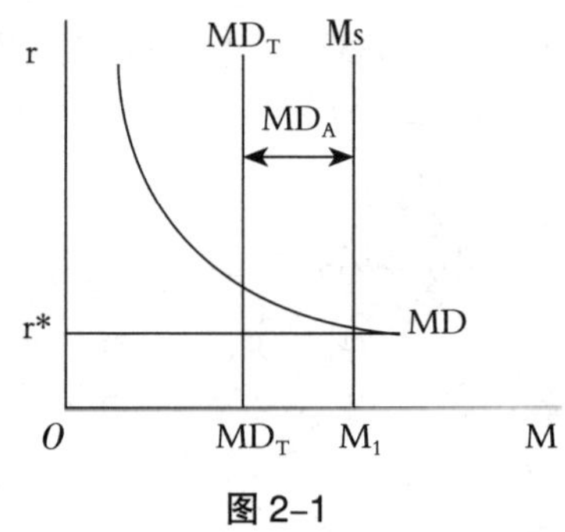

图 2–1

在西方传统的概念中，凯恩斯这一图示所表示的货币市场，泛指整个金融市场，包括货币市场（短期资金市场）和资本市场（长期资金市场）。在原则上，凯恩斯主义是要说明货币的借贷关系决定利息率。但并不是微观意义上的最终借者和贷者的关系决定利息率。最终借者绝大多数为投资者，最终贷者为储蓄者。也就是说，凯恩斯并不认为利息率由储蓄和投资决定，而是由总的货币供求关系决定。因为绝大多数交易的支付、投资和其他支付都是通过金融市场和中介机构进行的。对于研究虚拟资本的运行来说，这一图示所描述的关系就显得太粗糙了。因为我们不能用货币的供求关系来简单地代替证券市场上的供求关系。我们所要研究的正是货币供求与证券市场之间的关系，这就要把它们区别开。

对于图 2–1 我们重新做一些说明。首先，它说明货币的总供求情况。其次，它代表整个经济中的借贷关系，利息率由货币的总供求决定。最后，货币的需求分为两部分，一部分是用来购买商品、服务及投资品的交易货币需求，另一部分是用于购买债券、股票等金融资产的货币需求。

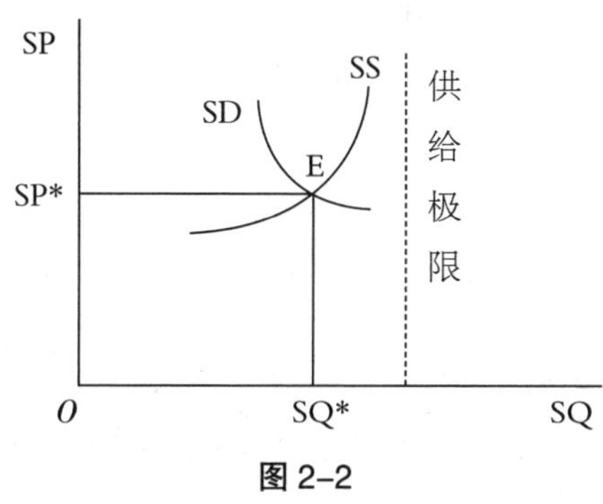

图 2–2

现在我们来考察证券市场，决定人们是否购买证券的因素很多，但其核心无非是证券给投资者带来的收益如何。对于证券的购买者来说，最能体现其有无收益的是其购买证券的价格。这样，我们可以简单地把投资者对证券的需求（SD）看作是证券价格（SP）的函数。一般来说，证券的价格越低，它就越可能在不久的将来看涨，于是买者越多，购买的量越大，对债券的需求曲线越向右下倾斜（如图 2–2）。证券的供给曲线则恰好相反。价格越高，证券的未来价格就越是看跌，卖的人越多，卖的量越大，因此证券的供给曲线是证券价格的增函数。用纵轴表示证券价格 SP，用横轴表示证券的数量 SQ，其供求曲线如图 2–2 所示。证券供给曲线 SS 和证券需求曲线 SD 的交点 E 决定了证券的价格水平 SP^* 和交易数量 SQ^*。$SP^* \times Q^*$ 为交易金额，亦为证券市场所用的货币量，如 $0SP^*ESQ^*$ 的面积所示。证券市场与产品市场的本质区别在于证券市场的虚拟性。第一，证券市场没有

生产周期，证券的供给和证券的需求一样，可以在瞬间发生很大变化；第二，持有证券本身没有生产成本，因此持有证券的机会成本就显得格外重要；第三，证券市场上的买者与卖者没有产品市场上那种消费者和生产者的固定区别，买者和卖者一样，都是投资者，买者和卖者的身份总是不断在同一些人身上交替；第四，证券供给量的极限是现有证券存量，只有在发行新证券或老证券到期时，证券的供给极限（如图 2–2 中的虚线所示）才发生变化。这就是说，证券供给曲线的形状取决于卖者对证券价格的敏感程度，也就是证券的供给价格弹性。而证券供给曲线的位置（及其移动）则取决于证券存量的变化。显然，证券发行市场（一级市场）及证券的期限结构，影响证券供给曲线的位置。

将图 2–1 和图 2–2 结合在一起可以说明虚拟资本的交易与货币供求的关系。如图 2–3 所示，图（a）表示货币的供求与实际利息率 r 的决定。图中 Ms/P 为实际货币供给，Ms 为名义货币供给，P 为一般价格水平。Ms′/P 表示剔除物价总水平变动因素的货币供给。右图表示证券市场的供求与证券价格的决定。

假定，最初在实际利息率为 r_1 时，货币市场的实际货币供求均衡量为 M_1。证券市场的供求均衡点为 e，均衡的证券价格为 SP_1，证券的交易数量为 SQ_1。证券交易所用的货币量为 $SP_1 \times SQ_1$，如图 2–3（b）中的阴影面积所示。如果说交易货币需求量与国民收入 NI 成比例，同样可以说，投机的货币需求 MD_A 与证券的交易量成比例。一般来说，证券交易的次数，或用于证券交易的货币流通速度，应与用于普通商品和劳务的货币流通速度有所区别。前者没有生产周期的限制，而后者则受生产周期平均水平的限制。用 V_1 表示交易用的货币流通速度，用 V_2 表示证券交易用的货币流通速度，就有下式成立：

$$MD_A \times V_2 = SP \times SQ$$

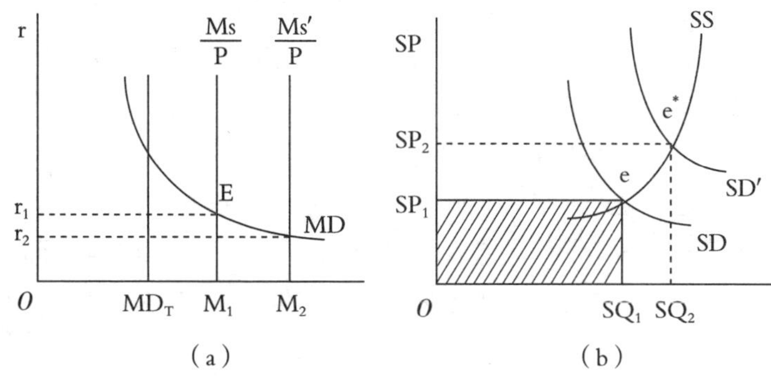

图 2-3

证券交易所用的货币量乘以其流通速度等于证券的交易金额。在图 2-3 中，总的货币供给为 M_1，其中用于产品和劳务交易的货币需求为 MD_T。因此，M_1-MD_T 的差便是用于证券交易的货币量。这个量的大小将直接影响证券市场上的供求关系。现在，我们假定，名义货币供给量 Ms 增加，导致实际货币供给量 Ms/P 增加，Ms/P 曲线右移到 Ms′/P 的位置。假定名义国民收入 NI 不变，交易用的货币量 MD_T 不变。现在的实际货币供给量已增加到 M_2。而在 r_1 的利息率下，货币的供给大于货币的需求。人们手中增多的货币量会压向证券市场，因为这时用于投机的货币量由原来的 M_1-MD_T 增大到了 M_2-MD_T。对证券的需求量上升，由 SD 上升到 SD′。证券的价格水平会由 SP_1 上升到 SP_2。证券的交易量也会由 SQ_1 上升到 SQ_2。另一方面，由于货币供给增加使银根放松，贷款更容易获得。在 r_1 的利息率水平上，供给的货币量大于其需求，利息率下跌。利息率越是下跌，看涨利息率的人就越多，看跌证券价格的人也越多，人们越是要在现期迅速卖掉手中的证券；或者说现期利率下跌引起现期出售的证券数量增加。总之，一方面货币供给增加引起利息率下跌，引起人们抛售证券；另一方面，货币供给量的增加又支持了这种抛售。因为总要有人买，证券才能卖得出去，正是由于货币增量的支持，才可能在证券价格上升的时候仍有足够的货币量去购买。显然，证券价格的升降，在很大程度上取决于货币供给总量中，有多大的部分压向证券市场。

2. 虚拟价值增值与泡沫经济

现在，我们在上述的模型中加入总供求的模型，用以说明货币如何支持虚拟的价值增值，使其远远超过实际价值增值从而产生泡沫经济。我们借用凯恩斯主义的总供求模型来说明货币、证券和生产三者之间的关系，如图 2-4 所示。

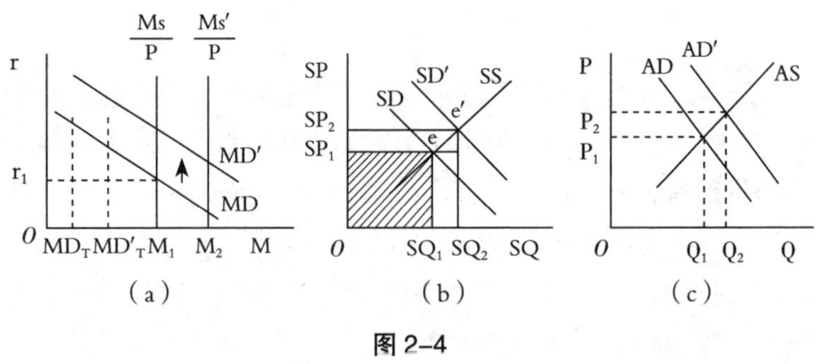

图 2-4

其中，图（a）和图（b）含义同图 2-3，图（c）表示最终产品市场。

在最初的均衡状态下，货币总供给量为 M_1，其中 MD_T 为交易用货币需求，它乘以交易的货币流通速度 V_1 恰等于名义国民收入 NI（$=P_1\times Q_1$）。余下的货币供给量 $M_1-MD_T=MD_A$ 为投机用的货币量，它乘以证券交易用的货币流通速度 V_2 恰等于证券交易总额 $SP_1\times SQ$，这样，货币数量公式便为：

$$M\cdot\sqrt{V_1\cdot V_2}=P\cdot Q+SP\cdot SQ$$

在股票市场和债券市场已占 GNP 一个很大比例的情况下，不考虑证券交易总额与货币量的关系显然是不正确的。在美国，仅股票价格总额已占其 GNP 的 50% 以上。1986 年，美国股票交易的总额已达 13740 亿美元，占当年按现价计算的国民收入 37992 亿美元的 36.2%，占当年总消费开支 28506 亿美元的 48.2%。如果加上债券和其他证券的交易会造成更大的货币需求量。因此，在理论上重建货币数量公式就是非常必要的。

该公式表明，货币一方面支持着实际价值增值（即当年的产值 P×Q），另一方面也支持着虚拟价值增值（即证券交易额 SP×SQ）。当货币供给量 Ms 增加的时候，Ms/P 曲线会右移，增加的货币供给量不会全部进入证券市场。它会分为两部分，一部分进入产品市场使总需求提高，AD 移动到 AD′，价格水平上升到 P_2，总产量或实际国民收入也增加到 Q_2；另一部分进入证券市场，使对证券的需求上升。这一方面使名义国民收入 NI（=P×Q）上升，从而引起交易的货币需求量由 MD_T 增加到 MD'_T；另一方面也使实际货币供给因通货膨胀（P 的上升）而比名义货币供给的增加幅度要小，由 M_1 移动到 M_2。由于产量增加引起交易货币需求增加，从而导致货币总需求增加，MD 移动到 MD′，使实际利率的下降幅度减小。与前一例相比，压向证券市场的货币增量仅仅是货币供给增量的一部分。这部分压向证券市场的货币增量会提高证券的需求，使证券的现期价格上升。值得注意的是，压向证券市场的货币增量足以支持一些人购买证券。对他们来说，这是一种投资，投资者不但可以在将来得到股息或利息收入，也可能获得证券价格继续上涨的差价收入。而对于卖者来说，他们已经实现了虚拟的价值增值，至少，同最高的价格相比，他们获得了图 2–4（b）中阴影所示的差价收入。现在任何人也不能说同初始状态相比有亏损，大家都在赚钱或准备赚钱。所以，并不是一些人赚的钱是另一些人亏损的，只能说一些人赚的钱实际是另一些人支付的。在证券价格尚未下跌，或尚未下跌到原水平之前，“一部分人赚的钱是另一部分人的亏损”这种论点是不能成立的。

由于价格上升而增加的收入与生产无关。如果初始状态时虚拟资本的价格还与实际资产价值保持一个适当比例的话，在证券价格上涨以后，就产生了价格增值的泡沫。在我们假定的情况下，货币供给的增加既引起了物价 P 的上涨，也引起了证券价格的上涨。如果二者的增长幅度相同，只能说出售证券的投资者保住了它最初的资产价值。但实际上，证券，特别是股票的价格上涨，总是超过物价水平的，表 2-3 列出了美国和日本这两个最大的证券国 1985—1991 年股票价格指数与消费物价指数和生产者物价指数的对比情况。

表 2-3　1985—1991 年美、日股票价格指数与消费物价指数和生产者物价指数

年份	1985	1986	1987	1988	1989	1990	1991
美国：							
股票价格指数	100	126.2	159.2	147.6	178.2	188.1	214.6
生产者物价指数	100	97.1	99.7	103.7	108.2	112.7	112.9
消费物价指数	100	101.9	105.7	109.9	115.2	121.4	126.6
日本：							
股票价格指数	100	132.9	196.4	213.9	257.8	211.8	184.9
生产者物价指数	100	100.6	100.7	101.4	103.7	106.9	110.4
消费物价指数	100	99.7	103.1	112.9	119.7	125.3	128.0

资料来源：International Financial Statistics Yearbook，1992.

从表中不难看出，股价指数远远超过了物价指数。特别是日本，1989 年的股价指数超过物价指数几乎一倍，严重地脱离了实际生产，产生了严重的经济泡沫。随后，1990 年和 1991 年，股指大幅下跌，泡沫破裂，这意味着虚拟的价值增值开始接近实际价值增值。

有无货币供给增量的支持，只是泡沫经济是否出现的宏观条件，能否真的形成泡沫经济还在于有没有把增加的货币投入证券市场的行为。投资者追求的是尽可能高的收益和尽可能低的风险。投资于实际生产还是投资于证券对投资者的目标来说是没有本质区别的。间接投资和直接投资相比有许多优越性。第一，间接投资可以省去经营管理和专业技术等带来的麻烦；第二，间接投资有利于小额投资者参与；第三，直接投资往往长期占用资金，而间接投资可随时通过出售证券收回资金；第四，直接投资的回报受实际生产行业利润率的限制，而间接投资除去可分享某个企业或行业的利润外，其价格差造成的收益是没有限制的；第五，生产中减少风险的主要办法是多种经营，做到这一点需要有较大的资本、各种专业人才以及较长的时期。而间接投资减少风险的主要办法是证券的多样化组合。它只需要资金管理的专家，而且可以在较短的时期内做到。证券组合可以随时调整，而多种经营的实际生产活动调整起来就相当困难，这使投资者有偏好于证券业的倾向。特别是在 80 年代以后，由于证券业管理的放松，人们偏好于证券业的倾向得以发展为事实。

我们仍以图 2-4 为例，如果货币量继续增加，超过了实际生产可能增长的增长率极限（美国人认为美国大约在 6%），一方面会引起通货膨胀，使经济虚假繁荣；另一方面按照凯恩斯的理论，利息率会掉入灵活陷阱，从而不再下降。实际投资不再增加，而人们对证券投资的偏好在证券业管理放松的条件下，为人们获得投机于证券提供了机会。特别是一些机构的投资者参与投机后，就会把货币供给的增量大量引向证券市场和房地产的炒作，引起证券市场的需求大幅度上升。一时间人人都有钱赚，造成虚拟价值增值的过度膨胀，形成泡沫经济。一旦货币支持减弱，泡沫就会立即破裂。泡沫经济的脆弱性还表现在它极易受人们心理因素的影响。如某种炒作将被禁止的传闻，某个机构投资者的投机活动被揭露等都可能在一夜之间使人们对证券市场丧失信心，从而导致泡沫经济的破裂。总之，泡沫经济是在货币供给过度增长的支持下，在人们不愿从事实际生产经营的投机心理驱

使下，过度从事于虚拟价值增值的活动（包括各种证券、期货、房地产等的炒作）而引起的名义国民收入的增加和虚假经济繁荣，它的本质是虚拟价值增值的过度膨胀。

尽管货币的过度膨胀往往是虚拟资本膨胀的主要前提，但我们仍需将二者加以区别。货币的过度膨胀引起物价普遍上涨，而虚拟资本的过度膨涨引起泡沫经济。

2.3 经济泡沫对实际经济的影响机制

绝大多数经济学家的研究都表明泡沫经济是存在的，但是对于它对经济是否有害的看法却并不一致。早在 1963 年，弗里德曼（Friedman）和施瓦茨（Schwartz）就研究了经济泡沫对经济的危害，如他们在其 1963 年的研究报告中所说，股票市场的投机“已经成了美国联邦储备在 20 年代末以来货币政策的焦点”。[1] 投机活动对经济的影响之大、之坏使各国政府不得不给予充分的重视，于是一些经济学家开始对经济泡沫的影响机制进行研究。以便验证人们对证券业过分膨胀的直观感觉——“危害实际经济”是否真实。特别是 80 年代末和 90 年代初，人们一方面经历了金融创新和证券业及房地产业的高度繁荣；另一方面也看到了巴林银行和大和银行因参与投机而倒闭。美国《经济学家》（“*Economists*” April 30.1994）杂志 1994 年的一份报告说，“Fed 希望，至少是最初希望，提高短期利率可以刺穿股票市场的投机泡沫，但是一些 Fed 官员担心这会引起太大的反应，如 Lawrence Lindsey 等人，他们反对大幅度提高利率，而主张较小幅度调高利率。”在其他国家，对付投机泡沫的出现也是在制定货币政策时的一个重要考虑。

人们的确需要一个关于经济泡沫的影响机制的解释。从

[1] 见：《弗里德曼 & 施瓦茨报告》1963年版，253−270页。

80 年代中期开始，以美国经济学家斯坦利·费舍尔（Stanley Fischer）和罗伯特·C. 默顿（Robert C. Merton）为代表的一批经济学家专门研究经济泡沫及其影响。到 90 年代，特别是近年来，对经济泡沫的研究已经达到了一个高潮。论述股票市场和金融创新对实际经济影响的文献大量出现，研究的内容也越来越专业化。在这一节，我们先对西方经济学家的研究做些介绍，然后提出我们的看法和一般观点。

2.3.1 经济泡沫及其计量

1990 年摩尔克和威士尼（Morck，Vishny）等人提出厂商对股票市场的依赖关系的一个模型。他们假定股票市场是完全有效的。它可以准确地传递关于行业和企业以及宏观经济的信息，因此，厂商对投资的决策可以完全依赖于股票市场。因为股票的市场价格可以影响股票的收益，而股票收益又会影响人们的投资决策。这样，就建立了股票市场对实际经济的影响机制。经济泡沫是通过影响投资来影响经济的。随后，1993 年布兰查德和萨摩尔斯（Blanchard，Summers）提出经济泡沫不会影响实际经济的观点。这就使得关于经济泡沫对实际经济的影响机制争论的焦点集中在股票市场价格是否会影响投资决策的问题上。1996 年亨特利·斯查勒（Huntley Schaller）提出了一个折中的观点，认为股票市场的泡沫的确存在，但它基本上是不影响实际经济的。

他们的研究之所以集中在股票市场与实际经济的关系上，并不是因为经济泡沫仅存于股票市场而仅仅是用股票市场来做一个典型例子，以说明经济泡沫对实际经济的影响机制。其基本思路是这样的：

股票市场忽大忽小的波动提出了一个这样的问题，发行了股票的企业，其实际资产的价格是否与该资产的预期收入流的现值相一致。如果这二者相一致，并将该资产预期收入流的现值看作是该企业股票的基础价格的话 [海亚士（Hayashi，1982）曾表

明]，一方面，股票价格可以被用来抓住资本的影子价格；另一方面，股票的市场价格肯定会与这一基础价格经常出现背离。在厂商做投资决策时，总是要把预期收入流通过贴现率折合为现值。如果这一现值就是股票的基础价格的话，当股票的市场价格与其基础价格相背离时，由于股票的过度估价可以给企业提供便宜的筹资源泉，就可能影响投资者用来将未来收入贴现为现值的贴现率。贴现率变动的可能性，导致了投资决策变动的可能性，这又可能会影响现期的投资。股票的过度估价，会使股票的市场价格超过其基础价格，其超过的部分就是经济泡沫，它可能会影响投资。如果股票市场价格存在着与其基础价格的背离，但是厂商在制定其投资决策时，忽视这些背离，股票价格的波动（从而经济泡沫）就不会干扰实际行为。传统的假定认为，股票市场是高度有效率的，在这种意义上，实际价格总是与基础价格相一致的。即使出现背离，股票市场也会在很短的时间内迅速调整以消除背离。但是，如果实际价格背离基础价格的幅度很大且是持续时间较长的，就会出现严重的经济问题。第一，这种背离将会扰乱短期的投资决策和跨部门的资本分配；第二，同基础价格的背离，可能提高资产市场的风险水平；第三，资产价格的大幅度波动与泡沫一起可能会引起宏观经济的波动。

模型以常用的 Q 投资公式和尤勒公式为基础。亨特利·斯查勒认为，任何计量经济检验都是建立在确定的主要命题的基础上的，在有关经济泡沫对实际经济影响命题的研究中，最重要的是技术和市场结构。在其计量模型的设定检验中假定，产品市场和证券市场是竞争的，而且存在着规模收益不变。

Q 字投资公式通常有如下形式：

$$Q_t^* - C'I\left(I_t/K_t\right) = e_t^Q,\ \forall$$

这里，Q 和 Q^* 表示企业资产的价格，其中 Q^* 是 Q 的基础项，也就是企业资产的基础价格。Q 表示企业资产的股票市场价格。C'_t 是不存在随机调整项的投资的成本函数的导数，I 是投资，K 是资本存量，e_t^Q 是回归误差。如果在股票市场上存在着泡沫，人们就不能观察到真实 Q^* 值，而是看到 $Q=Q^*+B$，这里 B 是泡沫。为了使 Q 的投资公式表示为可观察的，需要在公式两边加上 B，结果就是 Q 公式的误差项（u^Q）包含了泡沫：

$$u_t^Q=e_t^Q+B_t \tag{2.3}$$

因为股票价格中的非基础部分是可以一定程度进行预测的，B_t 就不会与根据 t-1 时期信息确立的变量互不相关，即 t 时期的经济泡沫与上一时期的变量在模型中自相关。这就导致了 Q 公式通不过设定检验。

尤勒公式的一般形式为：

$$(F_{k,t}-C_{k,t})-(P_t^I+C'_{I,t})+R_t^*(P_{t+1}^I+C'_{I,t+1})=e_t^E,\ \forall$$

这里，F_k 是资本的边际产量，C_k 是由于增加一单位资本而带来的成本的减少量，P^I 是投资的相对价格，R^* 是以市场为基础的贴现因子，e^E 是回归误差。第一项和第二项分别表示今天增加一单位资本而带来的边际利益和购买及安装资本的边际成本。第三项表示由于厂商明天不需要购买和安装资本而进行的储蓄带来的未来收入的现值。如果泡沫存在并通过改变资本成本 [如 $R^*+f(B)$，$f(B)$ 是泡沫的正的和增函数] 影响投资，那么尤勒公式的误差项（u^E）就是：

$$u_t^E=f(B)(P_{t+1}^I+C'_{I,t+1}) \tag{2.4}$$

这里，由于 $f(B)$ 的存在，尤勒公式也将不能通过设定检验。通不过设定检验就意味着包含了经济泡沫的上式不能成立。

式（2.3）和式（2.4）为包含了经济泡沫的 Q 投资公式和尤勒公式。

2.3.2 不存在泡沫时的 Q 字投资公式和尤勒公式

假定厂商选择投资是依据未来收入的现值最大化原则。最初，假定厂商在其要素投入市场和产品的产出市场上，都是价格的接受者，并受到生产、成本调整和技术积累的约束。产量（Y_t）

是由劳动（L_t）和资本（K_t）决定的，并且生产技术由生产函数 $Y_t=F(L_t, K_t)$ 表示。资本是半固定的（quasi-fixed），这样调整成本就会有资本的净增长。假定成本的变化是可以与生产相分离的，并且用 $C(I_t, K_t, a_t)$ 来表示成本。投资（I_t）与其正相关，K_t 与其负相关，其值由过去的产出来估计，随机干扰因素（a_t）与其负相关。现存的资本存量是过去的投资的加权数量积累。如果这个权数遵循着递减的几何形式，那么积累的技术就由人们熟悉的资本—投资关系方程来表示，$K_t=I_t+(1-\delta)K_{t-1}$。这里 δ 为折旧率。厂商将使其名义条件建立在资本存量的影子价值上。产出的价格用一些数字来表示，并且劳动和资本的相对价格分别由 ω_t 和 P_t^I 来表示。这些考虑会引出下列的厂商最佳化问题：

$$\max_{\{I_{t+j},L_{t+j}\}} E_t\left\{\sum_{j=0}^{\infty}\left(\prod_{S=0}^{j-1}\frac{1}{1+\gamma_{t+s}}\right)\times\left[F(K_{t+j},L_{t+j})-C(I_{t+j},K_{t+j},a_{t+j})-\omega_{t+j}L_{t+j}-P_{t+j}^{I}I_{t+j}\right]\right\} \tag{2.5}$$

式（2.5）将受到下式的限制：

$$K_{t+j}=(1-\delta)K_{t-j-1}+I_{t+j}, \lim_{j\to\infty}E_t\left\{\left(\prod_{s=0}^{j-1}\frac{1}{1+\gamma_{t+s}}\right)\lambda_{t+j}^{*}K_{t+j}\right\}=0 \tag{2.6}$$

这里 γ_{t+s} 是市场利息率，λ^{*}_{t+j} 是同期（即 t+j 时期）发生的资本的影子价格，$E_t\{\quad\}$ 是预期的符号（在 t 时期开始时根据所获得的信息做出的预期），并且 $\prod_{0}^{k}x_s\equiv 1$，因为 k=–1。解出这个最大化问题：

$$\zeta=E_t\left\{\sum_{j=0}^{\infty}\left(\prod_{s=0}^{j-1}\left(K_{t+j},L_{t+j}\right)-C\left(I_{t+j},K_{t+j},a_{t+j}\right)-\omega_{t+j}L_{t+j}-P_{t+j}^{I}I_{t+j}+\lambda_{t+j}^{*}\left[(1-\delta)K_{t+j-1}+I_{t+j}-K_{t+j}\right]\right)\right\},\forall_t \tag{2.7}$$

对资本的第一序条件是：

$$\frac{\partial \zeta_t}{\partial K_t}=\left[F_{k,t}-C_{k,t}\right]-\lambda_t^*+E_t\left[R_t^*\lambda_{t+1}^*\right]=0\ ,\forall_t \tag{2.8}$$

这里，$R^*=(1-\delta)/(1+\gamma_t)$。式（2.8）可以继续解下去，根据名义条件，可以获得如下资本影子价值的表达式：

$$\lambda_t^*=E_t\sum_{j=0}^{\infty}\left(\prod_{s=0}^{j-1}R_{t+s}^*\right)\left[F_{k,t+j}-C_{k,t+j}\right],\forall_t \tag{2.9}$$

对于投资的第一序条件是：

$$\frac{\partial \zeta_t}{\partial I_t}=-\left[C_{I,t}+P_t^I\right]+\lambda_t^*=0,\forall_t \tag{2.10}$$

将投资的第一序条件代入资本的第一序条件公式中，并假定C_I（I_t，K_t，a_t），就可以将其分解为几部分表示调整的边际成本[C'_I（I_t，K_t，a_t）]和随机的成本干扰因素（a_t），就可以获得对资本的尤勒公式：

$$\left(F_{k,t}-C_{k,t}\right)-\left(p^I+C'_{I,t}\right)+R_t^*\left(p_{t+1}^I+C'_{I,t+1}\right)=e_t^E,\forall_t \tag{2.11}$$

这里，e_t^E表示预期错误和调整的成本干扰因素。

现在回到Q公式，它可以从下列海亚士（Hayashi，1982）所做的著名推导中获得，他的推导显示出，在股票市场有效，市场是竞争的，且生产函数为线性和齐次性的假定下，资本的不可观测的影子价格就等于企业由金融市场所决定的价值（V_t^*），每单位资本的价值为：

$$\lambda_t^*=V_t^*/(1-\delta)K_{t-1} \tag{2.12}$$

结合式（2.10）和式（2.12）可获得下列Q公式：

$$Q_t^*-C'_{I,t}=e_t^Q \tag{2.13}$$

即：

$$Q_t^*=\frac{V_t^*-P_t^I(1-\delta)K_{j-1}}{(1-\delta)K_{t-1}} \tag{2.14}$$

e_t^Q 等于成本调整的随机因素，Q^* 是金融市场与企业每单位资本的价值之间的差。

2.3.3 股票市场无效时 Q 公式和尤勒公式

在布兰查德和萨摩尔斯的研究中，是把股票的市场价格分解为基础价格和非基础价格两部分，即 Q^* 和 B，然后估计它们的参数值，并确定其相对的权重。1996 年车闰考和斯查勒改善了研究方法，提出了一个非参数化的计量检验方法[1]。他们的基本模型是在海亚士模型的基础上建立的。

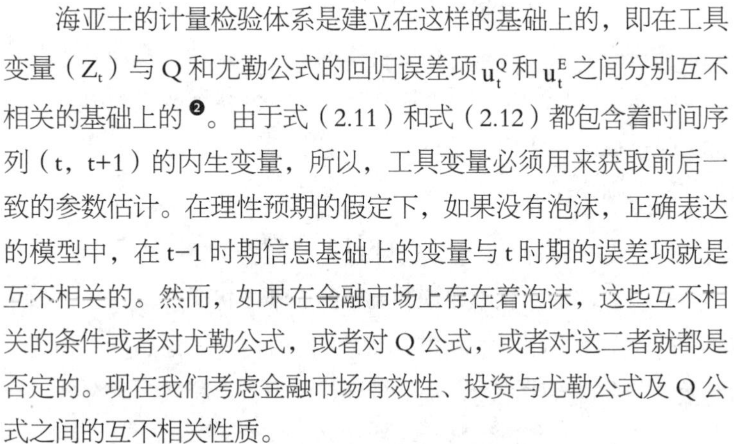

海亚士的计量检验体系是建立在这样的基础上的，即在工具变量（Z_t）与 Q 和尤勒公式的回归误差项 u_t^Q 和 u_t^E 之间分别互不相关的基础上的[2]。由于式（2.11）和式（2.12）都包含着时间序列（t，t+1）的内生变量，所以，工具变量必须用来获取前后一致的参数估计。在理性预期的假定下，如果没有泡沫，正确表达的模型中，在 t−1 时期信息基础上的变量与 t 时期的误差项就是互不相关的。然而，如果在金融市场上存在着泡沫，这些互不相关的条件或者对尤勒公式，或者对 Q 公式，或者对这二者就都是否定的。现在我们考虑金融市场有效性、投资与尤勒公式及 Q 公式之间的互不相关性质。

一般地，可以将泡沫定义为股票市场价值 V_t 与基础价格 V_t^* 的离差：

$$B_t=\left(V_t-V_t^*\right)/\left(1-\delta\right)K_{t-1} \tag{2.15}$$

[1] Robert S. Chirrinko，Huntley Schaller：“Bubbles，fundamentals and investment：A multiple equation testing strategy”，*Journal of monetary Economics* 38（1996）47–76.

[2] Robert S. Chirrinko，Huntley Schaller：“Bubbles，fundamentals and investment：A multiple equation testing strategy”，*Journal of monetary Economics* 38（1996）47–76.

重要的是注意式（2.15）不依赖于任何泡沫过程的指数化，这样，就可以避免涉及以前的股票市场泡沫检验。海亚士的测式方法探讨由于合理的泡沫破灭而引起的对基础价格的背离，这种背离消除套利利润和其他喧嚣的股票市场现象，但却不会消除套利的可能性。

股票市场的泡沫可以影响厂商的贴现率。正如费舍尔和默顿1984年所指出的，如果企业的股票被过度估价，企业就会通过发行新股票有效地进入相对便宜的融资市场。这样，就意味着企业用来进行投资决策的贴现率会低于市场上的贷款利息率。表现这一效应的方法是允许贴现因子依赖于过度估价股票的程度，用公式表示就是 $R_t=R_t^*+f(B_t)$，用字母“f”表示函数中包含着“融资机制”。函数 $f(B_t)$ 是 B_t 的正的增函数，因为大的泡沫会减少融资成本从而提高贴现因子。融资机制可以是积极的也可以是消极的，联系到股票市场的泡沫会导致两种不同的情况，这两种情况的意义都与尤勒公式和Q公式的回归误差有关。

第一种情况是由费舍尔和默顿提出的，如果存在泡沫并通过贴现率影响投资，就需要用 $R_t^{*+}f(B_t)$ 来代替式（2.9）中的 R^*。通过重新整理，可以得到如下尤勒回归误差的表示式：

$$u_t^E=e_t^E-f(B_t)\left(P_{t+1}^I+C_{I,t+1}\right) \qquad (2.16)$$

这样，如果泡沫通过贴现率影响投资，尤勒公式的误差项就与依据t−1时期信息确立的变量相关联。最近的大量研究表明，股票的市场价格是可以部分地预期的，这样，t−1时期的信息所确立的变量就与股票的市场价格泡沫相关联，尤勒公式就会失效。

现在来考虑积极的融资机制对Q公式的意义。为了说明这个含义可以用 $R_t^{*+}f(B_t)$ 来代替式（2.9）中的 R^*：

$$\lambda_t = E_t \sum_{j=0}^{\infty} \prod_{s=0}^{j-1} \left[R_{t+s}^* + f(B_{t+s})\right]\left(F_{k,t+j} - C_{k,t+j}\right)$$

$$= E_t \sum_{j=0}^{\infty} \prod \left(R_t^*\right)\left[F_{k,t+j} - C_{k,t+j}\right] + E_t \sum_{j=0}^{\infty} \prod \left(B_t\right)\left[F_{k,t+j} - C_{K,t+j}\right] \quad (2.17)$$

$$= \lambda_t^* + \lambda_t^B (B_t)$$

这里 $\prod\left(R_t^*\right)=\prod_{s=0}^{1} R_{t+s}^*$，并且用 $\prod\left(B_t\right)$ 代表在解出 $f\left(B_t\right)$ 时 $\prod_{s=0}^{1}\left[R_{t+s}^*+f\left(B_{t+s}\right)\right]$ 中的所有项。这样当泡沫存在并影响融资的时候，λ 就有两个组成部分：λ_t^* 和一个新项 $\lambda_t^B\left(B_t\right)$。前者与有效的股票市场相一致，后者是式（2.17）收敛过程中的第二项。为了推导 Q 公式，将式（2.17）和式（2.10）结合在一起可以得到下式：

$$C_{I,t} + P_t^I = \lambda_t^* + \lambda_t^B (B_t) \quad (2.18)$$

用式（2.12）~式（2.14）和式（2.18）可获得如下 Q 公式：

$$Q_t - C'_{I,t} = e_t^Q + B_t - \lambda_t^B (B) = u_t^Q \quad (2.19)$$

这里，实际的 Q（即可观察的）值是基础 Q（Q_t^*）值的总和，与式（2.12）的定义相一致，与基础值的离差为：$B_t=Q_t-Q_t^*$。如果融资机制是积极的，Q 公式中的误差项就包括 B_t，这样，Q 公式和尤勒公式就都通不过设定检验。

第二种情况是泡沫存在，但却不影响贴现率从而不影响投资。布兰查德（Blanchard）和萨摩尔斯（Summers）1993 年对为什么存在不影响投资行为的泡沫概括了三个原因[1]：第一，企业可以通过发行新股票来获得过度估价股票价格的好处，但是，投资于金融资产的利益要超过投资于物质资本所获得的利益；第

[1] Blanchard. J. Olivier，Lawrence H. Summers："The Stock Market，Profit And Investment"，*Quarterly Journal of Economics CVIII*，115，124.

二，过度估价股票价值不一定会使企业的贴现率降低，企业不会将短暂的金融机会作为确定其投资决策用的贴现率的基础；第三，发行的新股票可能会转移到老股票持有者的手里，这可能会引起旧的股票持有结构的变化，那些要保持企业控制权的管理者们往往不愿意发生这种情况。此外，由于税收上的歧视不利于股票融资，因此，即使在股票被过度估价的情况下通常也为债券融资留有充分余地。如果存在泡沫，由于上述的任何原因，它不影响投资，融资机制就是消极的，贴现因子就是 R_t^*，并且，尤勒公式在股票市场有效的假定下将会通过设定检验。

如果经济泡沫影响经济，Q 公式就通不过设定检验。为了说明这一点，可以重新考虑式（2.14），在此式中，用有效股票市场下的企业价值 V^* 来定义 Q^*。如果股票市场是无效的，企业股票的市场价值就会与 V^* 不一致，人们观察到的是 $Q_t=Q_t^*+B_t$，而不是 V^*。要使公式表现为可观察的，就需要在式（2.13）两边加上 B_t，并且，回归误差项也成为 $u_t^Q=e_t^Q+B_t$。在对 Q 公式进行估计的时候，B_t 的存在意味着误差项与根据 t–1 时期信息确立的变量不是互不相关的。

车闰考和斯查勒在上述公式的基础上，利用美国 1911 年到 1987 年的有关资料进行了经验性的计量研究。他们的设定检验表明，在美国的股票市场上存在着经济泡沫，股票的市场价格与其基础价格总是背离的。但是却不影响投资，或不会对实际经济产生影响。他们的结论意味着投资行为不受股票市场上经济泡沫的影响，投资是受企业的基础价格即企业未来收益流的现值影响的。

2.3.4　经济泡沫影响经济机制的多重性

上述的研究结果远非结论性的。股票市场上的经济泡沫对实际经济的影响是多方面和多渠道的，通过影响人们的投资决策来影响实际经济，虽然是非常重要的一个方面，但却不是经济泡沫影响经济的唯一渠道。经济是由人们各种各样的经济活动构成的，金融市场是整个经济的一个有机组成部分，也是人们经济活动的一个重要场所。它与整个经济有千丝万缕的联系，并非仅仅投资一条渠道。即使仅就投资而论，当经济泡沫过度膨胀的时候，金融投资的收益率会远远超过实际投资的收益率，在金融环境松动的情况下，投机资本会过度膨胀，资金会由实际经济领域流向金融市场和房地产市场等经济泡沫滋生的领域。经济泡沫不一定仅仅通过影响人们的投资决策来影响投资，它还可以通过影响资金的可获得性来影响投资。证券市场作为金融市场的重要组成部分对经济的影响是巨大的，这就决定了经济泡沫对经济的影响也必然是巨大的。

我们可以描述这样一个过程，最初，假定银根放松，实际投资增加，企业生产增长，收入提高。一方面，在正常情况下，股票市场开始活跃，人们对经济的信心增强，对股票投资的预期资本收益提高。于是股票市场交投活跃，股票价格不断上涨，经济泡沫出现，一些证券商开始获得较高收益；另一方面，由于银根的松动，贷款增加，特别是短期融资相对更容易，于是整个经济开始扩张，实际经济增长，人们的收入增加，在实际经济的增长过程中，收益率的差异会影响资金流动的趋向。如果证券业和房地产业的收益率能在相对较长的一个阶段内保持较高水平，就可能使这个经济中产生较大的经济泡沫。如果人们预期的收益率与人们预期的风险一同增长，这些经济泡沫就不会影响实际经济。如果人们预期的资本收益率增长的幅度大于他们认为股票市场风险的增长程度，资本就要更多地流向证券市场，导致更大的经济泡沫，从而形成泡沫经济。一旦产生泡沫经济，整个经济就蕴涵了很大的内在风险，而且这个风险的触发机制存在于金融市场，而且相当脆弱。当经济泡沫因某些因素破灭时，银行会出现过多的呆账和坏账，甚至引起金融危机。

3 当代货币的虚拟性及其发展

我们已经指出经济泡沫的膨胀程度与货币数量有关，而且当代货币本身就是虚拟的。在以往的研究中，经济学家十分重视货币的数量对经济的影响，却很少注意到货币本身的虚拟性对经济的影响。货币的质和量是有内在联系的，离开货币的质，其数量特征就无法得到正确的说明。过去如此，现在还是如此。因此我们在研究虚拟经济的时候，就根本不可能回避货币在当代条件下的质以及它对货币数量关系的影响。在这一章中，我们将讨论这一主题。

3.1 当代货币虚拟性的发展

在人类社会发展的历史上，曾经有许多东西充当过货币。随着商品经济的发展，货币曾在一个较长的时期内固定在一两种贵金属上，而后出现了纸币。贵金属开始由主要执行流通手段的职能向主要执行储备货币和支付手段的职能转化，纸币则逐步替代贵金属主要执行流通手段的职能，直到黄金等贵金属最终退出货币流通领域，货币完全由纸币和支票账户来充当。在近代，货币的发展经历了一个相当漫长、逐步加速的黄金等贵金属非货币化的过程。直到 20 世纪 70 年代初，这一过程才在世界范围内最终完成。70 年代初以后，货币的形式进一步发展。随着电子技术和通信网络的迅速发展出现了“电子货币”的新概念。从人们发现不足值金属铸币可以代替足值货币流通时起，货币就开始了它的虚拟化过程，随着黄金非货币化的完成，货币被彻底虚拟化了。

同以前相比，支付的形式和途径都发生了巨大的变化。这一切现代货币的新发展对人们的经济活动产生了巨大的影响。人们不得不重新审视货币及与其相关的一系列变化。在详细考察货币虚拟化的新发展之前，我们有必要回顾马克思在一百多年前对货币本质的分析。

3.1.1 货币的本质及其属性

马克思在《资本论》中，以其特有的方法——辩证唯物主义的分析方法阐述了简单价值形式怎样发展到“令人眩目的货币形式”。他从商品的内在矛盾、使用价值和价值的矛盾入手，揭示了货币发展的内在逻辑过程及其本质。

商品有价值和使用价值这二重属性，要获得其价值就要放弃其使用价值，要获得其使用价值就必须放弃其价值，商品这二重性不可兼得。使用价值是商品的自然属性，价值是其社会属性，也是其本质属性。这是人类社会进入商品社会时，劳动产品作为为卖而生产的产品时内涵的一对矛盾。马克思正是从这样一对矛盾入手揭示了整个资本主义经济的逻辑关系。这个逻辑过程与历史的实际发展过程完全一致。马克思将商品与货币的理论放在《资本论》的第一篇，把它作为资本主义生产关系赖以确立的起点，完全与历史的发展过程相一致。整个资本主义经济就是在“商品与货币”的发展过程中孕育、产生和发展的。商品和货币既是资本主义的逻辑起点也是其历史起点。资本主义全部生产关系都孕育在“商品和货币的内在矛盾”中。“逻辑和历史的统一”是马克思特有的研究方法，是当代经济学中任何一种方法都替代不了的。只有用这样的方法才能揭示出资本主义经济中最本质的，起着“定海神针”一般作用的那些基本关系。

商品的价值是商品的社会属性，只有在商品经济的基本关系——交换中才能体现出它的存在。作为商品的社会属性，价值具有独立存在的意义，它是商品社会中财富的一般代表。于是马克思专门论述了商品价值形式的发展，揭示了它是怎样由简单价值形式发展到货币形式的。马克思首先对物物交换中的价值形式进行分析，当某人用A商品交换另一人的B商品的时候，商品B就取得了简单价值形式。A商品的价值由B来表现，或者说，B用其使用价值来表现商品A的价值。商品B是作为价值的相对独立表现形式而存在。这时，买卖是同一个过程，对A适用的情况，反过来B也同样适用，买卖的过程尚未分开，价值尚未取得独立的社会形式。随着商品经济的发展，商品内在矛盾进一步发展，商品价值的社会属性要求价值独立于商品之外，取得独立的社会表现形式。这时B不是仅仅与商品A相对立，而是与众多的商品A_j（j=1，2，3，…）相对立。商品B便取得了一般价值形式，买与卖的过程分开，价值取得了独立的社会表现形式。但是这种充当价值独立表现形式的商品，必须具有适合于其社会职能的一些物理特征。作为价值尺度，它自身的价值必须是稳定的，至少相对于其他商品而言其价值是稳定的。其次，作为支付手段和流通手段它应易于分割和便于携带，作为价值储藏手段它也应具备不易磨损和变质等物理特性。金银等贵金属便具有这些特性。于是一般等价物就固定在金银等贵金属上，这就是货币产生的过程。人们找到了一种个别使用价值，它的物理特性使它在商品中最适合于充当一般等价物，这就是金银等贵金属。它们作为货币，其使用价值仅在于用来表现价值，也正因为它们的使用价值最适于表现价值，它们才被最终当作货币。马克思指出，货币产生的逻辑过程不过是商品内在矛盾外化的过程，即使用价值与价值的对立转化为商品与货币对立的过程；也是商品的社会属性——价值取得独立的社会形式的过程。

在物物交换中，卖者要获得商品的价值，就必须放弃它的使用价值，但他可能获得另一种他并不需要的使用价值，买与卖是同一过程，尚不能分开。当金银等贵金属成为一般等价物，从而出现货币以后，买与卖的过程分开了，货币也就成为社会财富

的代表取得价值独立化的表现形式。货币的产生完全是一个社会过程，货币的本质是社会的，其使用价值的一切特征都服务于货币的社会职能。我们可以将马克思货币理论的精要概括为两点：一、货币的产生是商品内在矛盾外化的结果；二、货币乃是商品内在价值独立化的表现形式，它同商品的价值一样，体现着商品社会的基本关系，而且其主要功能即货币的五个社会职能，完全是其社会属性所赋予的。

货币作为商品社会关系发展的产物，其主要功能是执行货币的五个社会职能。黄金之所以被选为货币，首先因为它本身具有价值，且相对于其他商品要更稳定。其次是它的使用价值的物理特性更适合于货币的社会职能。但是，必须强调的是，货币的产生是一个自然的社会演化过程。只有在自然演化的社会过程中，本身具有价值才是作为货币的一个首要条件。即使如此，在货币发展的实际历史过程中，有些本身几乎没有价值的东西也充当过货币，如贝壳、石头等。这些现象的出现并不是偶然的，因为货币的职能完全是社会的，只要有一种社会约定，即使没有价值的东西也可以执行货币的社会职能。例如，早期印地安部落就曾约定由沿海一定范围内的石头作为货币。这些现象之所以只是个别，不具备一般性，主要是因为没有价值的物品其数量无法控制。因此，随着社会的发展，一切没有价值的东西首先被淘汰，其次淘汰的是那些价值不稳定的商品和不具备执行货币职能物理特征的商品。

马克思在其严谨的论述过程中，向我们揭示了货币怎样从一般商品界产生的过程。货币作为价值的独立化的社会形式，其本身必须具有价值，这在马克思那里是顺理成章的。我们要强调的是，马克思货币理论的精要在于货币的本质属性，而不在于充当货币材料的物理特性。马克思关于其他商品不适合充当货币的论述实际上向我们表明，货币产生的过程，即商品价值独立化的过程首先是价值作为社会价值的抽象代表摆脱使用价值的过程，它

同一切其他使用价值相脱离，唯独不能摆脱金银这种适合货币社会职能的使用价值。但是，马克思论述的这个过程并没有结束，货币还在沿着马克思揭示的路线继续发展，货币摆脱任何个别使用价值的过程在金银独占货币地位之后不久就开始了。让我们来继续马克思没有做完的工作。

3.1.2 货币内在矛盾的进一步发展

马克思分析了商品的内在矛盾，并从商品内在矛盾的发展过程中揭示了货币产生的逻辑过程。但是，马克思却没有将其方法应用于对货币的分析，应用于对黄金充当货币后，货币内在矛盾的分析。

1. 货币的内在矛盾

当货币固定在金银等贵金属上时，货币作为价值的独立化表现形式就完成了它的第一次蜕变。商品的内在矛盾，使用价值和价值的对立外化为商品和货币的对立之后，并不意味着商品本身的矛盾消失了。商品仍然具有二重性，只是这种二重性的矛盾在实际交换中暂时得到了解决。在交换中，商品只具有交换价值的意义，货币则只具有价值的意义。货币是社会关系的产物，它的职能完全是社会的。也就是说，货币作为一般等价物的概念本身就是抽象的，凌驾于一切使用价值和个别商品价值之上的一种社会关系。但是，货币的材料黄金（其他贵金属也是一样）却是一种个别使用价值，它除去作货币以外还有更广泛的用途。因此，在黄金充当货币时，货币就内含一个矛盾，即货币的社会属性与个别使用价值之间的矛盾。这一矛盾是由商品内在矛盾派生出来的，或者说是商品内在矛盾的继续。商品的内在矛盾是说要得到使用价值就必须放弃商品的价值，要得到商品的价值就必须放弃商品的使用价值。由此派生出来的货币的矛盾则是，货币要执行一般等价物的社会职能就必须摆脱个别使用价值的束缚，货币要寄生在金银等贵金属上，就不能很好地执行其社会职能。在货币

发展的历史上，一般等价物经历了一个从贝壳等一般商品到贵金属的漫长发展过程，就是在商品界寻求最适合执行货币社会职能的特殊商品的过程。黄金作为货币，实际是由于其物理特性适合于执行货币的社会职能。所以马克思说，“金银天然不是货币，货币天然是金银”。人们实际上是用黄金的使用价值量去衡量其他商品的价值，即用黄金的重量去衡量其他商品的价值。这是一个自然选择过程，人们之所以选择黄金作货币是因为黄金本身也有价值。也就是说人们不过是用黄金的个别价值去作衡量所有其他商品价值的尺度。价值概念如同长度概念一样，是抽象的。用木作尺衡量长度，就产生了尺的材料与其“衡量长度的职能”之间的矛盾。当人们考虑原子的直径时，考虑遥远天体之间的距离时，这种矛盾就显现出来。解决的办法是换一个更适合的材料或衡量长度的方法。衡量价值的尺度的材料（即充当货币的材料）的变化，即从其他各种物品逐渐演变为金银等贵金属的变化，便是货币的社会职能与其个别使用价值之间矛盾随商品经济发展不断激化的结果。从理论上说，“长度”概念是抽象的，其衡量手段越是摆脱个别尺度材料的束缚就越是能够更好地执行尺度的职能。货币是用来衡量价值的，商品的价值也是一个抽象的概念，它是商品的社会属性。货币作为价值的独立化表现形式，其职能也是社会的，而它却被具体化在金银这种个别材料上，当它遇到尺度面对天体间距离的同类问题时，就要放弃金银这种个别材料去寻找更适合的材料或者更适合的执行货币职能的方法，当生产力日益增长，商品的种类和数量越来越庞大的时候，当交易的空间更广泛，交易的时间越来越短暂的时候，黄金的个别使用价值及其生产力与其社会职能之间的矛盾就会越来越尖锐。这就是黄金非货币化的内在原因。

2. 货币的发展阶段

货币的发展历史经历了两个阶段：第一阶段是货币在商品界中寻找最适合材料的阶段，这一阶段是一个没有任何人为控制的自然发展过程。第二阶段是货币虚拟化的阶段，这个阶段基本上是一个人为的过程，也是货币不断摆脱个别使用价值束缚的过程。这个过程又可以分为前期和后期，前期是货币逐步摆脱黄金束缚的过程，直到在世界范围内黄金退出货币领域为止；后期是此后货币向电子化发展的时期，也就是货币完全虚拟化的时期。

货币发展的第一阶段可以追溯到原始的氏族社会，从兽皮、牲畜、贝壳等一般物品发展到青铜、银和金，货币在各个民族几乎都经历了一个漫长的发展时期。从简单的社会分工产生了简单的交换开始，一般等价物就随着社会生产力的发展和商品交换的发展，不断在商品界寻找着适合执行货币的社会职能的货币材料。货币的社会职能要求它必须是被人们普遍接受的。在氏族内部可以通过达成的共识来规定一般等价物，并通过氏族内部的强制性规定在一定时期内加以维持。但是，这在氏族之间就行不通了，一般等价物必须是其他氏族都能够接受的。商品交换的范围越广，参与交换的氏族越多，地域越大就越是如此。那些海岛上的氏族社会，那些在非洲大陆人烟稀少的地区的部落直到近代还残存着非金银等材料的一般等价物，就说明只有在生产力较发达，商品交换达到一定规模的时候，货币才会发展起来。货币发展第一阶段的起讫时间在不同地区不同民族之间有较大的区别。在欧洲大约是从古希腊开始直到公元三四世纪，在中国大约从西周时期到战国时期，货币完成了它发展的第一阶段，从一般商品中选择了金银等贵金属作为其货币材料。

货币发展第二阶段的前期是从金属铸币的磨损开始的，在金属铸币的磨损中人们发现，不足值的货币同样可以媒介商品交换。于是一些财政困难的君主开始在自己的国家内铸造不足值的货币。在允许民间铸钱的国家，一些豪商大贾在获取暴利目的的驱使下，也不断铸造出不足值的金属铸币。当不足值金属铸币（劣币）出现时，足值货币（良币）会退出流通领域，使流通领域被劣币充斥。这就是所谓“劣币驱良币”的规律。流通中的

劣币开始具有一定的虚拟性，它的实际价值开始与其名义价值背离。随着商品经济的进一步发展，商品交易的规模不断扩大，交易的距离也不断延长。这就使得金银等贵金属的局限性初步显现出来，它不适合于长途贩运的商人携带。在欧洲，金匠开始兼营汇兑业，在中国也出现了经营异地汇兑业的商号和钱庄。汇票这一最初信用货币的出现使得在货币领域中，由贵金属一统天下的局面被打破。货币领域出现了一种以贵金属金银作担保的货币，不是货币不足值，而是金银衍生出了它的代表。经营货币汇兑业的豪商大贾们很快就发现，汇票的票面价值的总额不一定非要与其代表的金银价值总量相等。每天汇入、汇出金银的净额只占其总额的一个很小的比例。只要有足够应付其净额变动的金银就足以使其业务正常开展。于是少量的金银就可以衍生出大于其价值数倍、十数倍的信用货币。货币的虚拟化开始有了较大的发展。到了近代，纸币的出现将货币的虚拟化推向了一个新的阶段。金本位和金汇兑本位下，规定了货币的含金量，纸币被看作是与其规定的含金量同等价值的货币，因为发行纸币的政府或银行承诺可兑换等量的黄金。人们现在统称为纸币的货币实际上有两种不同的种类：一种是法偿币，仅指由政府当局发行的纸币，它被规定一定的含金量，可以在代表国家的银行或政府指定的银行兑换黄金。另一种是银行券，它由发行银行券的银行履行兑换黄金的承诺。这二者的主要区别是它们的担保不同，法偿币由国家财政担保，银行券由银行的黄金储备来担保。在金本位和金汇兑本位下，流通中的货币都大大超过了它们的准备金。货币的虚拟化在金本位和金汇兑本位下已经发展到基本上将黄金排除出货币流通的领域，主要由纸币来代表黄金执行流通手段和支付手段的职能。黄金则主要是执行储备手段的职能。“二战”后，多数国家国内已经不再承诺可以用纸币来兑换黄金。这样，货币在绝大多数国家的国内已经完成了它的初步虚拟化。货币最终在世界范围内完成其初步虚拟化是在 1973 年美国宣布停止用美元兑换黄金

之后。

货币发展第二阶段的后期，是从黄金退出货币领域之后至今的一段时期，这一时期是货币进一步虚拟化的时期。实际上，“二战”以后，支票交易就已经远远超过现金交易，货币的 M1 定义就包括现金和支票账户。这时，货币的总价值量不但远远超过实际黄金储备的价值量，而且比纸币更具虚拟性的支票账户在货币领域内已经占统治地位。黄金仅仅退居储备货币的地位。在国内的货币发行中，早已不再与黄金有任何关系。20 世纪 70 年代以后，各国货币的币值也脱离了黄金，货币在国际范围内也进一步虚拟化了。进入 80 年代和 90 年代，黄金储备货币的地位也不断削弱。储备货币更多的是外汇储备。各国货币的币值不但在国内与黄金储备无关，在国际也脱离了黄金储备。当然，在国际货币体系中，黄金仍然在一定比例上执行着储备货币的职能。要使它像在国内一样完全退出货币领域，还需要一系列国际条件。随着电子技术及其应用的飞速发展，电子货币越来越发达。无纸贸易的不断扩大，使交易中的传统支付方式正在发生着根本性的变革，计账和划账代替了传统的支付行为，电波的迅速传递，使得支票交易也变得多余。总之，进入 90 年代，货币已经被彻底虚拟化了。

3. 虚拟货币的本质

当代的货币本身不再有价值，它纯粹是一种价值符号，是抽象的价值，其价值完全是社会给予的，离开了人类社会它就什么也不是。显然马克思在一百多年前所揭示的货币的本质在货币完全虚拟化之后，更突出、更明显了。在当代，货币首先不再有价值，它至少不再以任何个别使用价值的价值为基础。其次，在发展了的货币形式中，如电子货币，货币甚至是无形的。因为人们持有的信用卡本身不是货币，就像西方经济学家认为支票不是货币而支票账户才是货币一样，信用卡上的数字及其单位才是货币。在一些发达的支付形式上，人们只要知道自己账户的密码就可以进行划款等支付活动。在当代，货币可以寄身于现钞、支票、信用卡，甚至一套划账的现代化方法。货币是价值的代表，它自己却既无价值又无固定的形状。货币是从商品价值与使用价值的矛盾发展而来的，它是价值的独立化表现形式，通过漫长的发展过程自己却失去了价值基础。现钞只有纸张成本和印刷成本，信用卡和其他电子支付手段则有材料成本、设备成本及其运行成本。这同黄金作货币时相比已经发生了根本变化，与金本位和金汇兑本位也完全不同。这一变化与其内在矛盾的发展有密切关系。

当商品的内在矛盾，使用价值和价值的矛盾外化为商品和货币的矛盾以后，一般等价物固定在金银上，商品的内在矛盾暂时得到了解决，但却产生了货币的内在矛盾，即价值的社会属性与个别使用价值的矛盾。作为价值的独立化表现形式，作为衡量社会价值的价值标准（按照马克思的理论，价值是由社会必要劳动时间决定的），要求其自身应能够超然于一切个别价值之上，而货币却寄身于个别使用价值之上，用一种个别价值来作社会价值的衡量标准。价值是抽象的，也是社会的，但金银的价值却是具体的、个别的，这就是货币的内在矛盾。它促使货币进一步发展，向着摆脱个别使用价值的方向发展，黄金的非货币化正是历史展现的这样一个过程。

当代的货币完全是虚拟化的价值符号，它虽然是一般等价物，本质上却体现着高度社会化了的生产关系。随着货币的完全虚拟化，货币不再以任何个别价值为基础。这完全符合货币本质属性的要求。因为价值本身就是社会的和抽象的，虚拟货币则更好地体现了这一性质：货币的价值不再是任何个别价值赋予的，而是社会经济关系所赋予的。虚拟货币与其价值的属性一样，也完全是社会的和抽象的。这同时也产生了一个新的矛盾，即虚拟货币作为价值的表现形式，其本身却没有价值。正因为如此，虚拟货币本质上要求对货币这种商品经济中经济关系的集中代表实行高度集权的、严格的管理。随着货币发展，银行制度也发展了。这就是第二次世界大战以后，逐步发展起来的，以控制货币总量为其基本任务的中央银行制度。

3.1.3 虚拟货币的价值及货币虚拟化后的定义

虚拟货币的价值基础已经不再是任何个别使用价值的价值了。它的价值量完全取决于货币数量（即货币的供给量）与对货币的需求量之间的关系。因此当代西方经济学家多将现在的货币制度称为“商品本位”，以说明币值决定与货币供求之间的关系。但是，随着金融创新和金融制度的不断发展，货币本身也发生了重大的变化。

在多数发达国家可以被纳入货币不同定义的金融资产种类如下：

1. 现金、硬币和流通中的钞票。

2. 需求储蓄（Demand Deposits）：商业银行的支票账户减去其他银行的支票账户存款，以及政府和外国政府的支票账户存款。

3. 旅行支票：仅指由非银行机构发行的旅行支票，由银行发行的旅行支票包括在需求储蓄中。

4. 其他付利息的支票账户存款。

5. 隔夜回购协议：银行通过出售证券给非银行客户并协议第二天按固定价格购回，银行只使用一天的借款。

6. 隔夜欧洲美元（Overnight Eurodollars）：银行向其经营对外业务的分支机构借入美元，第二天连本带利归还。

7. 货币市场互助基金（MMMF）份额：商业银行持有的在互助基金中的支票账户存款，备用于商业银行准备金借款，在平时一般用于短期金融资产的投资。

8. 货币市场储蓄账户（MMDAs）：它是由银行经营的，与货币市场互助基金相同性质的金融资产。

9. 活期存款：银行和其他节俭机构中的不可开支票的活期存款，即人们凭存折存取的活期存款。

10. 小额定期存款：在美国一般为10万美元以下的定期存款。

11. 大额定期存款：在美国一般为10万美元以上的定期存款。但在计算货币总量时，为了避免重复计算，要减去大额定期存款中以MMMF和MMDA形式持有的定期存款。

12. 限期回购协议（RPs）：由节俭机构出售的期限长于隔夜回购协议的金融资产。

13. 其他长于隔夜欧洲美元存款的欧洲美元存款。

14. 储蓄债券（Savings Bonds）：销售给小储蓄者的政府债券。

15. 银行承兑（Banker's Acceptances）：银行对某种特定债务的支付承诺，如国际贸易中的各种银行承兑信用。

16. 商业票据：短期的公司商业债务。

17. 短期财政部债券：由财政部发行的期限不超过12个月的短期债券。

在上述金融资产中，1、2、3、4之和通常定义为M1；1~10通常被定义为M2，M2+11+12+（由机构持有的）MMMFs通常被定义为M3。M3+13+14+15+16+17通常定义为广义货币，即被看作是灵活资产。

根据货币交换媒介的基本职能，人们传统上将上述1~4归为直接媒介商品交换职能的货币M1。但是，15、16也可归为执行交换媒介职能的货币。15和16之所以能够被看作是交换媒介或支付手段，是因为它们与支票账户一样可以直接媒介实际的商品交换。例如债权人收到银行承兑的票据就等同于得到了支付的保证，实际交换就可以完成。商业票据也是一样，它们是一种商业信用，实际支付可以延期，但交易则可以通过商业票据来完成。此外，M2中的隔夜回购协议、隔夜欧洲美元、MMMFs、

MMDAs、活期存款和小额定期存款由于灵活性非常强，可以随时转化为执行交换媒介职能的货币。

在金融创新浪潮中，货币的定义正在发生着重要变化。金融创新的重要原因之一是为了避开政府的严格管理，例如，可谈判取款的存单 NOW（Negotiable Order of Withdrawal），看起来就像一张支票，但从法律上说，它却不是支票。它的出现就是为了躲避定期存款不允许开支票的管理规定。从前的活期存款（Saving Deposits）现在实际上也变成了需求储蓄（Demand Deposits）。在美国，直到 1982 年以前，商业银行不允许发行货币市场互助基金储蓄账户，但是 1982 年商业银行被允许发行 MMDAs。在另一方面，商业银行为了与其他金融机构竞争，需求储蓄也增加了付息的力度。这些使得原来 M1 定义的货币已经不足以概括实际执行交换媒介或支付手段的货币，也使得 M1 与 M2 的界限不再像以前那样明确了。于是各国货币当局在 80 年代末相继将对货币的控制目标从 M1 转向 M2。这一方面是由于 M1 与 M2 之间的转换日益频繁和多变，使得对 M1 的控制变得日益困难；另一方面，由于广义货币在很大程度上关系着虚拟资产总额的数量，这一数量应与实际资产保持一适当的比例，从而使得对广义货币 M2 的控制日益变得重要，而对 M1 与 M2 之间界限的控制则相对变得次要了。各国政府对货币量的控制从 M1 转向 M2，已经表明：货币虚拟化以后，M1 以外的金融资产越来越大，其与 M1 的转换也越来越频繁。使得政府不得不加强对总的虚拟资产的控制，这种变化正是整个经济虚拟化发展的一个重要标志。

货币虚拟化后的另一个重要变化是货币的社会职能被分解了。货币的基本职能，计账单位和流通手段的职能主要由通常定义为 M1 的货币承担。M1 虽由现金（纸币和硬币）和可开支票账户两部分组成，但多数交易是用支票方式结算的。实际上，多数交易已经不是传统意义上的货币交换方式了，多数交易是通过划账的方式进行的。无纸贸易和电子货币的发展使得支票的使用

也变得多余，用电脑输入交易信息并确认有关信息的可靠性，通过银行系统的网络终端自动划账，完成交易。这种交易方式已经变得越来越普遍了。银行及其网络构成了交易的媒介，而货币不过是这个系统记录的一些与交易活动有关的带有货币单位的“数字”而已。在货币流通领域，现金（钞票和硬币）的地位已经大大削弱，甚至支票也正在各种电子货币及划账、记账的新方式面前日益失去原有的地盘。电子技术和网络的发展正在改变着“货币”的存在方式，它更抽象了，因此也更加社会化了。

执行价值储藏职能的货币主要不是 M1，而是 M2、M3 中除去 M1 以外的各种金融资产，以及其他可以被看作保值工具的实际资产（如房地产等）。当然，M2 和 M3 中的一些金融资产是执行储藏手段职能的主要货币形式。包括各种债券、商业票据和其他金融资产。当人们在短期内将一笔暂时不打算使用的货币储藏起来的时候，M1 的货币形式就不适合了，人们在储藏自己的财富时，不但要求保值而且要求能获得一定的收入。债券和 M1 以外的其他金融资产当然比 M1 更好。显然，在当代，货币的职能已经被分为两大部分：价值尺度和流通手段的职能主要由 M1 来承担，价值储藏的职能主要由 M2、M3 中除去 M1 以外的金融资产来承担。这是货币虚拟化后的又一个重要的变化。

3.2 货币的供求及其数量

货币定义的变化和货币职能的分解使得对货币量的控制变得更加复杂。货币的币值是由对货币的需求及其供给之间的关系确定的，在现代金融体制下，货币供给一般由中央银行来控制，但是，传统的货币理论将货币供给作为外生变量，从而在货币市场模型中，将货币供给变量外生化了。实际上，影响货币需求的因素往往也同时影响着货币供给，因此，将货币供给变量内生化对货币市场模型来说就十分必要，它将有助于货币当局更好地控制货币供给量。但是，货币供给量的控制要以适应货币需求为基本目的。这样，货币政策就是以对货币需求的认识为依据的。这就是说，各国货币当局对货币量的控制实际上是以货币需求的变动为引导的。关于货币需求理论的文献已经很多，这里不再一一赘述。我们主要在鲍摩尔（Baumol）和托宾（Tobin）的行为模型的基础上来研究货币需求的行为基础，并在此基础上建立货币需求函数和货币供给函数，最终建立货币市场模型。

3.2.1 货币的需求的行为基础

在当代发达资本主义国家，由于金融制度相当发达，消费者在获得收入之后，总是要权衡对这笔收入的持有形式。在短期，收入的存在形式可以假定是在货币和债券之间的选择，也就是在持有货币而放弃的利息与获得利息而因只持有很少货币带来的不方便的成本之间进行权衡。假定某人每个月的税后收入 1200 元，每月开支也是 1200 元，每天开支 40 元。在一个月的第一天，此人开支 40 元，将剩余的 1160 元存入按日支付利息的储蓄账户。此后他每天早晨都要到银行从其按日计息的储蓄账户取出 40 元，月底，他将获得按日计息存款的利息收入，这利息就是他持有很低货币量的利益，持有低货币量的成本，即其每天去银行取款的不方便的成本。假定某人每月的名义收入为 Y，如果他全部以现金形式持有货币，其利息收入是 0，如果他在储蓄账户上持有这笔收入，其存款每月将按利息率 i 获得利息收入。他在储蓄账户与现金之间转换（即每次取款）的成本为 c 元。这一成本可以被看作是个人的时间成本，也可以被看作是支付给某个其他人帮助进行这种转换（取款）的成本。为了简单，可将其看作是经纪人的费用。人们将根据其持有货币的边际利益与其去银行取款的边际本成相等的原则决定其持有的货币量。显然他每月取款的次数越多，他持有的现金数量越少，获得的利息收入越多，需要支付的取款成本也越大。

图 3–1 说明了这一情况。图中，纵轴表示每增加一次取款的边际本成 MC 和边际收入 MR。消费者增加一次转换（取款）的成本为 c，由于每次转换的成本相同，所以其转换的边际成本曲线为一条水平线。如 MC_c 所示。每增加一次转换的边际利益，即增加一次取款持有更少货币余额（更多存款）从而增加的利息收入，由 MR 曲线代表。当取款次数增加时，由于每次取款的量减少，每增加一次取款而增加的利息收入（即每增加一次转换的边际利益）减少。这就意味着随着取款次数的增加，虽然总的利息收入增加了，但转换的边际利益递减。所以 MR 曲线向右下倾斜。

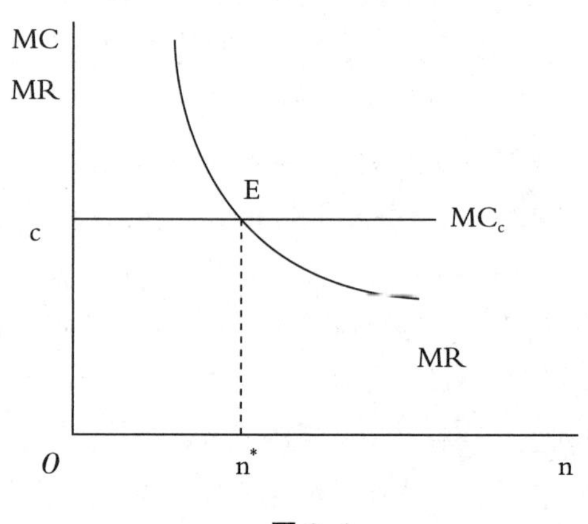

图 3–1

在图 3–1 中，最佳的转换次数为 n^*，在此次数上，转换的边际收益等于其边际成本。用 n 表示每月在货币和债券之间的转换次数，用 M 表示在一个月中平均持有的货币量（依赖于每月转换的次数 n），持有货币的成本就由两部分组成：转换的成本为（n×c），持有货币的利息成本（持有货币在利息上的损失）为（i×M）。假定每次从债券转为货币的数量为 Z，如果每次转换的数量相同，一个月中转换的货币量为 nZ。由于假定每月全部收入都花完，所以，有下式成立：

nZ=Y

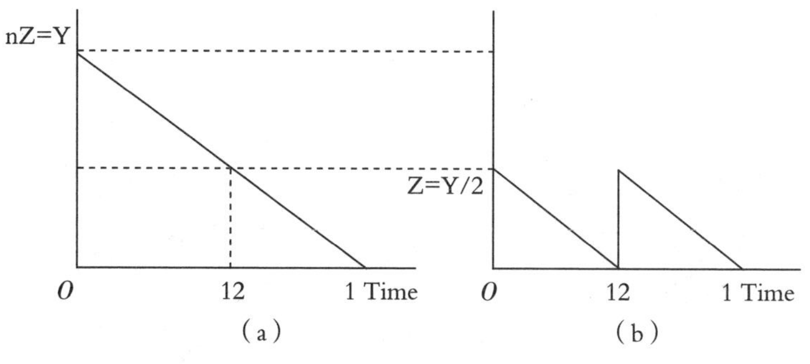

图 3-2

图 3-2 说明了相对于 n 怎样均衡分配其持有的现金余额。如图（a）所示，如果每月只在月初取一次款，消费者持有的货币量随时间推移逐渐减少至月末的 0，他在一个月中每天平均持有的货币量就是 1/2 的 Y。在图（b）中，他在月初和月中取两次款，月初和月中取款后，其货币持有量为 Y/2，月中取款前和月末其货币持有量都为 0。因此，一个月中持有的货币余额为 Y/2 的 1/2，或每次取款额 Z 的一半 Z/2，亦即其月收入的 1/4，Y/4。因此，持有现金的总成本为：

$$\text{持有货币的总成本} = (n \times c) + \frac{iY}{2n} \qquad (3.1)$$

利息成本为 $i \times M = iY/2n$，平均持有的货币量为 $M=Y/2n$，用式（3.1）对 n 求总成本的最小值可得确立最低总成本的最佳转换次数：

$$n^* = \sqrt{\frac{iY}{2c}} \qquad (3.2)$$

该式表明，利息率越高和收入越高以及持有货币的成本越低，最佳转换次数越多。

最佳货币持有量必然是最佳转换次数下的货币持有量，因此将最佳转换次数代入货币持有量公式后就得出最佳货币持有

量 M^*：

将式（3.2）代入平均货币持有量公式 M=Y/2n：

$$M^*=Y/2n^*+\frac{Y}{2\sqrt{\frac{iY}{2c}}}$$ 两边同时平方：

$$\left(M^*\right)^2=\frac{Y^2}{4\frac{iY}{2c}}=\frac{c\times Y}{2i}$$ 两边开平方：

$$M^*=\sqrt{\frac{c\times Y}{2i}} \qquad (3.3)$$

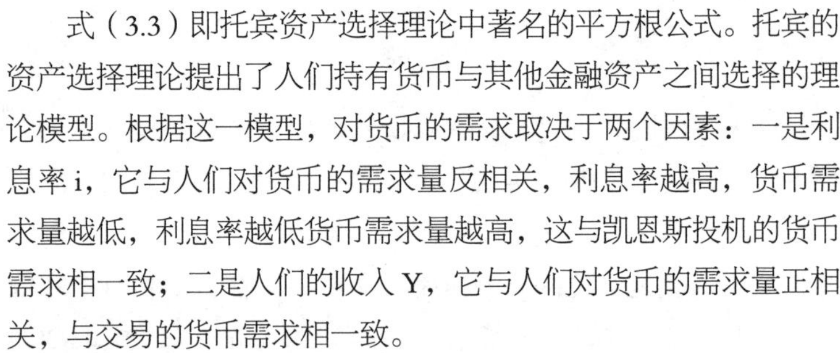

式（3.3）即托宾资产选择理论中著名的平方根公式。托宾的资产选择理论提出了人们持有货币与其他金融资产之间选择的理论模型。根据这一模型，对货币的需求取决于两个因素：一是利息率 i，它与人们对货币的需求量反相关，利息率越高，货币需求量越低，利息率越低货币需求量越高，这与凯恩斯投机的货币需求相一致；二是人们的收入 Y，它与人们对货币的需求量正相关，与交易的货币需求相一致。

将 $M^*=\sqrt{\frac{c\times Y}{2i}}$ 两边同时平方并除以 Y^2：

$$\frac{M^2}{Y^2}=\frac{c\times Y}{2i}\div Y=\frac{c\times Y}{2i\times Y^2}=\frac{c}{2iY}$$ 开方：

$$\frac{M}{Y}=\sqrt{\frac{c}{2iY}} \qquad (3.4)$$

显然，根据式（3.4），货币对收入的比率 $\frac{M}{Y}$ 随收入的上升而下降，一个人的收入水平越高，其持有货币量的比率越小，而其收入以其他金融资产（短期主要是债券）形式存在的数量越大。在短期如果我们假定消费者只有两种选择，持有货币（M）或债券（B），那么就有下式成立：

$$Y=M+B \text{ 或 } M=Y-B \qquad (3.5)$$

将式（3.5）的后一关系式代入式（3.3）：

$$M=Y-B=\sqrt{\frac{c\times Y}{2i}}$$

$$B=Y-\sqrt{\frac{c\times Y}{2i}} \tag{3.6}$$

式（3.6）表明，人们的收入越高，利息率越高，持有的债券数量越大。在收入确定且为正值的情况下，人们转换货币与债券的成本 c 越高，收入中以债券形式存在的部分越小。在金融创新已经使这种转换成本日益减小的情况下，c 有趋近于 0 的倾向。从长期看，随着经济的不断发展，人们的收入将不断提高，利息率在长期将接近为一个不变的常数，这样，随着经济的不断发展，对债券和其他金融资产的需求将日益增长。从鲍摩尔和托宾的资产选择平方根公式中，可以推导出如下结论：人们对各种金融资产的需求将随经济增长而增加，人们对货币的需求将随收入的增长而下降。

交易货币需求和预防性货币需求都强调货币的交换媒介职能，因此这些理论主要是与 M1 相关。而投机的货币需求则集中在货币的价值储存职能上。

一个具有财富的人必须考虑其持有财富的形式，而他的各种资产构成了一个“资产组合（portfolio）”。作为投资者，他要考虑怎样获得最大收益。在市场存在着很大不确定性因素的情况下，他的理智选择就是“不要把鸡蛋放在一个篮子里”的“多样化风险分散化的资产组合战略（Diversified Portfolio Strategy）”。

货币是一种安全的资产，其名义价值具有确定的性质。尽管在通货膨胀较严重时，由于通货膨胀的不确定性而使货币的实际价值也具有不确定性，但是，同其他资产（如股票）在通货膨胀时期的价值相比，它仍然可以被看作是相对安全的资产。托宾指出：对货币的需求，即对安全资产的需求，依赖于其他资产收入的风险或预期收入。他认为，其他资产预期收入的增加会增加持有货币的机会成本，从而降低货币需求。相反，其他资产收入的风险增加会增加货币需求。

投资者要避免风险就一定会产生对安全资产的需求。但却不是对 M1 的需求。从持有货币的风险和收益的观点看，定期储蓄和储蓄存款或 MMDA（Money Market Deposit Accounts）与现金（Currency）和可开支票的存款（Checkable Deposits）一样，都有相同的风险。这二者的风险都来自通货膨胀的不确定性，在风险相同的情况下，定期存款和储蓄存款的收入高于现金和可开支票存款。这就是说，投机者持有货币和持有其他资产之间的转换，不是在 M1 和其他资产之间进行的，而是在 M2 与其他资产之间进行的。投机者或者持有 M2（特别是其中 M2−M1 的部分）或者持有 M2 以外的其他金融资产（如股票等收入高于 M2 的资产）。资产组合的多样化理论对象定期储蓄和储蓄存款这类属于 M2 的货币持有量的解释要比其对 M1 的解释更适当。其他非货币资产（如长期债券和股票）的收入增加，将减少对 M2 的需求。定期储蓄利息率的上升将提高对定期储蓄的需求。

3.2.2 货币需求函数及其经验研究

根据式（3.3）对货币的需求函数可以写成：

$$L=f(i, Y) \tag{3.7}$$

对货币的需求（用 L 表示）依赖于收入水平 Y 和利息率水平 i。货币需求与收入正相关，与利息率负相关。

直到 1973 年以前，人们一直用 M1 的定义来考察对货币余额的需求，据此建立的货币需求函数也被看作是最好的货币需求函数，根据这一函数所做的经验研究也表明在实际经济中这一函数关系是相当稳定的。但 1973 年以后，M1 发生了很大变化，特别是金融创新使传统的 M1 与其他资产的界限变得更模糊了。一些原来不允许开支票的存款都可以开支票了。这样就影响了原来以 M1 为定义建立的货币需求函数的准确性。在现在的货币存量定义中，往往包括几种不同类型的资产。例如，M1 就包括付息的和不付息的两种资产。通常 M1 中付息的部分被定义为 M1A，它是 M1 减去其中付息部分的差。在经验研究中，M1A 是相当稳定的。

威廉·伯尔尼特（William Barnett）和保罗·斯宾特（Paul Spindt）对货币存量重新进行了定义。认为，资产具有不同的“货币性（Moneyness）”，现金和需求储蓄全部都是货币。MMDA 账户（货币市场储蓄账户 Money Market Deposit Accounts）中有一部分是货币，另一部分则属于价值储存。他们认为，所有不付息的金融资产全部都是货币，而付息的金融资产则属于价值储存。像一些灵活性很小的金融资产如公司债券，就不是货币。假定公司债券的利率是 8%，那么其他一项利率为 5% 的金融资产中，就可以将其中的 3/8 看作是货币，5/8 看作是非货币金融资产。这就是说这项资产加于货币总量的权数是 3/8。这一权数是通过对持有它们的机会成本计算的。这一方法的特点是它直接将不同资产的不同比例处理为货币总量。经验研究大都按照这种方式进行。

另一种方法是对不同资产的需求函数分别进行估计，这一方法的问题在于它对于不同货币总量定义下的总量加总造成了困难。此外，在交易的货币需求中，并不包括金融资产交易所需的货币，而金融资产的交易量也会影响到对货币的需求。

表 3-1 列出了根据 20 世纪 70 年代以前的资料，用 1973 年 M1 定义所做的有关货币需求对实际收入和利息率的弹性的经验研究结果。

表 3-1　对 M1 的实际需求弹性

	Y	iTD	iCP
短期	0.19	–0.045	–0.019
长期	0.68	–0.160	–0.067

注：iTD 为定期储蓄利息率，iCP 为商业票据利息率。

这一研究的主要结论如下：

1. 对实际货币余额的需求与利息率负相关。

2. 货币需求与实际收入正相关。

3. 货币需求对利息率变化的短期反应和对收入变化的短期反应远远小于对它们的长期反应。货币需求对利息率的长期弹性是其短期弹性的大约 3 倍。货币需求对实际收入的长期弹性也是其短期弹性的大约 3 倍。

4. 对名义货币余额的需求与价格水平成比例，不存在货币假象，即货币需求是对实际货币余额的需求。

在大量的经验研究中，人们发现 M2 显示出比 M1 更稳定的性质。预期的实际货币需求与 M2 自身的利息率正相关，与持有 M2 的成本负相关，持有 M2 的成本可以由像财政部债券等货币市场工具的利息率来衡量。实际 M2 的货币需求也与收入水平正相关。

表 3–2 货币 M2 的需求弹性（1961—1988）

	自身利息率	商业票据利率	收入
短期	0.023	–0.039	–0.136
长期	0.017	–0.293	–1.030

表 3–2 列出了美国 1961—1988 年间，M2 对其自身的利息率、商业票据利息率，以及对收入的弹性。在短期，M2 对收入的弹性大于对利息率的弹性，而且，对其自身的弹性小于对商业票据利息率的弹性。在长期，M2 对收入的弹性大于对利息率的弹性，而对自身利息率的弹性又小于对商业票据的弹性。从表中也不难看出，M2 对长期利息率的弹性和对收入的弹性都大于短期的上述弹性。而且，货币 M2 对自身利息率的弹性是正的，表示自身利息率上升对货币 M2 的需求也上升；货币 M2 对其他资产（以商业票据为代表）利息率的弹性是负的，表示其他资产的收入上升将减少对货币 M2 的需求。

3.2.3 货币的供给

在当代，虚拟货币的供给是由中央银行决定的。而货币供给的绝大多数又是由银行的各类存款构成的。为了简单，我们假定只有一种存款（D），再省略掉货币定义之间的区别，就可以将货币的构成简化为现金（CU）加存款：

$$M=CU+D \tag{3.8}$$

公众和银行的行为都会影响货币供给。公众对现金的需求会影响现金的供给，对存款的需求会影响存款数量。银行也由于D是其对储户的负债而对存款产生重要影响。当然，中央银行对货币供给也起着重要的决定作用。公众、商业银行和中央银行在货币供给决定过程中分别通过三个变量来决定货币供给量：现金－存款率（Currency-Deposit Ratio）、准备金比率（Reserve Ratio）和高能货币存量（Stock of High-powered Money）。

1. 现金－存款率

公众的支付习惯决定着他们相对于存款需要持有多少现金。一般来说，持有现金的比例越大，货币供给就相对越小。这是因为，存款可以通过银行的贷款创造出更多的存款，从而也就创造出更多的货币，而现金则在这种货币创造过程之外。因此，现金的持有比例增大意味着信用创造过程中的漏出量增大，这就会减小货币乘数，从而减少货币供给量。因此现金－存款率是决定货币供给量的重要因素。

现金－存款率是由公众决定的。它主要受到人们获得现金的成本及其方便程度的影响。如果不远就有一台现金机或商业银行，附近的人们就会因为得到现金的成本低而持有平均较低的现金量。电子取款设备的不断进步和日益普遍，也会使人们的取款变得更方便和成本更低。在西方发达国家，现金－存款率具有季节性，在圣诞节前后，这一比率往往是一年中最高的。由于支票账户和电子货币的发展，现金－存款率通常是非常低的。例如，

1991 年 10 月，美国的现金 - 存款率为仅为 0.084。人们每持有 100 美元，其中有 91.6 美元是以存款形式存在，只有 8.4 美元是以现金形式持有的。

为了简单，在后面的分析中我们假定，现金 - 存款率是不变的，它是独立于利息率的常量。

2. 准备金比率

银行储备由银行持有的现钞、硬币和在中央银行的存款构成。银行持有储备是为了：（1）其顾客对现金的需求；（2）顾客支票支付的需要。银行之所以要在中央银行保持存款账户，完全是为了银行之间相互支付的需要。当我根据我的银行账户支付给你一张支票时，你会将这张支票交给你的开户银行，你的开户银行会将这张支票交给中央银行，中央银行会将我的开户银行在中央银行的准备金存款账户中将这笔款项划到你的开户银行在中央银行存款账户上，这就是支票交易的过程。银行的资产负债表清楚地反映了准备金比率以及其与中央银行的关系，从而货币扩张的作用，如表 3–3 所示。

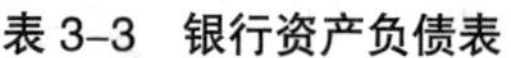

表 3–3　银行资产负债表

资产	负债
准备金	各类存款
银行信贷	
贷款	
投资	
减去：	
从央行借款	
从央行基金市场借款	

资产负债表是个人或机构所拥有的全部资产和负债的清单。表 3–3 为银行资产负债表的基本项目，左边是资产右边是负债。准备金或储备是银行的资产，存款是银行负债。当然，银行资产还包括银行的贷款、银行持有的各种证券以及其他投资。用 re 表

示准备金－存款比率，即准备率，re<1。

准备金－存款比率是由两个主要因素决定的：（1）由中央银行确定的最低法定准备金比率；（2）银行持有的过度储备。中央银行确定最低法定准备金比率，一方面是为了使银行能够在更安全的状态下运转；另一方面是为了能够有效地对货币量进行控制。银行的过度储备与消费者的预防性货币需求的性质类似，是为了意外的储户提款需要，以及意外投资及贷款的需要。持有更多过度储备的成本是因此而放弃的持有可获利息资产的收入，即市场利息率 i。市场利息率越高，持有过度储备的成本越大，银行就越愿意持有较少的储备。持有更多储备的利益是可以及时支付客户提款以及向其他银行兑付本行开出的支票。存款流动净额的不确定性 σ 越大，持有更多储备的利益也就越大，因此，过度储备会随 σ 的增大而增大；银行在准备金不足时，可以靠借款来暂时补充准备金，银行借款的渠道主要有两个：中央银行和银行间的互助基金。从中央银行借款的成本是中央银行的贴现率（Discount Rate），即中央银行对商业银行的贷款利息率。从银行间互助基金借款，亦即从其他尚有过度储备的银行借款。在美国，从联邦基金借款的成本是联邦基金利率。联邦基金利率与市场其他利息率一同变化，并受到美国中央银行 Fed（联邦储备银行）的影响，通常用联邦基金利率来代表市场利息率。这样，我们就可以将银行的准备金－存款率 re 看作是市场利息率 i、贴现率 i_D，法定准备金比率 r_R 和未来市场的不确定性 σ 的函数：

$$re=r(i,\ i_D\ r_R\ \sigma) \tag{3.9}$$

货币市场利率 i 和贴现率 i_D 的增长会减少过度储备使 re 下降；其他变量 r_R、σ 增加会增加储备，提高储备率 re。需要特别强调的是，式（3.9）表明的储备率是市场利息率 i 的函数，这意味着货币供给自身可能是市场利息率的函数。

如果一个银行持有的储备很少，它就处于被挤兑的风险之中。在经济不稳定的一般环境中，如 20 世纪 30 年代，银行为说

服储户其存款是安全的，并防止挤兑，就要持有更多的储备。这就是 30 年代西方发达国家中，一些幸存银行都具有较大过度储备的原因。30 年代大量的银行因挤兑而倒闭的情况，增加了改革金融机构的要求。例如，在美国，建立了联邦储蓄保险公司 FDIC（Federal Deposit Insurance Corporation）。自建立 FDIC 以来，银行因挤兑而倒闭的情况基本消除，特别是 1940—1979 年间没有出现过银行倒闭。但也引起了一个更严重的问题，即银行的过度储备大大小于 30 年代初的水平。过度储备的减小主要有两个原因，（1）存款保险减少了挤兑的威胁；（2）金融市场和通信的发展减少了银行为保持较小过度储备而必须支付的资金管理成本（由于过度储备少，就必须经常借贷准备金，这一方面需要市场高度发达，另一方面也要求准备金的借贷有较低的成本）。

3. 高能货币

高能货币又称货币基础（Monetary Base），由现金（现钞和硬币）和银行在中央银行的存款构成。现金中的主要部分是由公众持有的，余下的现金有大约 10%，由银行以准备金的形式持有。中央银行对基础货币的控制是其控制货币供给量的主要手段。

在进入细节讨论之前，我们有必要简要地考虑一下高能货币存量与货币存量之间的关系。在图 3–3 中，顶部为高能货币存量，底部为货币存量。它们之间是货币乘数关系。货币乘数是货

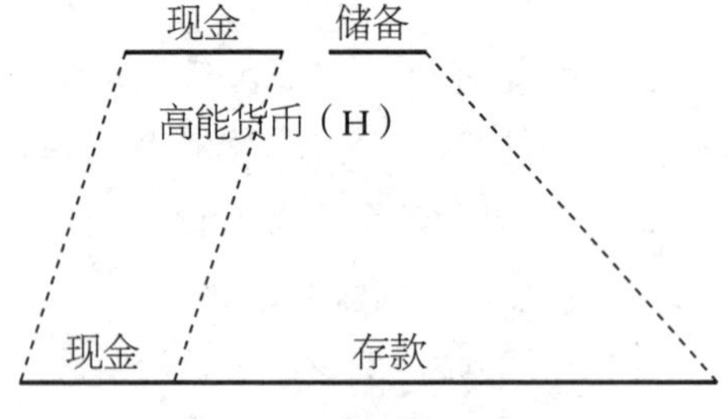

图 3–3

币存量对高能货币存量的比率。

从图 3-3 中不难看出，货币乘数大于 1。其原因在于，在货币存量中每耗尽 1 美元现金，高能货币中也耗尽 1 美元现金，而货币存量中每耗尽 1 美元，高能货币存量中储备的消耗远远小于 1 美元。也就是说，1 美元储备可以支持远远大于 1 美元的存款额。货币存量与高能货币之间的严格关系可以由准备金 - 存款比率 re 和现金 - 存款比率 cu 推导出来。用 H 表示高能货币，mm 表示货币乘数，货币供给量的决定可以由下式表示：

$$M=\frac{1+cu}{re+cu}H=mm\times H \qquad (3.10)$$

其中，乘数 mm 为：

$$mm=\frac{1+cu}{re+cu} \qquad (3.11)$$

高能货币和货币乘数与货币存量之间的关系推导如下：

货币供给等于货币需求（即存款 D 加现金 CU）的均衡可写为：

$$M=D+CU=(1+CU)D;\quad (CU=cu\times D) \qquad (3.12)$$

高能货币的供给 H 和高能货币的需求（储备 RE 加现金 CU）之间的均衡可写为：

$$H=RE+CU=(re+cu)D \qquad (3.13)$$

re 表示银行储备率即银行愿意持有的准备率，cu 表示公众愿意持有的现金占存款 D 的比率，当式（3.12）和式（3.13）同时成立时，就意味着货币供求的均衡。根据图 3-3，我们不难理解货币余额除以高能货币就是货币乘数，即用式（3.12）除以式（3.13）：所以，M=mm × H 即式（3.10）。

$\frac{M}{H}=mm=\frac{1+cu}{re+cu}$，即式（3.11）。

所以，M=mm × H，即式（3.10）。

很明显：储备 - 存款率 re 越小，乘数越大；现金 - 存款率越小，乘数越大。这是因为，现金 - 存款比率越小，用于储备的

高能货币的比率就越多，货币存量中的存款部分就相对越大。如果货币乘数是固定不变的或是完全可以预期的，那么中央银行就可以通过对高能货币的控制来严格地控制货币供给量。但是在实际经济中，货币乘数既不是不变的也不是可以严格预期的。这就意味着中央银行在任何时候都不可能通过高能货币来严格地控制货币存量。

表 3–4　高度简化的美国 Fed 资产负债平衡表

（1992.4，单位：10 亿美元）

资产（来源）		负债（运用）	
黄金与外汇	21.2	现金	304.8
联邦储备信贷	305.5	公众持有	273.7
贷款与贴现	0.9	库存现金	31.1
政府证券	273.3	银行在 Fed 存款	22.9
净其他资产	31.0		
加上：			
其他净资产	1.4		
基础货币（来源）	327.7	基础货币（运用）	327.7

表 3–4 是 Fed 高度简化了的资产负债平衡表，可以用来说明基础货币的来源——中央银行控制高能货币的方式。当中央银行获得资产并建立负债的时候，它就创造出高能货币。中央银行的负债或基础货币运用主要有两类：一是现金，二是商业银行在中央银行的存款。

中央银行可以通过公开市场业务改变高能货币存量。假定，中央银行在公开市场上从私人手里购买了 100 万美元的政府证券。中央银行购回的证券将计入其资产负债平衡表的资产一方。为购买证券，中央银行开出一张自己的支票，证券的卖者将收到的这张支票交给自己的开户银行。中央银行接到这张支票后，在该银行的准备金存款账户的贷方（增方）计入 100 万美元，并在

其资产负债平衡表的负债一方计入 100 万美元。由表 3-4 可知，存款属于负债一方，即高能货币运用。在这个过程中，商业银行增加了 100 万美元的储备。

中央银行购买债券等金融资产会创造出高能货币，当它购买黄金和外汇时也是一样。从其资产负债平衡表上不难看出，购买黄金和外汇与购买债券对其资产和负债的影响是没有区别的。中央银行为了干预外汇市场，调整汇率，就要买卖外汇。如果它买进外汇，外汇将计入其资产负债平衡表的资产一方，它为此而开出的支票最终也会以银行准备金存款的方式计入其负债的一方。显然，中央银行对外汇市场的干预也影响基础货币。中央银行作为贷款者的作用反映在表 3-4 的“贷款与贴现”一项上。当商业银行向中央银行借款（或用其票据进行贴现）时，中央银行就创造出高能货币。中央银行的贴现率也因此而影响高能货币存量。

考虑到公众、银行系统和中央银行的行为，可以进一步将货币供给函数即式（3.10）写为如下形式：

$$M=\frac{1+cu}{re+cu}H=mm\left(i^{-},i^{-}_{D},r_{R}^{+},cu^{-},+\sigma^{+}\right)H \qquad (3.14)$$

在式（3.14）中，我们将乘数写为市场利息率 i、贴现率 i_D、法定准备金比率 r_R，现金—存款率 cu 和存款流量的可变性即存款流量的不确定性 σ 的函数。给定高能货币存量 H，货币供给就与乘数一同增加。当利息率 i 上升时，过度储备的成本上升，过度储备减少，使准备金 - 存款比例 re 减少，mm 增加，M 增加；当贴现率 i_D 减少时，中央银行对商业银行的贷款增加，银行储备增加，re 增加，mm 减少，货币供给增加；当法定准备率 r_R 提高时，银行储备增加，re 增加，货币供给量增加；当现金 - 存款率 cu 降低时，由于 re<1，所以 cu 越低乘数越大，货币供给量越大。

在西方发达国家，中央银行通过三个渠道来影响高能货币供给量 H：公开市场业务、贴现率和法定准备金比率。简单地说，由于乘数既不是不变的也不是可以预期的，所以中央银行就不能严格地控制货币供给量。

3.2.4 货币市场的均衡与中央银行对货币数量的控制

现在将货币供给函数和货币需求函数联系在一起研究货币市场的均衡。假定价格水平为 P_0，实际收入水平为 Y_0，假定这二者不变，货币需求就只依赖于利息率。并且，给定 P_0 和 Y_0，货币市场的均衡状态将决定均衡利息率和货币数量。货币市场的均衡条件是实际货币供给等于对实际余额的需求：

$$\frac{M}{P}=L(i,Y) \tag{3.15}$$

将货币供给函数公式（3.14）代入式（3.15），并让 $Y=Y_0$，$P=P_0$

$$mm(i,i_D,r_R,cu,\sigma)\frac{M}{P_0}=L(i,Y_0) \tag{3.16}$$

在图 3–4 中，给定实际收入 Y，实际货币需求函数为一条向右下倾斜的曲线。给定 i_D，r_R，cu，σ 和 P_0，实际货币供给曲线为一条向右上倾斜的曲线。因为利息率越高，过度储备的成本越高，银行的过度储备越少，re 越小，货币乘数越大。均衡货币供给量和均衡利息率由供求曲线的交点 E 决定。

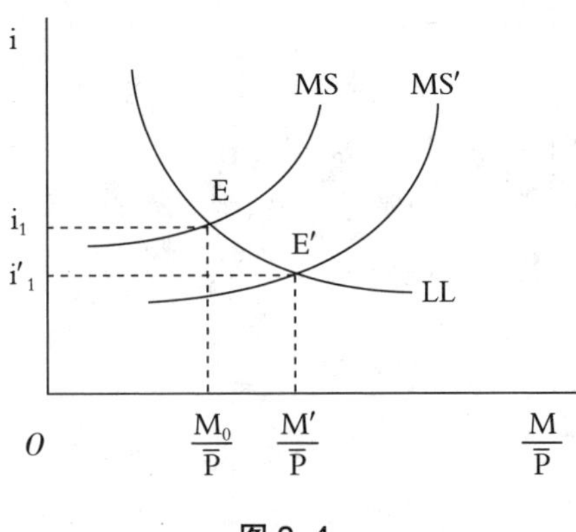

图 3–4

当中央银行改变高能货币存量时，便可以对总货币存量进行控制。图 3–4 也说明了在收入水平和价格水平既定的情况下，公开市场业务中购买债券对利息率和货币存量的影响。高能货币的增长 ΔH，将使货币供给曲线 MS 向 MS' 移动，货币存量增加，利息率下降。由于利息率下降，货币乘数下降了，但尽管如此，货币存量无疑增加了。

用图 3–5 中的 IS–LM 模型也可说明上述变动。LM 线代表货币场均衡条件下的收入水平和利息率的组合。我们已经得出结论，给定收入水平 Y_0，H 的增加会削减利息率，这意味着图 3–5 中的 LM 线会移动到 LM′，引起产量增加。这就是说，中央银行增加高能货币存量可以降低利息率，并提高收入水平。

贴现率的提高会提高银行向中央银行借准备金的成本，因此贴现率的增加会降低货币乘数，减少高能货币存量，减少货币存量。这意味着提高贴现率将使图 3–4 中的 MS 曲线上移，利息率上升和货币存量下降。在图 3–5 中，这意味着 LM 线的上移，利息率上升和实际收入下降。显然提高贴现率属于紧缩性货币政策。

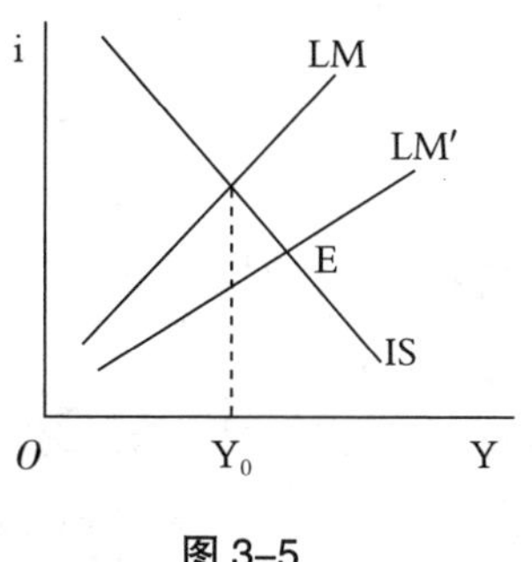

图 3–5

在多数发达国家，人们已经普遍接受了这样的观点：中央银行不能同时将利息率和货币存量作为中间目标（即为达到最终目标而要确立的先一步目标）。图 3–6 说明了这一点，其中 LL 为

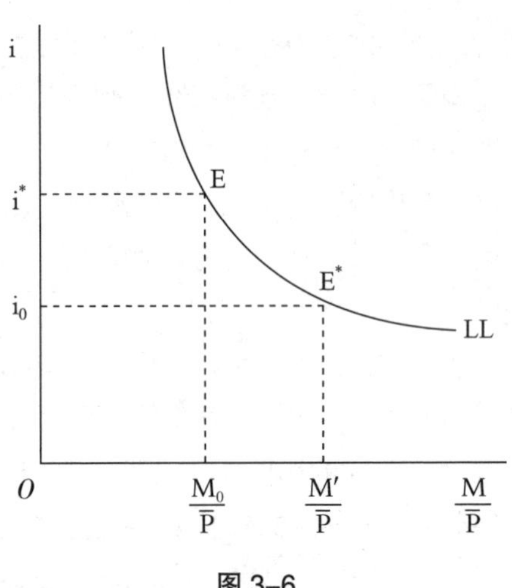

图 3–6

货币需求曲线。假定最初利息率为 i^*，货币存量为 M^*。中央银行不能改变货币需求函数，即不能移动货币需求曲线，却可以移动货币供给函数曲线。它可以沿着 LL 曲线确立货币供给与利息率的组合点。例如，它可以在利息率为 i^* 时确定货币供给量为 $\frac{M_0}{P}$。却不能在确定目标为货币供给量 $\frac{M^*}{P}$ 时，使利息率为 i^*。

如果中央银行将利息率作为目标，从而盯住利息率并试图将其保持在目标值上，在货币需求不断变化的情况下，它就不得不经常改变货币供给量以便将利息率控制在目标之内。如果将货币供给量作为目标使其固定在一个相对不变的范围内，利息率就必然会随货币需求的变动而变动。

作为控制目标，中央银行可以准确地控制住利息率，却不能准确地控制货币存量。因为中央银行每天都可以在公开市场买卖政府债券，如果它打算降低利息率的话，可以提高政府债券的价格，它只要在这个高价格上购买政府债券，就可以降低利息率。如果它打算提高利息率，就可以通过低价出售政府债券来达到目的。对于控制利息率中出现的误差，可以通过每天的公开市场业务来不断修正，以便达到对利息率的准确控制。但是，对货币存量的控制却不能通过每天的公开市场业务去达到目标。货币乘数的易变性和不可预测性使得中央银行不可能准确地控制货币存量。

进入20世纪80年代以后，各主要发达国家的中央银行都相继将货币供给量作为其货币政策的基本目标。其目的是降低通货膨胀率，稳定物价，营造一个良好的货币环境，以利于经济的持续稳定的增长。但是这种对货币供给量的控制是不准确的，只能将货币供给量的年增长率保持在与经济增长率大致相适应的水平上。货币虚拟化以后，金融创新的步伐大大加快，从而使得货币与有较高灵活性的金融资产之间的区别日益模糊。货币当局对货币量的控制逐渐延伸到对各种金融资产的控制上来，但这种控制早已失去了以往对M1控制时的效率。

3.3 国际货币体系与国际虚拟资本

20世纪后半期，资本主义生产关系有两个重大的发展：一是商品价值形式的独立化发展使货币最终摆脱了任何个别使用价值的束缚，完成了它的社会属性对它的要求——“与整个商品界相对立”；二是资本主义生产二重性的进一步发展，虚拟资本的迅速扩张使资本主义生产的社会属性——价值增值过程获得了与整个实际生产过程相对立的、独立化的社会表现形式，这两大发展都是在“国际化”的过程中完成的，而且相互之间存在着极为密切的关系。本节将集中考察国际货币及其体系与国际虚拟资本运动的相互关系。

3.3.1 当代国际货币的价值量

用贵金属充当货币材料已经有几千年的历史，而货币最终与黄金割断联系仅仅是20世纪70年代的事。从用贵金属充当货币

材料，到它完全退出国际货币领域是与资本主义信用的发展密切相关的。马克思曾经指出，海外贸易是资本主义关系得以确立和发展的一个巨大推动，而信用货币的最初形式－汇票早在 16、17 世纪的国际支付中就被用来代替黄金充当支付手段。货币摆脱贵金属（因运输安全等因素）带来的不便正是在最需要它还原为有价值的黄金的国际支付中开始的。可见，货币的发展早在资本主义初期就与国际支付分不开，并与虚拟资本的国际化运动密切相关。在当代，这种关系就更为密切。前面已经指出，货币不但是价值符号，而且也是虚拟资本。货币 M1 的定义包括可开支票的活期存款，而 M2、M3 的定义则直接将不同流动性的证券包括在内。货币本身不再有内在价值，它的价值完全是虚拟的。币值的决定脱离了任何贵金属的生产过程，而完全是一个社会过程，对于国际货币则是一个国际性的社会过程。

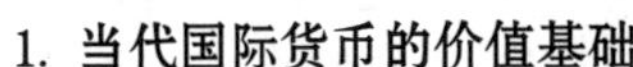

1. 当代国际货币的价值基础

国际货币的发展大至经历了“金本位”“金汇兑本位”“布雷顿森林体系”和“浮动汇率”这四个阶段。国际货币的发展历程清楚地表明了货币摆脱黄金束缚的过程。直到布雷顿森林体系崩溃之前，国际支付中的一切工具，美元、英镑等各国的货币，以及用各种货币命名的票据，都直接或间接代表一定量的黄金。在金本位和金汇兑本位时期，黄金是国际支付的最后手段。各国的货币绝不是按货币数量论所说的那样，其币值由货币供给量与商品量及其价值的关系决定，而是由它们的含金量决定，由它们实际能够兑换的黄金数量决定。它们的供求关系只不过使它们围绕含金量决定的价值上下波动。这时，马克思揭示的纸币流通规律起着决定性的作用。在美元成为国际货币，从而可以与黄金同样作为国际储备货币以后，情况变得复杂了。一方面，美元的含金量仍然在名义上决定着它的币值；另一方面美元的供求关系——美国的国际收支和对美元的投机活动——对美元的国际价值决定起着比过去更大的作用。但是直到布雷顿森林体系崩溃之前，世界货币一直体现着与黄金的关系。这种关系是币值决定的基础。国际货币是以黄金这种有较稳定价值的物质联系在一起的。国际货币的币值是建立在个别使用价值的价值基础之上的。

1973 年，美国最后停止对各国中央银行用黄金兑换美元，黄金仍是国际储备的一个重要组成部分，但国际货币的币值决定发生了根本性的变化。币值的基础不再是黄金这种个别使用价值的价值，而是整个商品界的商品总价值。一些其货币被作为国际货币广泛用于国际支付和储备的国家，其币值首先由其国内的货币供给量与国内商品和劳务价值总额的相对关系决定。它不再是先与黄金发生关系，然后再与国内的整个商品界相对立，而是直接与国内的商品界相对立。其次是在国际上，一国的币值如何已经完全取决于其在国际货币市场上的供求关系，而这一供求关系中，该国的国际收支状况又起着主要作用，在当代，国际虚拟本日益扩张，金融工具品种繁多，而在国际上又无有效的货币当局进行管理。在这种情况下，货币的币值决定除去正常的、与实际经济活动相关的国际收支外，在很大程度上与国际金融投机有关。

2. 传统货币数量公式及其补充

用 M 表示货币供给量，用 V 表示货币流通速度，用 Q 表示一国当年全部最终产品的总量，用 P 表示其总价格水平，传统的货币数量公式可以写为：

$$M \cdot V=P \cdot Q \tag{3.17}$$

该式的本意是说明一国货币数量与该国生产总值或国民收入的相互关系。通常也用来说明一国货币价值与货币数量的关系。在金银等贵金属直接充当流通手段的时候，这一公式就只能用来说明流通中需要的货币量，而不能用来解释币值或价格水平。将上式两边同除以 V 便得到马克思的货币流通公式：

$$M=P \cdot Q/V \tag{3.18}$$

如果该式右边增加，就表示需要更多的货币投入流通。金和

银就会由窖藏和其他用途转变为适于流通的金块和铸币；如果右边减少，流通中需要的货币量减少，金银就被窖藏或用作其他。币值是由金的生产过程决定的，与它的需求量无关。在金汇兑本位时期，纸币和其他信用货币的币值是由它实际能够兑换的黄金数量决定的。式（3.18）仍然有效，只是在纸币和金之间存在着一个数量关系，纸币并不与整个商品[式（3.17）的右边（P·Q）]直接相对立。只有在黄金完全退出货币领域之后，式（3.17）才可以直接用来解释币值。在当代，式（3.17）对于一国货币币值的决定来说，不再是谬误，而是真理。它表明了货币的社会属性不但要求它执行媒介整个商品和劳务交换的社会职能，而且要求它的价值也由社会的总生产过程（P·Q 是这一生产过程的结果）来决定。

早期费雪（Fisher）的货币数量公式及其解释有一个严重的缺陷，即把对货币的需求仅仅解释为“交易的货币需求”。实际上，除去买东西、支付劳务费之外，还有许多使用货币的地方。马克思就把对债务的支付列入了他的货币流通公式。凯恩斯则把买卖证券的货币需求（投机的货币需求）也考虑为总货币需求的一个重要组成部分。剑桥学派的货币数量公式则把货币供给量直接与国民收入对立起来，认为国民收入与货币供给量之间存在着确定的数量关系。用 Y 表示国民收入，剑桥公式可写为：

$$M=K\cdot Y \qquad (3.19)$$

当年的国民收入就是当年的全部新创造的价值，也就是当年全部最终产品的价值，于是 Y=P·Q，这样就有 K=1/V。式（3.19）总是被解释为与式（3.17）一样。但是，这种解释忽视了剑桥公式定性分析的意义。作为当年的国民收入，它不但要用来购买产品和劳务，还要用来支付债务、购买证券、以及交税，等等，这些活动同样需要使用货币。因此，剑桥公式从定性分析上可概括更多的经济活动。但是，从定量分析看，它并不比式（3.17）包括的更多。其关键在于该式把对货币的需求局限于当年的收入范围内。实际上，在我们考虑债务支付投机的证券买卖时，早已超出了当年国民收入的范围。当投机活动活跃的时候，不但当年的收入会有更多的部分流向金融市场，而且人们会动用储蓄甚至借款。这样，在媒介各种当年收入支付所需的货币之外，仍然需要有一部分货币用于与当年收入无关的各种支付活动。其中最大量支付活动与虚拟资本的运动有关。这样，在式（3.17）的右边，就应增加各类证券交易所需的货币量。用 SP 表示证券的一般价格水平，用 SQ 表示证券的数量，货币数量公式就应写为：

$$M \cdot V=P \cdot Q+SP \cdot SQ$$

或：$$M=P \cdot Q/V+SP \cdot SQ/V \tag{3.20}$$

关于货币流通速度是否易变存着争论。在式（3.17）中，货币流通速度也被解释为交易速度。媒介一次商品交换，货币就流通一次。货币流通速度也常被看作是各行业平均的资金周转速度。精确地测定实际的货币流通速度是一件相当困难的事，但根据剑桥公式的原理测定国民收入与货币供给总量之间的比例关系（K）并不十分困难。这种测定只能用于长期，短期测定的困难在于，经济活跃，买卖活动频繁，对不同产品，资金周转速度往往有很大差异。对于产品来说，总有生产周期的限制，快与慢不会发生太大的差异。但对证券业来说就完全不同了，证券没有生产周期，只有发行量、存量和交易量之分，而且一笔证券可以在很短的时间内多次买卖。因此，将证券交易速度与商品和劳务交易速度区别开就对货币数量公式显得十分重要。用 Vs 表示证券交易的速度或用于证券交易的货币流通速度，式（3.20）可以写为：

$$M=P \cdot Q/V+SP \cdot SQ/Vs \tag{3.21}$$

该式是国内的货币数量公式，它表明一国的币值不但与整个商品界或总资本的实际生产活动有关，而且还与货币的供给量 M 以及虚拟资本的总交易量（SP · SQ）及其活跃程度 Vs 有关。

将式（3.21）做如下变换：

$$M-P\cdot Q/V=SP\cdot SQ/V_s \quad (3.22)$$

式（3.22）表明，货币的供给量将压向两个市场。一是产品市场，二是证券市场或金融市场。当货币供给量增加的时候，如果证券投机活动膨胀，往往会有更多的货币压向证券市场，Q越是保持较高的增长率，证券市场就越是容易得到较高的股息红利和利息，证券价格会提高。在经济前景看好时，证券投机越活跃，经济越是持续增长，就越是容易引发证券市场的过度活跃，货币供给量增加造成的通货膨胀的压力就相对越小，造成证券市场的泡沫也就越多。这时币值并不因货币供给量增加而贬值。日本1986年到1990年间就经历了典型的上述过程。1986年日本金融当局采取了过度放松银根的货币政策，一直持续到1990年。1987年日本的实际GNP开始迅速增长，1987年GNP年增长率为4.4%，1988年为6.2%，1989年为4.8%，1990年为5.2%。银根放松引起前所未有的资金过剩，大量资金投向股票和其他证券及房地产市场，使股票和房地产价格过度膨胀。以1985年为100，从1986年至1991年的股票价格指数分析为：1986年132.9，1987年196.4，1988年213.9，1989年257.8，1990年218.8，1991年184.9，而同期的消费物价指数为1986年100.6，1987年100.7，1988年101.4，1989年103.7，1990年106.9，1991年110.4。从1987年开始，日本股票价格猛涨，直到1989年。而消费物价指数在同期却保持着很低的增长率。1990年股市开始降温，消费物价指数上涨的幅度开始增大，日本的泡沫经济开始破裂。1990年日本已开始缩紧银根，证券价格的下跌使压向金融市场的资金开始流出。一方面物价指数上涨幅度加大，另一方面，由于大量日本资金外流，也造成日元汇率数度下跌。日元与特别提款权的汇率（以¥/SDR）计，1988年平均为169.36，1989年为188.52，1990年为191.21。

货币供给量、总产值、虚拟资本之间的关系是由投资者的行

为来调节的。由于虚拟价值增值不受时间和实际生产经营活动的限制，同时，其价格差带来的收益往往是生产活动无法比拟的，所以虚拟资本一旦膨胀起来对投资者往往更有吸引力。

3. 国际货币的价值

在当代西方的货币理论中，货币的价值通常被定义为该国的总产品和劳务。一国货币的国际价值则是它的汇率，它完全由外汇市场上该国货币的供求关系决定。一国货币的供给量就是该国的进口总额，一国货币的需求量是该国的出口总额。这一理论对于那些其货币的国际使用量不大的国家来说是适用的。但是对那些进出口额相对于其货币的国际使用量较小国家这一理论就不再适合了。例如对瑞士法朗的需求就远不限于其产品的出口，因为许多第三国都使用它来进行国际结算和支付。美元和日元也是如此，在美国境外有大量的美元游资（欧洲美元）。在日本境外也有大量的日元。多数国际货币的供给都大于其本国的进口所决定的国际货币供给量，其国际需求也都大于其本国出口所决定的国际货币需求量。

对于这部分与本国进出口总额无关的货币的国际需求和供给，我们甚至不能按常规画出它的供求曲线。例如，对美元的国际需求，如果只限于美国的出口来决定的话，汇率（美元的外币价格，或美元的币值）提高，意味着购买美国商品要花更多的英镑、里拉等外国货币，于是美国的出口减少，对美元的需求减少。把对美元的国际需求看作是美元汇率的函数，对美元的需求曲线就是向右下倾斜的。但是，英国商人和意大利商人用美元作为其国际结算和支付手段时就不存在这种关系。他们对美元的需求和供给，无论是需要兑换为本国货币还是不需要兑换，都与美国的进出口无关。但是美元的境外供求关系却对美元的汇率起至关重要的作用。由于这种境外国际货币供、求关系有很大的不确定性。因此，在绝大多数国际货币的汇率决定过程中都存在着一个或大或小的来自境外的不确定因素，这种情况表明，当代的国

际货币的汇率已经不能由其发行国单独来决定了，它是其国内货币政策干预下的国内货币供、求关系和其国际供求关系共同决定的。此外，国际货币的投机活动对任何一种国际货币都可能随时构成巨大的干扰，有时甚至对国际货币的汇率波动起着推波助澜的作用。因此在考虑国际货币数量及其价值的时候，就应该将这种国际金融投机因素包括在内。

在考虑国际货币的货币供求关系时，我们对传统货币数量公式所做的补充就有更大的意义了。因为在当代的国际交易中，金融资产的交易额正在迅速超过产品和非金融劳务的交易额。也就是说，在国际上，金融投机活动比在国内对货币的币值有更大的决定作用。

用 M_11 表示由本国经常项目进口而产生的对本国货币的供给，用 M_12 表示本国资本项目进口而产生的本币供给，用 M_13 表示本国货币在境外的存量，本币的国际供给量 MS_1 就由三部分组成：

$$MS_1=M_11+M_12+M_13 \quad (3.23)$$

式中，因经常项目进口而产生的本币供给 M_11 可以看作是本国国民收入 Y_1 的增函数 $M_11=M(Y_1)$；因资本项目进口而产生的本币供给 M_12 可以看作是本国利息率 r_1 的减函数 $M_12=M(r_1)$。即本国利息率越高，进口的金融资产就越少；国外的本币存量可以看作是短期内不变的常量 M_k。这样，本币的国际供给函数就可以写成：

$$MS_1=M(Y_1)+M(r_1)+M_k \quad (3.24)$$

对本币的需求 MD_1 也由三部分组成：由于经常项目出口引起的对本币的国外需求 MD_11，由于资本项目出口引起的对本币的境外需求 MD_12；国际金融投机对本币的需求 MD_13。经常项目出口引起的境外本币需求 MD_11 可以看作是本币汇率 ER（外币 / 本币）的减函数，本币升值，MD_11 下降，本币贬值，MD_11 上升。资本项目出口引起的境外本币需求 MD_12 可以看作是本国

利息率 r_1 的增函数和国际货币市场利息率 r_F（可以考虑为本币在国际货币市场上的短期利息率）的减函数。本国利息率越高，金融资产的出口就越多，国际利息率越高，人们购买的国内金融资产就越少，金融资产的出口越少。国际货币投机活动引起的境外本币需求的数量是巨大的，通常也是相当易变和含有大量不确定因素的。我们将其作为一个随机干扰因素 U_1 的函数。境外本币需求函数就可以写为：

$$MD_1=MD(ER)+MD(r_1, r_F)+MD(U_1) \quad (3.25)$$

境外货币数量公式就可以写为：

$$MS_1=MD_1$$

$$M(Y_1)+M(r_1)+M_k=MD(ER)+MD(r_1, r_F)+MD(U_1)$$

或：$MS(Y_1, r_1)+M_k+MD(ER, r_1, r_F, U_1)$

（3.26）

式（3.25）表示，一方面，本币的国际价值与本国的实际经济有关，也与本国的金融环境有关；另一方面，本币的国际价值也与国际金融环境及国际金融投机活动有关。

3.3.2 国际货币与国际证券

几乎所有发达国家的货币都被作为国际支付手段和储备手段执行着国际货币的职能。由于它们都是纸币，没有内在价值，因此其波动幅度就远大于金本位时的各国币值波动幅度。在金本位下，总存在着一个“黄金点”作为币值波动的限制。而在浮动汇率制度下，根本不存在自然性的限制，国际货币总是存在着大幅度波动的可能性。这一方面给所有的国际经济往来增加了“汇率风险”；另一方面，也造成了套利机会，刺激了约束汇率波动的机制。国际证券投资与其他国际经济活动一样，存在着汇率风险。但是，国际证券对货币及其有关变量的敏感程度要高于商品交易和直接投资。因为货币的虚拟性与证券的虚拟性结合在一起，可能给投资者带来更大的损失或更大的收益。

1. 国际证券与国际货币的密切关系

国际证券投资与其他实际投资的重要区别之一是它与货币变量有更为密切的关系。这种密切的关系首先表现在市场的部分重合上。国际货币市场包括所有的短期货币交易，进行即期的货币兑换业务仅是其中的一部分。当进行远期货币兑换业务的时候，汇率变动和利息率变动是直接考虑在内的。除去货币兑换业务外，国际货币市场还包括各种短期银行信贷，以及短期债券市场和商业票据市场。由于货币兑换业越来越感到汇率变动预期的重要，而预期汇率变动又总是与利率变动和对远期利率的预期交织在一起。这也就使得国际证券的收益、价格的变动与国际货币有着更为密切的关系。其次，国际利率的差异，通货膨胀差异以及货币政策差异引起的其他货币变量的差异，对国际证券投资的影响要比对实际投资和商品贸易的影响大。这些货币变量有时不影响实际资产的价值，却影响国际虚拟资本的价格和收益。也有时，对实际资产影响的方向和程度与对虚拟资本的影响不同。例如，某种国际货币的本国货币当局过度增加了货币供给，可能过多地流入证券市场，实际利率大幅度下降，而通货膨胀率上升并不严重，商品进出口受到的影响不大，而金融资产的进口却可能因国内利率太低而增加，导致汇率下跌。该国的实际资产对外国人来说，其账面价值下跌，但该国的股票却会因利率下跌而上升，可能抵消汇率下跌而有余，至少不会与实际资产同比例贬值。一般来说，利率的变动，对实际资产的影响最多是个机会成本的问题，而对股票和债券则会影响其价值和收益。最后，无论是证券还是实际资产的国际交易，躲避汇率风险的唯一办法是通过各种金融或货币的期权、期货等证券交易。

在当代，货币的虚拟性，使得国际证券与国际货币的关系远远比货币与实际资产的关系要密切。

在早期的货币理论中曾有“劣币驱良币”之说，但这是对金属铸币而言。在浮动汇率制下，一国的货币是否在国际上被接

受，已无足值与否的问题了，成为国际货币的必要条件，除去传统上继承下来的因素以外，一个最主要的因素就是其币值较为稳定。如果某种已经成为国际货币的货币币值经常发生较大波动，就会有更多的人使用较稳定的货币，而放弃这种不稳定的货币。好的货币具有较稳定的国际价值，人们愿意接受，较劣的货币其国际价值通常很不稳定，人们不愿接受。因此，国际货币不是一成不变的。例如，在 20 世纪 70—80 年代美元作为老的国际货币，其国际地位因其波动频繁且幅度大，而呈下降趋势。日元则因稳定，不断扩大其国际使用的范围。原则上说，一国货币的国际地位与其经济实力和国际收支状况有很大关系。但这种说法无法解释像瑞士这样的小国，其货币在国际上为什么会比许多大国货币更愿意被接受。显然，在浮动汇率下，一国货币的信誉和稳定程度是衡量其优劣的根本标准。不难想象，在今天，如果某个国家仍然对世界做出其货币可兑换黄金的承诺，它就会成为人们最愿意接受的国际货币。

一国的货币价值稳定与否，在浮动汇率制度下，首先取决于其货币政策，其次是其经济状况和国际收支状况与其他国家相比的稳定性如何。

货币的优劣与其软硬不是一类概念，一般来说，币值看跌称为软，币值看涨称为硬，软货币的利息率一般要高于硬货币，否则就会产生套利机会。这种软硬货币之间的套利活动又会使软货币的高利率收益减去其汇率下跌的损失后与硬币的收益基本相同。

一国货币的稳定与否是其国际货币地位的决定性因素。但是，这种稳定性除去其货币政策之外，其国际收支是最大的影响因素，而在国际收支中，虚拟资本的进出口又起着相当大的作用。一国的国际证券业占国际收支的比例大小，活跃程度以及国际化程度，会对该国货币的汇率及其国际地位产生重大影响。虚拟资本的国际运动首先影响一国货币的软、硬；其次，从长期

看，它也影响一国货币的国际地位。

2. 国际虚拟资本与货币投机

国际汇率套期的投机活动有助于消除汇率差异，使货币市场在国际范围内更有效，同时也会减小汇率的波动幅度。国际证券投资者总是要考虑该国的利息率因素和汇率因素对其收益的影响。货币的国际投机活动也是一样，投机者必须考虑所投机的货币的软硬，即其汇率是看涨还是看跌，并比较两种（或两种以上）货币的利息率差异。因此，国际证券投资与货币投机的影响因素有许多是共同的。在许多西方金融理论家看来，国际证券（包括货币衍生物）的交易与各国货币的现货交易有直接的关系。人们通过货币、债券等期货和期权交易来避免汇率波动的风险和进行投机活动的影响也在日益增大。

3. 对国际货币管理的国际协调

当代各国的货币和虚拟资本都严格地受货币当局的监管，使货币的供给量和虚拟资本的数量与国民经济发展的需要相适应。但是，在国际上，既无统一的货币，也无统一的货币当局来监控国际货币的数量。货币的社会属性要求在世界范围内的统一，在金本位制度下，这种统一由黄金成色和衡量的统一来完成。在布雷顿森林体系下，纸币不但成了国际支付的主要手段，而且也是国际储备的主要成分。黄金不再能以其自然属性保持世界货币的统一，世界性的货币协调机构就成为保持世界货币统一性的必要条件之一了。国际货币基金组织以及世界银行就起着世界性的货币协调作用。可以说在布雷顿森林体系下，黄金对货币价值决定作用的逐渐消亡过程，是在各国货币当局之间的货币政策协调和国际货币基金组织的协调不断加强的过程中完成的。在黄金非货币化以后，国际货币政策协调就变得更加重要了。货币关系是国际经济关系的集中体现，也直接影响着国际各类经济往来。在许多一体化的经济区域，货币的统一都是至关重要的。欧洲共同体早在20世纪70年代开始就为欧洲的统一货币进行了不懈的努力。直到 1993 年 11 月 1 日《马斯特里赫特条约》（以下简称《马约》）生效，统一货币终于正式被列为新的“欧洲联盟”的基本目标。《马约》规定将在 1999 年实现欧洲的单一货币，并成立欧洲中央银行。在此之前，成立欧洲货币机构以监督协调各国中央银行的货币政策，并为成立欧洲中央银行和发行统一的欧洲货币做准备。《马约》预计 1997 年欧洲联盟各成员国应实现货币稳定；低通货膨胀率；利率不超过三个低利率国平均水平的 2%；预算赤字不超过国民生产总值的 3%；公共债务总额不超过国内生产总值的 60%。在欧洲和整个资本主义世界经济不景气的情况下，要实现这五大目标，顺利过渡到单一货币的欧洲货币体系，几乎是不可能的。各国要维护本国的经济利益，本国货币的独立性和本国中央银行的独立性是一个基本保证，而各国间的经济往来又需要统一的货币和一个有实权的欧洲中央银行。在经济繁荣时期，如 20 世纪 60 年代欧共体初期，共同体有较好的经济环境作基础。而在长期经济不景气的时期，各国间的利益冲突就要升级，一体化的进程就会遇到更大的困难。尽管欧洲单一货币的实现前景不容乐观，但货币的社会属性要求统一，它的虚拟性要求一个有权威的中央银行来控制已经在欧洲一体化进程和《马约》中获得了充分的体现。

就世界范围来看，这种要求也是明显的。在布雷顿森林体系即将崩溃的最后几年，纸币已经充分暴露出了其虚拟性的危害。20 世纪 60 年代末至 70 年代初，美元的金平价从 35 美元一盎司黄金（1971 年底）下降到 38 美元一盎司黄金。美国在 1971 年宣布废除固定汇率后，美元同黄金的比价一再下跌，1972 年末曾达到了 800 美元一盎司黄金的地步。到 1973 年美国宣布美元不再兑换黄金之后，整个西方经济都为国际货币体系的混乱付出了沉重的代价。在布雷顿森林体系崩溃的过程中，人们意识到，美国和美国的黄金储备已经不能支持一个稳定的国际货币体系，黄金退出货币体系已成必然趋势。1967 年里约热内卢的国际货币基金组会议上达成了建立特别提款权的协议，特别提款权是世界范围内的“法币”。它没有黄金储备来作其货币价值的保证，它最初是由成员国认缴的五种货币作其负债，以它们在全部货币篮子中的份额作为权数，按加权平均的办法根据这五种货币（美元、日元、英磅、西德马克和法国法郎）的币值来确定特别提款权的币值，并以向成员国贷款的方式发行特别提款权。它的发行额受到严格的限制。它的使用也权限于国际收支逆差国家用于弥补逆差之用。特别提款权徒有国际法币的外表，却并不真正执行世界货币的职能。进入浮动汇率制以后，特别提款权的使用范围和规模也有所扩大。但它仍只是一种主要起协调作用的货币。真正执行国际支付和储备职能的国际货币，仍然是些由各主要资本主义国家的货币当局发行的各国货币。作为协调机构，国际货币基金组织及其附属金融机构的国际协调机能却大大加强了。

货币在国内是经济关系的综合性表现，它既与商品的价值总额密切相关，又与实际价值增值过程密切相关，在国际上，各国货币之间的汇率集中体现着各国之间的经济关系，又对国际经济关系起着综合性的调节作用，随着国际经济关系的日益密切，国际货币的社会属性对世界范围内统一货币的要求会日益强烈；货币的虚拟性对进行世界性的货币控制的要求也会日益强烈。在各国间的利益冲突还不能被其共同利益所压倒的一个相当长的时期，这种要求会以国际货币协调的不断加强来表现自己。这就是国际货币虚拟性发展的本质规律。货币的社会属性造成了它最终的虚拟化，货币的虚拟化会导致对其进行社会化和国际社会化的管理和控制。

3.3.3 当代的国际虚拟资本

在当代，货币和虚拟资本之间很难划出明显的界限，证券与货币同时被看作是金融资产。即使在国内，证券也依其变现的难易或灵活性的高低，分别被包括在不同的货币定义之中（如M2、M3）。此外，一些短期政府债券，通常作为商业银行的二级准备金而起着与基础货币类似的作用。在国际上，证券与货币的界限就更难划分，以现钞方式持有货币是极少量的，外汇总是以证券或存单的方式持有。这就是说，任何货币的持有，哪怕只有一两天，它都是生息的。货币作为价值符号的虚拟化与它作为虚拟价值增值形式的虚拟化是一同发展的。一方面，证券是生息货币；另一方面，货币又总是以生息的证券方式存在，这就使这二者紧密地交织在一起。像特别提款权这样的世界货币，总是以贷款的方式存在，而各国中央银行管制的国际储备货币中，绝大多数都以生息的证券或存单方式存在。在国际货币市场上，参与者是各国的银行，因此，国际货币市场在很大程度上是一个银行间市场，货币的兑换多是以证券买卖或信贷的方式完成。信贷业务已经和货币兑换紧密地结合在一起，国际证券与国际货币对国际经济环境的影响是交织在一起的。国际货币与国际证券的这种密切关系要求国际货币协调和国际证券协调也必须密切地结合在一起。

从国际证券投资者的微观行为上看，其目标是在尽可能降低风险的同时获得外国证券的高收益。他需要了解发行证券的企业和国家的各种信息，包括企业经营状况，该国的经济与政治环境及其前景，等等；他还要站在本国的立场上进行比较，考虑汇率变动的可能性及其对收益带来的影响。关于投资者的行为分析，已经有许多文献。这里，我们将集中考虑一国的宏观环境对外国证券投资者的影响。

在考察一国的国际证券投资时，最能反映其宏观状况的是其国际收支。从任何一国的国际收支平衡表上，都可以找到三大项目：经常项目，资本项目和国际储备项目。其中，资本项目主要分为直接投资和间接投资。在间接投资栏目中，各种金融证券投资又占了相当大的比例。国际证券投资对一国的国际收支有重要影响，它媒介着资金的输入和输出，并对该国货币的汇率产生重大影响。同时，一国的经济状况、货币政策等又对该国的资金输入和输出有重大影响。我们的目的就是从理论上阐明国际虚拟资本的运行与该国经济之间的相互影响。

在发达国家的国际收支中，证券投资所占的比重越来越大，股票、公司债券、政府债券、商业票据和其他证券，已经成为各发达国家获得资金、发展经济的重要手段之一。为了方便，我们将国际收支简化为两大类：一类是经常项目中的商品和劳务的进出口，另一类是各种证券、可转让存单和其他金融资产的进出口。用 EX 表示商品和劳务的出口，用 IM 表示商品和劳务的进口，用 AX 表示金融资产的出口（资金流入），用 AM 表示金融资产的进口（资金流出）。国际收支的均衡是总进口等于总出口。即

$$IM+AM=EX+AX \quad (3.27)$$

或：（IM+AM）–（EX+AX）=0

总进口 总出口 =0

如果（IM+AM）–（EX+AX）> 0，则国际收支逆差。

如果（IM+AM）–（EX+AX）< 0，则国际收支顺差。

一国的总进口和总出口一方面受本国货币汇率的影响，另一方面也影响着本币的汇率。本书所用的“汇率”采用理论研究常用的表示方法，即本币的外币价格。如本国是美元，美元与外国货币英镑的汇率就用美元的英镑价格来表示：£/$。当汇率上升时，表示单位本币兑换的外币增多，本币升值。汇率下降则表示本币贬值。当汇率上升，本币升值时，本国的进口额增加，出口额减少。相反，汇率下跌，本币贬值时，进口额减少，出口额增加。这样，我们可以把总进口看作是汇率的减函数：

$$（IM+AM）=f_1（ER）$$

$$（EX+AX）=f_1（ER）$$

图 3–7 给出了这两个函数的图像。

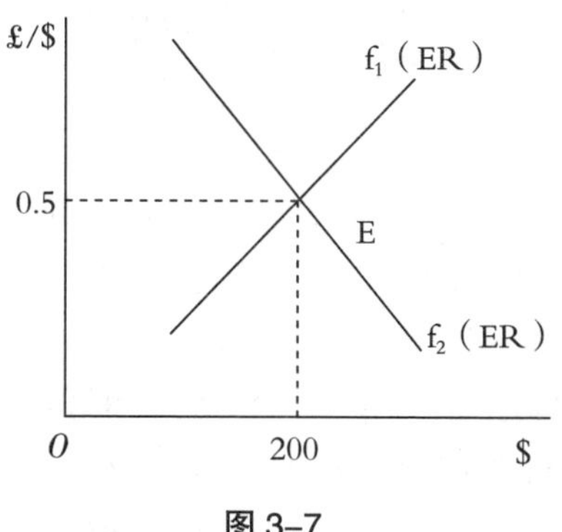

图 3–7

图 3–7 实际上也表示在外汇市场上本国货币（美元）的供求与汇率的关系。在绝大多数情况下，进口是本国进口商向外国的出口商购买商品、劳务或金融资产。本国的进口商要向外国的出口商进行支付，他必须用本国的货币（在我们的例子中是美元）去兑换出口国的货币（英镑）。这样，进口就意味着向外汇市场提供本国货币。所以 f_1（ER）曲线向右上倾斜，表示汇率越高进口的数量越大，向外汇市场提供的本币美元就越多。相反，出口是外国的进口商向本国的出口商购买商品、劳务和金融资产。外国的进口商必须向本国的出口商支付，在我们的例子中就是英国的进口商必须向美国的出口商支付。他必须将英镑换成美元，这就产生了对美元的需求。所以图 3–7 中的 f_2（ER）就是对美元的需求曲线。它向右下倾斜，表示汇率越低，出口越大，对美元的需求也就越大。汇率是由一国货币在国际货币市场上的供求关系决定的。这几乎是国际上公认的理论。虽然国际市场上对本币的需求不等于本国的国际收支，如果将对本币的境外需求考虑为外生变量，并假定为一常数，这一理论描述就是合理的。这样，该图就表示：（1）本国货币的汇率，即其国际价值，是由本币在外汇市场上的供求关系决定的。（2）外汇市场上本币的供求关系实际上是进出口总额与汇率的关系决定的。（3）汇率调节着进出口也就调节着本币在国际市场上的供求关系。

对于式（3.27），我们可做如下变换：

IM+AM=EX+AX

IM–EX=AX–AM （3.28）

式（3.28）的左边 IM–EX 是劳务和商品进口的净额，称为商品和劳务的净出口。如果这二者相等，国际收支平衡。我们分别考察式（3.28）两边与汇率的关系，当汇率上升时，商品和劳务的进口 IM 增加，其出口 EX 减少，IM–EX 增加。商品和劳务的净进口 IM–EX 是汇率的增函数。但 IM 与 EX 之差可能是负数、零或正数。也就是说，商品和劳务的国际收支可能是顺差（IM<EX）、平衡（IM=EX）或逆差（IM>EX）。图 3–8 表明了商品和劳务净进口与汇率的关系。当商品和劳务的净进口为零时，汇率为 0.5，即 1 美元兑换 0.5 英镑。当汇率低于 0.5 时，进口（IM）减少，出口（EX）增加，IM–EX<0，商品和劳务的国际收支顺差。当汇率高于 0.5 时，进口（IM）增加，出口（EX）减少，IM–EX>0，经常项目的国际收支逆差。式（3.28）的右边（AX–AM）则与上述情况刚好相反。当汇率上升时，金融资产的出口（AX）减少，进口（AM）增加，AX 与 AM 的差下降。汇率下跌时，AX 增加，AM 减少，AX–AM 增加。金融资产的净出口（AX–AM）是汇率的减函数。如图 3–9 所示，在汇率为 0.5 时，金融资产的出口与进口相等（AX=AM），二者之差为零，表示金融资产的国际收支平衡。当汇率高于 0.5 时，出口（AX）增加，进口（AM）减少，AX–AM<0，金融资产的国际收支顺差。

将图 3–8 和图 3–9 合在一起为图 3–10。它表示当汇率为 0.5 时，经常项目的国际收支平衡的同时，资本项目的国际收支也平衡，因此总的国际收支平衡。图 3–10 与图 3–7 的区别在于：图 3–7 表示出口总额（对美元需求量）在汇率为 0.5 时为 200，它等于进口总额（对美元的供给量）。而图 3–10 则只表示经常项目和资本项目的差额或净额。它有利于我们考察经常项目差额

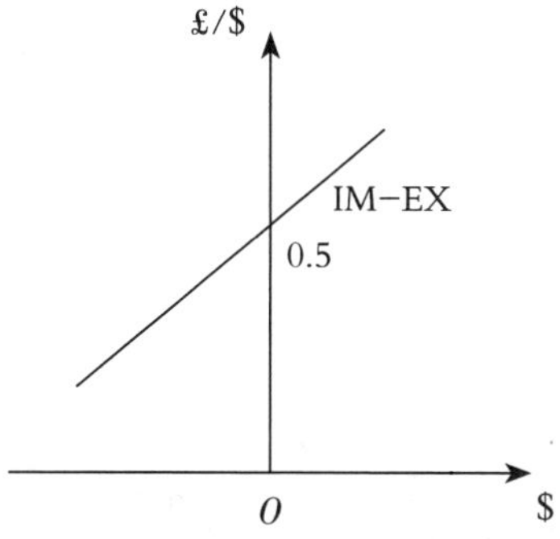

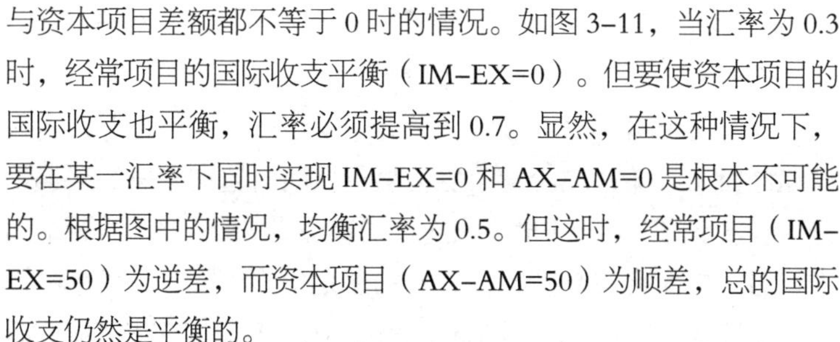

图 3–8

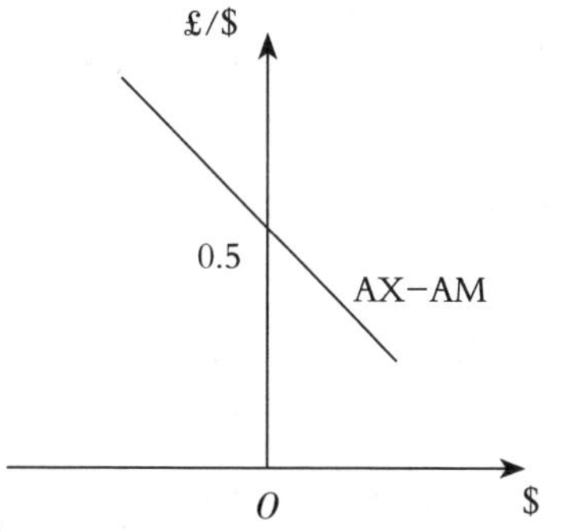

图 3–9

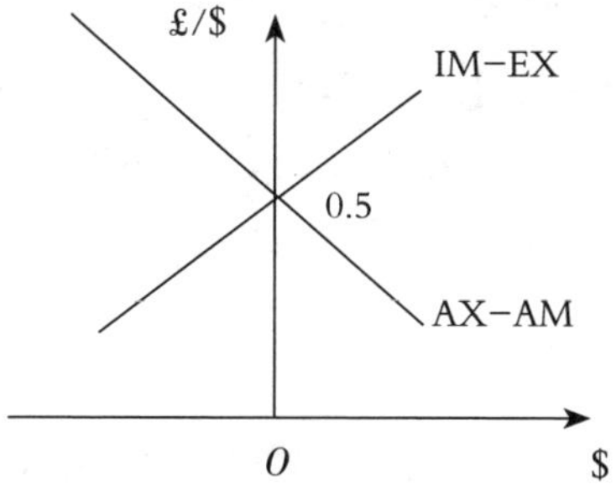

图 3–10

与资本项目差额都不等于 0 时的情况。如图 3–11，当汇率为 0.3 时，经常项目的国际收支平衡（IM–EX=0）。但要使资本项目的国际收支也平衡，汇率必须提高到 0.7。显然，在这种情况下，要在某一汇率下同时实现 IM–EX=0 和 AX–AM=0 是根本不可能的。根据图中的情况，均衡汇率为 0.5。但这时，经常项目（IM–EX=50）为逆差，而资本项目（AX–AM=50）为顺差，总的国际收支仍然是平衡的。

实际上，图 3–11 是常见的一种情况，另一种常见的情况是两条曲线的交点在纵轴的左边，表示经常项目顺差而资本项目逆差。图 3–10 所示的情况，经常项目和资本项目同时平衡倒是一

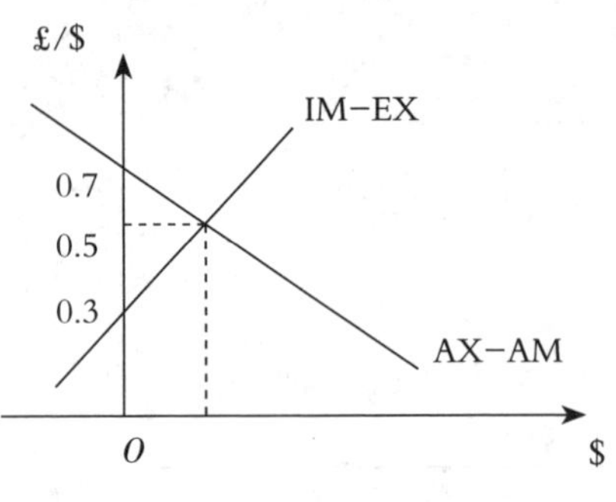

图 3–11

种不常出现的特例。这一模型虽然简单，却把金融资产的进出口及其对汇率的净影响从整个国际收支中分离出来了。因此可以利用这个模型来观察国际虚拟资本的运行与一国经济状况的关系。在模型中，汇率已被定为内生变量，其他影响国际虚拟资本运动的因素就只能作为外生变量来处理。

3.3.4 货币政策与利息率变动的影响

当一国的货币政策发生变化时，会影响到利息率；引起证券收益发生变化，导致国际证券投资的变化。引起国际资金的运动，导致汇率发生变动；而汇率的变动又会反过来影响商品和劳务等有形的国际贸易，对一国的经济状况产生影响。经济越是开放的国家，虚拟资本国际运动的影响就越大。

我们仍用图 3–11 的例子。假定，美国的联邦储备开始实行紧缩的货币政策，减少货币供给量，从而引起利息率的普遍上升。利息率的上升一方面会引起投资者购买按新利息率发行的债券，另一方面会使以前发行证券的现期价格下降。利息率越是上升，就会有越多的人对利息率看跌。一旦利息率在未来某时下降，证券的价格就会上涨。这就吸引更多的美国居民和外国居民购买美国的证券。金融资产的出口会增加，进口会减少。也就是说，利息率的上升会扩大 AX–AM 的差额。这意味着在原来汇率下金融资产的净出口额扩大了，由此而产生的顺差的扩大表现为 AX–AM 曲线的右移。如图 3–12 所示，在 0.5 的汇率下，金融资产的顺差大于商品和劳务净进口（逆差）的数量，即 AX–AM=80>50=IM–EX。

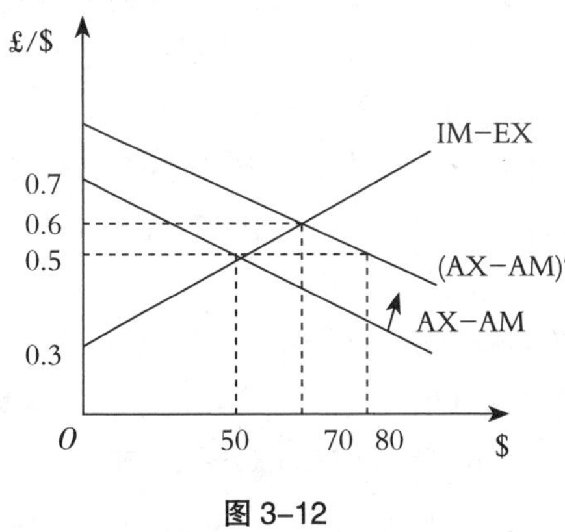

图 3–12

总的国际收支出现了 80–50=30 的顺差。这 30 的国际收支顺差是由金融资产的出口增加进口减少造成的，这意味着外汇市场上对美元需求扩大和供给减少。对美元的需求净增了 30 会引起美元汇率上升到 0.6，美元升值会对利率提高引起的金融资产的出口增加起到抑制作用。因为外国人购买同量的证券要花掉更多一些的英镑。AX–AM 的顺差也会由 80 减少到 70，国际收支重新达到平衡。但是，经常项目的逆差（IM–EX）却由原来的 50 增加到 70，贸易逆差扩大了。汇率的上升意味着本国经济将面临更大的国际竞争，本国企业会遇到外国产品大量进口和本国产品出口锐减的严重局面。

美国在 20 世纪 80 年代初就经历了上述的典型情况。1979 年 8 月，保罗·沃尔克被任命为美国联邦储备委员会主席以后，美国的货币政策开始转向。由原来的以利息率为目标，控制投资从而控制总需求，转变为以货币供给量本身为目标，尽量为经济创造一稳定的货币环境。随着 1980 年里根上台，开始了以减税为

主要特征的供给派的财政政策，治理通货膨胀和衰退。1980年初开始执行严厉的紧缩性货币政策。1981年初货币政策开始进入一个较为温和的紧缩时期，从1981年初到1982年底，M1的年平均增长率为5%。这一时期里根政府开始执行减税的计划。供给派认为，减税会增加消费收入，这一方面会增加消费，另一方面也会增加储蓄。人们会将更多的资金送往金融市场，刺激投资增长，提高资本存量和生产力。生产力的增加会提高社会总产量，增加就业，降低价格。但是，实际情况却与其愿望相去甚远，政府减税是成功的，但减少政府开支却不能如愿。结果，减税和政府开支增加使财政赤字更加恶化。赤字的增长造成了政府债券的数量大增，美国的政府债务1979年为398亿美元，1980年猛增至766亿美元，1981年为848亿美元，到1982年增至1388亿美元，1983年为2156亿美元。政府债券的增加与较温和的紧缩性货币政策结合在一起使利息率大幅度上升。1979年到1982年财政部短期债券（T-bill）的利息率分别为年率10.04%、11.62%、14.08%和10.72%。利息率的上升导致了外资的大量涌入。而美国在这一时期国际贸易一直是有赤字的。1979年为275亿美元，1980年为255亿美元，1981年为280亿美元，1982年为364亿美元，1983年为671亿美元，在这种情况下，外资的大量涌入造成了国际收支的顺差，美元升值。1979年到1984年美元汇率平均值呈上升趋势。特别提款权与美元的汇率（用$/SDR表示，即特别提款权折合美元的数量）1979年为1.3028，1980年为1.2754，1981年为1.1640，1982年为1.1031，1983年为1.0470，1984年为0.9820。美元的升值使美国产品和劳务的出口下降进口上升，造成贸易赤字的进一步扩大。美国1981年初至1982年底经历了一次衰退，1983年和1984年赤字膨胀和债务膨胀远远超过了其经济增长的速度。利息率的上升造成了虚拟价值增值的膨胀。由此而引起的外资流入并没有使生产力真的提高，美元升值既没有国内生产力作基础，也没有美国商品出口增加的支持，它是虚拟资本运动吹起的一个气泡，在 80 年代中期以后就迅速破灭了。80 年代初，里根的减税政策原打算提高国内的生产力，却由于虚拟资本——政府债券的过度膨胀及其国际运动，使经济受到了沉重的打击。美国在 80 年代初的经历是对图 3–12 的一个有力注释。

3.3.5　经济状况的影响

当一国的实际 GNP 增长的时候，会引起实际国民收入的增长。人们的实际收入增长通常会引起人们购买更多的外国商品，导致产品和劳务的进口（IM）增加，也会使人们有更多的收入去购买外国的金融资产，使金融资产的进口 A 也增加。如图 3–13 所示，IM 的增加会扩大产品和劳务进口的逆差，导致 IM–EX 曲线的右移；AX 增加会减少融资产进出口的顺差，导致 AX–AM 曲线左移，汇率将会下跌，引起包括商品、劳务和金融资产在内的总出口的增加。如果国民收入增加引起的商品和劳务进口增长的幅度大于其引起的金融资产进口增长的幅度，IM–EX 右移的幅度就会大于 AX–AM 左移的幅度，贸易逆差就会增长，如图 3–14 所示，如果情况相反，贸易逆差就会缩小，如图 3–15 所示。

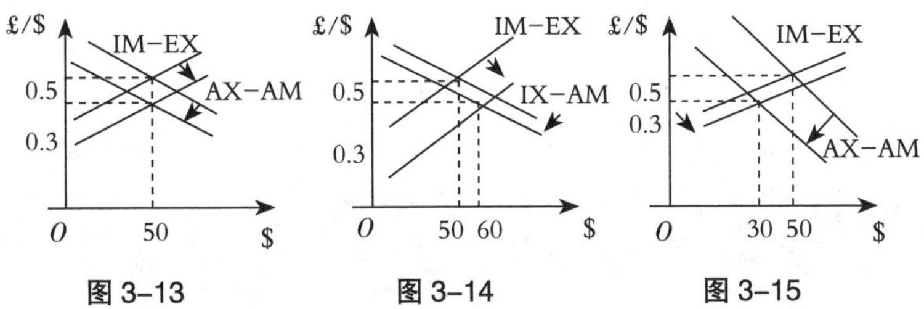

图 3–13　　图 3–14　　图 3–15

3.3.6　通货膨胀

通货膨胀是影响虚拟资本国际化运动的又一重要因素。一般来说，通货膨胀（即物价普遍上涨）总是与货币供给量的过度

增长有关。当货币供给量增加的时候，人们手中持有的货币量增多。只有货币供给的增长超过实际 GNP 的增长速度和幅度时，才会引起通货膨胀。这意味着人们对货币的交易需求赶不上货币供给的增长（因为前者是实际国民收入的函数）。人们手中多余的货币便会有相当一部分压向证券市场。这一方面会造成对本国证券的需求上升，另一方面也会造成对外国债券的需求上升，造成金融资产进口的增加。由于国内证券市场上的需求上升，会引起现期国内证券价格的上升，这会使外国投资者望而却步，抑制本国证券的出口。与此同时，货币供给量的增加使实际利息率下降，这会使国内证券的现期价格进一步提高。这就是说，在通货膨胀率上升的时期，金融资产的进口（AM）增加，出口（AX）下降。导致金融资产净出口曲线 AX–AM 左移，如图 3–13 AX–AM 曲线的左移会使汇率下跌，本国货币贬值。本国货币的贬值会导致商品和劳务的出口增加，进口减少，使贸易逆差减少。如果 IM–EX 曲线与 AX–AM 曲线在纵轴的左边相交，则会使贸易盈余增加。

本国货币的贬值是因通货膨胀造成的，外国投资者不但要考虑该国货币贬值对其证券收益的影响，还要对其未来通货膨胀率进行预期。因此，通货膨胀引起的汇率下降，对本国证券的出口基本上没有刺激作用。通货膨胀越是持续和多变，就越是对金融资产的出口起抑制作用，因为汇率变动的风险增大了。

根据马克思的理论，资本主义生产具有二重，它既是物质生产过程又是价值增值过程。前者是资本主义生产过程的物质属性，后者则是它的社会属性。在资本主义生产方式的发展过程中，价值增值过程的社会属性，使它以证券的形式获得相对独立的、虚拟的表现形式。而虚拟资本的发展又使它日益脱离个别生产过程，更依赖于整个经济的状况和社会总资本的运动。虚拟资本本身就是资本主义生产社会化的产物。股票是产权的公共化和公众分享企业利益的重要手段。虽然股份制并不能防止少数大股东控制企业的现象，但至少公众持有的股权对少数大股东构成一种社会约束，他们不能为所欲为地损害众多小股东的利益，否则他们的地位会发生动摇，引起股票买卖造成公司改组或大量抛盘，在股价下跌的威胁下纠正不明智的做法。债券虽不涉及产权，却也是社会化集资以扩大生产（或维持正常生产）的基本手段。这些证券的社会性一开始就要求有严格的社会化管理。随着证券业的不断发展和创新，虚拟资本过度膨胀的危险日益增长。历史上因证券业暴涨暴跌使实际生产受到严重破坏的例证屡见不鲜，特别是 20 世纪 30 年代的大危机以后，证券业与货币一样，被严格地置于社会化的管理之下。20 世纪 80 年代以来，国际证券业的迅速发展也在国际上引起了同样的问题。它与一些国家的货币国际化一样，也要求世界性的统一管理和控制。

4　当代国际金融市场的全球化发展

当代国际金融市场的全球化发展主要沿着两个路径：一是无国籍金融资本或跨国资本的迅速膨胀；二是各国金融市场的国际化发展。这二者之间有着密切联系，前者体现在国际融资规模的不断扩张上，亦即国际银团贷款规模、国际证券的发行规模和二级市场交易规模的不断扩张上；后者则体现在各国国内资本市场和货币市场的国际化上。我们首先考察国际金融市场的发展状况，然后考察各国国内金融市场的国际化状况。

4.1　20世纪80年代中期以来国际金融市场的发展状况

国际金融市场的金融活动主要分为国际辛迪加贷款和国际证券（包括债券和股票的发行）融资。国际证券融资由来已久，它最初主要集中在债券和股票这两种形式上。在20世纪80年代以前，它的规模很小，对世界经济的影响远非国际银团贷款可比。80年代以后，一方面，金融创新活动创造出了种类繁多的筹资工具和更精巧的筹资技术，使国际筹资变得灵活多样。另一方面，各主要工业国相继放松了国际证券投资活动的限制，加速了证券市场的国际化，使得国际证券投资得以迅速发展为国际筹资的主要方式。虚拟资本的国际化运动与虚拟的货币结合在一起对世界经济产生了巨大的影响，也对各国自身的经济发展产生了重大影响。

4.1.1 世界金融市场概况

进入 20 世纪 90 年代以后，国际金融市场发展十分迅速，表 4–1 列出了 1992 年至 1996 年国际金融市场的发展状况。从 1992 年到 1996 年国际融资的数量增加了 1.6 倍。其中证券融资增长了 1.2 倍，国际贷款增加了近 2 倍，非承兑融资工具增加了近 2.6 倍。5 年中，国际融资平均增长率为 24.3%，超过了任何国家的实际经济增长率。它表明，国际金融市场正在迅速扩张，金融市场正在迅速全球化。

表 4–1　国际金融市场发展状况（1992—1996，亿美元）

年份	1992	1993	1994	1995	1996
证券融资	3572	5217	4736	5083	7683
贷款	1179	1367	2362	3702	3434
其他融资工具	67	82	49	38	45
非承兑融资工具	1279	1520	2529	4020	4556
总额	6097	8186	9676	12843	15718
年增长率	13.8%	34.3%	18.2%	32.7%	22.4%

资料来源 OECD：“Financial Markct Trends”，February 1993，June 1997.

20 世纪 80 年代以来，国际金融市场的一个基本变化是国际证券投资超过了银行辛迪加贷款，在国际筹资活动中占有了越来越重要的地位，表 4–2 列出了 80 年代前后，国际证券投资和银行辛迪加贷款的消长情况。90 年代以前所列数值为 5 年的年平均值，1990 年到 1996 年为每年的证券发行额和银团贷款额。从 1976 年到 1980 年，国际证券的发行额为 362 亿美元，远低于国际银团贷款 594 亿美元的规模。但到 80 年代前半期，国际证券投资的迅速增长已使得 1981 年至 1985 年的年平均证券发行量增至 964 亿美元，开始超过这一时期国际银团贷款的年平均规模

720 亿美元。80 年代后半期，二者的差距进一步扩大。国际证券发行量在 80 年代前半期为银团贷款的约 1.3 倍，80 年代后半期则扩大到约 2.3 倍。到 1992 年，国际证券发行量已经是银团贷款的 3 倍多。进入 90 年代，国际证券的发行量迅速扩大，从 1990 年的 2372 亿美元猛增至 1996 年的 7683 亿美元。在此期间，直接筹资与间接筹资的比例存在着波动，1993 年达到最高为 3.82，随后开始下降，1995 年接近 80 年代中期的水平为 1.37，1996 年开始回升至 2.24，接近于 1986 年以来的平均水平 2.28。从资料中可以看出，如果没有新的金融创新出现，直接融资很可能在今后几年保持在间接融资的 2 倍至 3 倍的水平上。

表 4–2　国际证券发行与银团贷款比较（亿美元）

	1976—1980	1981—1985	1986—1990	1990	1991	1992	1993	1994	1995	1996
证券	362	964	2347	2372	3210	3572	5217	4736	5083	7683
贷款	594	720	1031	1245	1160	1179	1367	2362	3702	3434
证券 / 贷款	0.61	1.34	2.27	1.91	2.77	3.03	3.82	2.01	1.37	2.24

资料来源：OBCD：“Financial Market Trends”，February 1993, June 1997.

辛迪加银团贷款在 80 年代后半期和 90 年代初增长缓慢，1994 年开始有较大增长，从 1993 年的 1367 亿美元增长到 2362 亿美元，增长了近 73%。1995 年和 1996 年的国际银团贷款都高于 1994 年的水平，证券筹资占银团贷款的比例在 1995 年曾达到最低水平 1.37，虽然国际银团贷款不再有 80 年代中期以前的辉煌，但它仍然保持着在国际筹资中的重要地位。1996 年辛迪加国际银团贷款比 1995 年下降了大约 7.2%，许多私人公司发现国际证券市场提供了更有吸引力的融资工具。

在国际证券投资迅速崛起的过程中，一些新的更灵活的筹资工具不断涌现，筹资技术也更加复杂，这使得证券投资的结构也发生了一些重要的变化。表 4-3 分别列出了 1988 年至 1996 年国际证券（包括债券和股票）和欧洲商业票据及中期证券安排的发展状况。国际债券的发行量和股票的发行量除 1990 年因严重经济衰退而下降以外，从 80 年代中期到 1996 年一直是连年增长。到 1996 年国际债券的年发行量已经达到 7106 亿美元，股票的国际发行量也达到了 577 亿美元。欧洲商业票据经过 80 年代初到 80 年代中期的一段增长以后，到 80 年代末有日趋下降的势头，这一下降势头一直持续到 1994 年。随后的 1995 年和 1996 年，欧洲商业票据重又迅速提高，分别达到了 559 亿美元和 806 亿美元。中期证券（Medium Term Note Programs）在 80 年代末经历了一段停滞之后，于 90 年代初有了迅速的增长，而且一直保持着高速增长的势头。为了较清晰地描述国际证券投资发展的概况，我们将分别概述国际债券市场、国际股票市场、国际商业票据市场以及中期证券市场的状况。

表 4-3　债券、股票、承兑证券的年发行量（亿美元）

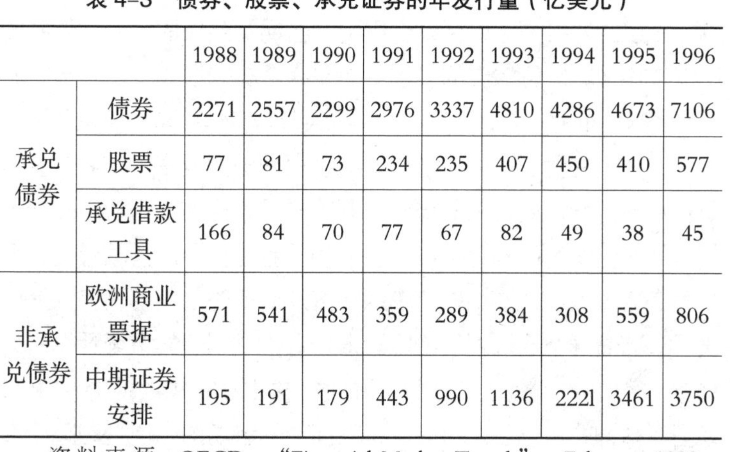

		1988	1989	1990	1991	1992	1993	1994	1995	1996
承兑债券	债券	2271	2557	2299	2976	3337	4810	4286	4673	7106
	股票	77	81	73	234	235	407	450	410	577
	承兑借款工具	166	84	70	77	67	82	49	38	45
非承兑债券	欧洲商业票据	571	541	483	359	289	384	308	559	806
	中期证券安排	195	191	179	443	990	1136	2221	3461	3750

资料来源：OECD：“Financial Market Trends”，February 1993, June 1997.

4.1.2 国际债券市场的近期发展

国际债券主要由两部分组成：一种是外国债券（Foreign Bond），它是由外国借款人或机构在本国市场发行，并多用本国货币命名的债券；另一种习惯称为欧洲债券（Eurobonds），亦称国际债券（International Bonds），一般是由多国的银行辛迪加认购，用某国货币命名，并在一国以上的债券市场发行的债券。在本国市场上发行外国债券已有很长的历史，它们的名称也丰富多彩，在美国称为“杨基债券”（Yankee Bonds），在日本称为“武士债券”（Samurai Bonds），在英国称为“叭儿狗债券”（Bulldog Bonds）。在 19 世纪到 20 世纪初的很长一个时期，伦敦曾是外国债券发行和交易的中心，但 20 世纪 20 年代曾一度移向纽约。30 年代的世界性大危机和随后的长期萧条及第二次世界大战曾使其近乎中断。直到战后 60 年代初，国际债券市场才随着欧洲债券市场的形成开始了的真正发展时期。

战后，许多国家的企业都有获得美元贷款的强烈需要，这刺激了在纽约发行债券的活动。但美国当局对此采取了严格限制的政策，在美国发行债券的公司不但要符合美国证券交易委员会的严格要求，而且，按照美国 1963 年颁布的“利息率均衡税”法，筹资者必须支付更高的利息率才能吸引美国的投资者。此外，美国联邦储备管理局还采取措施限制美国贷款给外国人和由美国公司提供资金的对国外直接投资。这些严重地阻碍了借款者在美国的筹资活动。他们开始转向美国在海外活动的公司筹资，这就导致了欧洲债券市场的发展。国际筹资者把欧洲债券市场看作是最有效，筹资成本最低，同时又可摆脱一些国家严格限制的“最富有创新精神的市场”。可以说，欧洲债券市场的出现是国际债券市场形成的起点。欧洲债券吸引了越来越多的筹资者和金融投资者，它很快就超出了“欧洲”一词地域概念的范围，成为泛指在多国发行的债券。

20世纪60年代是国际债券市场的形成时期，70年代是它的初步发展时期，进入80年代，开始迅速发展，到80年代中期已成为国际筹资的主要渠道。到了90年代初，它的地位进一步上升，成为国际筹资中占统治地位的筹资渠道。表4–4列出了国际债券市场每年新发行债券的增长情况。不难看出，在国际债券的发展过程中，欧洲债券起了极大的作用。从1982年到1996年的15年间，外国债券的年发行量只增长了约3.7倍，从1982年的252亿美元增加到1996年的1190亿美元。而欧洲债券却增长了约10.8倍，从1982年的503亿美元增加到1996年的5916亿美元。欧洲债券的迅速增长为世界性统一债券市场的形成铺平了道路。

表4–4　1982—1996年新发行的国际债券（亿美元）

年份	1982	1984	1986	1988	1989	1990	1991	1992	1993	1994	1995	1996
欧洲债券	503	837	1870	1788	2128	1801	2485	2761	3946	3684	3713	5916
外国债券	252	278	390	483	429	498	491	576	864	602	960	1190

资料来源：OECD："Financial Market Trends"，1993.2.

在80年代"金融创新运动"和"证券化"运动的影响下，出现了许多新型的债券，以及随之而来的发行技术，它们使债券的结构发生了一些变化。表4–5列出了1988年以来几类主要债券年发行量的变化情况，浮动利率的债券经历了一些波动，这主要是因为各国相应进入或高或低的利率调整政策时期。一些新的金融工具发行量下降和波动（如可转换债券，有产权保证的债券等）往往是在经济不稳定或货币政策变化时出现的。人们越是感到不稳定，就越是倾向投资于“普通债券（Straight Bonds）”等老的金融工具。这也是表中所示的普通债券增长迅速且比较稳定的基本原因。

表 4–5　主要债券类型的年发行量（亿美元）

年份	1988	1989	1990	1991	1992	1993	1994	1995	1996
普通债券	1602	1546	1589	2341	2654	3691	2906	3533	4644
浮动利率债券	223	178	371	171	436	698	963	789	1657
可转换债券	113	141	106	97	52	181	217	123	275
有产权保证的债券	297	662	212	316	157	206	99	58	88
其他	36	30	21	51	38	34	101	170	442
总计	2271	2557	2299	2976	3337	4810	4286	4673	7106

资料来源：OECD：“Financial Market Trends”，1993.2，1997.6.

1. 国际债券的货币构成

20 世纪 80 年代到 90 年代，国际债券所使用的货币结构发生了重要的变化。80 年代中期以前，国际债券大多用美元发行，美元国际债券的数量通常占总债券数量的一半以上，有的年份高达 80% 以上。80 年代后期开始下降，下降到 1/2 以下。除 1991 年低于 1/3 为 28.5 % 以外，其他年份都接近于发行债券总额的 1/3。相对于美元在国际债券中的地位下降，其他主要世界货币如德国马克、日元、英镑、法国法郎、瑞士法郎和欧洲货币单位等的地位都有所上升，其中最突出的是德国马克、日元、英磅和法国法郎。表 4–6 列出了各主要世界货币占国际债券市场份额的百分比。进入 90 年代以后，日元占新发行国际债券的份额除 1993 年为 9.2% 以外，一直在 11% 以上，到 1996 年则突然下降到 6.1%。这与日本泡沫经济后的衰退和金融秩序的动荡有关。德国马克在 1989 年德国统一后曾有一度地位下降，但进入 90 年代后

表 4–6　国际债券的货币结构（%）

年份	1982	1984	1986	1988	1990	1991	1992	1993	1994	1995	1996
美元	84.0	79.9	62.7	35.4	33.3	28.5	30.9	30.7	34.9	30.9	37.3
日元	1.0	1.5	10.0	8.7	13.5	12.9	11.2	9.2	15.7	13.8	6.1
德国马克	6.5	5.3	9.0	11.6	8.3	7.1	10.4	11.2	7.4	15.6	14.1
英镑	1.7	4.8	5.6	10.8	9.5	9.1	7.6	8.9	7.1	2.7	7.3
法国法郎	–	–	1.8	1.4	4.3	6.3	7.5	8.3	6.4	13.8	6.5
ECU	1.6	3.6	3.7	5.4	8.1	11.1	4.42	1.5	1.8	1.52	0.65
瑞士法郎	–	–	–	12.5	10.5	7.3	5.8				
加拿大元	2.4	2.7	2.9	5.9	2.7	7.5	4.7	6.1	3.1	0.6	0.87
意大利里拉	–	–	–	0.9	2.4	3.3	2.5	2.4	4.0	2.5	3.6
卢森堡法郎	–	–	–	0.9	2.0	1.9	1.7				
澳大利亚元	–	–	–	3.4	2.2	1.4	1.5	0.72	1.8	2.14	1.34
荷兰盾	–	–	–	1.4	0.6	1.1	2.0	2.3	2.8	3.1	2.7
其他	2.8	2.2	4.3	1.7	2.6	2.5	1.4				
总计	100	100	10.0	100	100	100	100	100	100	100	100

资料来源：OECD：“Financial Market Trends”，1993.2，1997.2.

呈上升趋势。到 1992 年，已占新发行债券的 10.4%，此后除 1994 年下降到 7.4% 以外，一直是上升的趋势。瑞士法郎则从 1988 年的 12.5% 一路下跌，到 1992 年只占新发行国际债券的 5.8%，1993 年 1—4 月这个比例进一步下降到了 4.3%。法国法郎在新发行的国际债券中的份额一路上扬，到 1992 年已达 7.5%，1993 年达到了 8.3%，1995 年一度达到 13.8，到 1996 年又突然回落到 6.5%。欧洲货币单位的份额波动较大，1991 年达到历年来的最高水平 11.1%，1992 年下降到 4.42%，1993 年进一步下降到 1.5%，到 1996 年则只有 0.65% 的份额了。总的趋势是美元债券占新发行债券的份额已大幅度下降，90 年代初基本维持在总市场发行额的 1/3 左右。日元的地位上升，一度成为仅次于美元的第二大世界货币，但到 1996 年，德国马克、英镑和法国法郎都排在日元的前面。80 年代初那种由美元统治国际债券市场的局面已经成为历史。

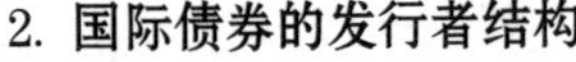

2. 国际债券的发行者结构

直到 1993 年以前，在国际债券的发行者中，各国政府和公共投资机构的地位越来越重要，而银行的地位却在不断下降。但从 1993 年开始，政府和公共机构的地位开始下降，而银行又恢复了往日在新债券发行者中的重要地位。表 4–7 列出了 80 年代末到 1996 年的状况。各主要工业国的政府利用国际债券市场筹资的活动一度十分活跃，从 1988 年的 247 亿美元增加到 1992 年的 636 亿美元，四年中增长了一倍半以上。政府发行的国际债券占国际债券年发行额的比例也由 1988 年的 10.9% 上升到 1992 年的 19.1%。1993 年政府发行的债券达到了近年来的最高水平 1063 亿美元，此后逐渐下降，到 1996 年为 751 亿美元，其占国际债券总额的比例也由 1993 年的最高峰 22.1% 下降到 1996 年的 14.4%。各国政府在国际债券发行中的地位虽然有所下降，但仍然是一个重要的角色。国际债券市场中另一个引人注目的发展是公共机构，从 1988 年到 1992 年公共机构发行的国际债券增长了近 70%，其占市场年发行量的份额也由 13.7% 上升到了 16.2%，成为与政府和银行并驾齐驱的发行者之一。但是，自 1992 年以后，公共机构在国际债券发行总额中所占的比重不断下降，到 1996 年仅为 10.7%。1988 年到 1992 年间，银行在国际筹资中的地位一再下降，先是国际债券筹资超过了银行贷款，此后银行在国际债券市场上的地位也不断下降。如表 4–7 所示，银行发行的债券占国际债券总额的份额由 1988 年的 27.6% 下降到 1992 年的 19.7%。但是，1993 年开始，银行在国际债券市场上的地位稳固上升，从 1993 年的 22.9% 逐步上升到 1996 年的 35.3%。国际组织发行的国际债券在 90 年代初也一度上升，1992 年最高时曾达到占国际债券总额 12.4 % 的水平。此后其地位不断下降，到 1996 年，国际组织发行的国际债券只占国际债券总额的 7.3%。私人公司则一直是国际债券市场上的主要借款人，其份额在 1991 年达到 40.1%。此后，除 1994 年为 28.9% 以外，其余年份都保持在 30% 以上。

在筹资人（或借款人）的地域分布上，90 年代初以后也发生了不小的变化。80 年代，发达的工业国发行的国际债券占新发行额的 90% 以上，到 1992 年下降到 89%。发展中国家和国际发展组织发行的债券不断上升，到 1992 年它们已分别占市场发行额的 3.7% 和 5.9%。市场的其余份额（1.4%）为石油输出国和东欧等国家占有。在国际债券市场的借款人中，日本是最大的借款人。1992 年通过发行国际债券的筹资总额为 562 亿美元，其中有 225 亿美元的美元债券，还有 203 亿美元的日元债券、57 亿美元的瑞士法郎债券和 45 亿美元的德国马克债券。继日本之后的第二大借款人是英国，英国的各类实体在 1992 年发行的国际债券为 338 亿美元。其中主要是英镑债券（161 亿美元）和美元债券（119 亿美元），此外还有 39 亿美元的马克债券。1992 年国际债券市场上的第三大借款人是法国，其新债发行额为 327 亿美元。其后的顺序是：加拿大（231 亿美元）、德国（202 亿美

表 4-7　国际债券发行者的年发行量及其份额

年份	各国政府		公共机构		银行		私人公司		国际组织		总计	
	发行量（亿美元）	份额（%）	发行量（亿美元）	份额（%）	发行量（亿美元）	份额（%）	发行量（亿美元）	份额（%）	发行量（亿美元）	份额（%）	发行量（亿美元）	份额（%）
1988	247	10.9	312	13.7	627	27.6	888	39.1	197	8.7	2271	100
1989	202	7.9	328	12.8	618	24.2	1193	46.7	216	8.4	2557	100
1990	245	10.7	417	18.1	549	23.9	794	34.5	294	12.8	2299	100
1991	427	14.3	486	16.3	511	17.2	1192	40.1	360	12.1	2976	100
1992	636	19.1	542	16.2	859	19.7	1087	32.6	413	12.4	3337	100
1993	1063	22.1	651	13.5	1100	22.9	1517	31.5	479	10	4810	100
1994	905	21.1	521	12.2	1335	31.1	1237	28.9	288	6.7	4286	100
1995	759	16.2	577	12.4	1540	33.0	1440	30.8	357	7.6	4673	100
1996	751	14.4	561	10.7	1846	35.3	1685	32.2	381	7.3	5224	100

资料来源：OECD：“Financial Market Trends”，1993.2，1997.6.

元）、美国（176 亿美元）、瑞典（133 亿美元）、意大利（78 亿美元）。1992 年以后，这种格局发生了较大的变化，日本的第一筹资者的地位迅速下降，到 1996 年已经退居第四位，1996 年其国际债券总额仅为 442 亿美元。美国则从原来的第六位，迅速上升到第一位，到 1996 年其发行的国际债券已经达到 1290 亿美元。德国紧随美国之后成为近年来第二大国际债券发行者，1996 年其国际债券发行总额已经达到了 1115 亿美元。英国 1996 年的国际债券发行总额为 534 亿美元，排在第三位。法国排在第五位，其 1996 年的国际债券发行总额为 348 亿美元。发展中国家 1992 年发行的国际债券虽然占不到国际债券发行总额的 4%，但也已达到了 140 亿美元的规模，比 1991 年 83 亿美元的规模提高了大约 69%。在发展中国家当中，能够充分重视和利用国际债券市场来筹资的国家主要是韩国、阿根廷、巴西、墨西哥和委内瑞拉。在亚洲，韩国 1992 年发行了 32 亿美元的国际债券，此后连年增长，到 1996 年已经达到 142 亿美元。印度尼西亚、泰国、马来西亚等国家也都不断增加其国际债券的发行量，1992 年印度尼西亚发行了 6 亿美元的国际债券，到 1996 年增加到 49 亿美元。马来西亚直到 1994 年才开始发行国际债券，到 1996 年也已经增加到 24 亿美元。中国 1992 年发行了 13 亿美元的国际债券，到 1996 年已经增长到 420 亿美元。拉丁美洲国家发行的国际债券增加也很快。巴西从 1992 年的 28 亿美元发展到 1996 年的 128 亿美元，墨西哥从 1992 年的 29 亿美元增加到 1996 年的 197 亿美元。发展中国家在国际债券市场上所占的比重虽然小，但其潜力却是巨大的，特别是亚洲的发展中国家。进入 90 年代，其经济发展令世界瞩目。随着其经济的不断现代化，现代经济发展的主要筹资方式之一——发行国际债券，将日益受到发展中国家政府和企业的重视。

3. 浮动利率债券（Floating Rate Note，FRN）

在国际债券市场上，值得注意的是浮动利率债券于 1992 年

的大幅度反弹。见表 4–8，浮动利率债券于 1982 年的发行额为 153 亿美元，到 1985 年达到其最高水平 584 亿美元，占债券总发行额的约 35%。（1985 年国际债券发行总额为 1677 亿美元）。但是 80 年代中期以后，浮动利率债券发行量不断下降（见表 4–8），除 1990 年一度高达 371 亿美元外，一般都在 200 亿美元或更低的水平，1992 年浮动利率债券的发行量却由 1991 年的 171 亿美元猛增至 436 亿美元，使其占国际债券总发行量的份额达到了 13%。随后连年增长，到 1996 年已经达到了 1657 亿美元。在浮动利率的国际债券中，美国发行的数额占全部浮动利率国际债券发行总额的大约 2/3。浮动利率国际债券中有相当一部分是永久性浮动利率债券（Perpetual FRNs）。浮动利率债券的一般做法是把最低利息率和最高利息率加以结合。近年来，最典型的 FRN 的最低利率为 5%（年率），最高利率为 10%（年率）。这样，在美国 1992 年短期利率徘徊在 3.5% 左右，且近期内没有上升迹象的情况下，美国发行的这种浮动利率债券就特别受国际投资者的欢迎，特别是在荷兰和德国。此外，由于《巴塞尔协议》要求资本和风险资产的比率必须在 8% 以上，这就迫使许多国家的银行向国际债券市场发行不优先浮动利率债券（Subordinatded FRNs），以及永久性 FRNs，以作为近似股本资金来应合《巴塞尔协议》的要求。根据《巴塞尔协议》，不优先浮动利率债券，其期限在 5 年以上时可在 5 年内被排除出风险资产，而被认为是

表 4–8　1982—1986 浮动利率国际债券发行额

年份	1982	1983	1984	1985	1986	1993	1994	1995	1996
国际浮动利率债券发行额（亿美元）	153	138	382	584	507	698	963	789	1657
债券发行总额比率（%）	20.3	17.9	34.2	53.0	22.4	14.5	22.5	16.9	23.3

资料来源：OECD："Financial Market Trends"，1993.2，1997.6

近似股本资本。1992 年浮动利率国际债券发行量的突然增长，并无长期支持的背景。浮动利率债券的前景在很大程度上并不取决于上述的暂时性的因素。

4. 与股权相关的债券

在国际债券市场上，另一类重要的融资工具是与股权相联系的债券（Equity Linked Bonds），包括用股权担保的债券（Bonds Withequity Warrants）和可转换债券（Convertible Bonds）。这类债券的发行量自 80 年代中期以来不断下降，到 1992 年达到了近年来的最低水平 209 亿美元，只占 1992 年国际债券发行总额的约 6%。1993 年和 1994 年有所上升，分别为 387 亿美元和 316 亿美元。到 1995 年下降到 181 亿美元。1996 年又有所上升，为 363 亿美元。这类债券的发行大户是日本的公司，东京股市在 1992 年的下跌风潮显然严重影响了这类债券的发行。虽然日本公司发行的股权担保债券在 1992 年减少到 131 亿美元，但它仍然是这类债券的发行大户，其发行量大约仍占总发行额的 84%。这种情况只保持到 1993 年，在这一年，日本发行的股权担保债券达到 160 亿美元，此后，日本发行的此种债券大幅度下降，到 1996 年只有 77 亿美元。在货币的使用上，股权担保的债券大都用美元发行。1992 年用美元发行的这类债券为 93 亿美元，占这类债券发行总额的 59%。此后这一比例有所下降，到 1996 年下降到 44.3%。日本公司也是可转换债券的发行大户，1992 年的发行额为 24 亿美元，此后的几年都高于这个水平，到 1996 年达到了 99 亿美元。此外，英国、瑞典、美国、意大利和亚洲国家的一些公司和实体也发行这类债券，但它们的发行规模要比日本小得多。

5. 主要世界债券市场的近况

为了更清晰、更全面地概括国际债券市场的近期发展，有必要分别叙述欧洲美元债券市场、国际日元债券市场和欧洲货币单位债券市场。

欧洲美元债券市场是欧洲美元市场的一部分，它的另一部

分主要是指欧洲美元银行贷款市场，同时，欧洲美元债券市场也是欧洲债券市场的一个组成部分。其他部分是指非美元的债券市场。

1992 年，美元债券比 1991 年增长了 34%，达到了 1032 亿美元。美元债券自 1989 年以来的再度扩张得利于用美元发行的浮动利率债券的大幅度增长。欧洲美元债券的增长还得利于 1991 年美国短期利率的削减。由于美国经济不景气，利率的削减持续到了 1992 年。联邦基金利率和联邦储备的贴现率处于 30 年来的最低水平，在 3% 左右。虽然 1992 年初的紧缩使美元长期债券的收入略有下降，但由于期利率下降大于长期债券的收入下降，所以美元长期债券的实际收益仍然看涨，加上经济状况中的不确定因素增大及美元在外汇市场的加强，使得 1992 年的欧洲美元债券具有很大的吸引力。从 1993 年到 1996 年间，在美国联邦储备实行稳定货币供给量的货币政策的同时，美国政府也积极采取了削减联邦赤字的财政政策，这些使得美元债券的吸引力得以保持。1993 年至 1995 年美元债券保持在 1440 亿美元至 1450 亿美元之间，1996 年增加到 2687 亿美元。

1992 年用日元发行的国际债券为 52010 亿日元，比 1991 年的 54570 亿日元下降了大约 5%。1991 年日元债券的二级市场波动较大，使得日元投资者（主要是日本的经济实体）中很大一部分转向美元和其他欧洲货币债券的投资。1993 年以后，日元债券开始增长，1993 年为 66400 亿日元，到 1996 年已经增加到 86200 亿日元。日元国际债券的发行有一部分在东京债券市场，更大的部分则是在日本境外，在日本境外发行的日元债券中，有相当大一部分是由日本的经济实体发行的。1992 年，在日本境内由外国人发行的日元债券为 9240 亿日元。在日本境外发行的日元债券为 42770 亿日元，其中，由日本实体发行的日元境外债券为 25740 亿日元，大约占境外日元债券的 60%。而非日本实体发行的日元债券，包括外国人在日本境内发行的日元债券在内，1992

年为26270亿日元。从借款人看，外国人发行的日元债券占国际日元债券总额的50%以上。在日本境外的借款人中，最大的借款人是世界银行，它在1992年发行了4750亿日元的日元债券。其次是欧洲投资银行（2400亿日元），其后依次是西班牙（1400亿日元）、奥地利（1300亿日元）和美洲互助发展银行（Inter-American Development Bank）（1000亿日元）。1993年以后，情况有所变化，在境外发行的日元债券中，日本实体发行的债券日益减少，1994年为13940亿日元，1995年为1593亿日元，1996年为1809亿日元。占日元境外发行总量的比例分别下降到1994年为19.6%，1995年为23.5%，1996年为24.3%。可见，日元的国际债券中，由非日本实体发行的比例在1992年以后迅速扩大了。

表4-9 ECU债券市场的年发行额（亿ECU）

年份	1988	1989	1990	1991	1992	1993	1994	1995	1996
总发行量	95	114	141	251	171	61	65	55	37
其中：									
EC国家	35	47	84	126	69				
EC的公共机构	18	15	15	38	25	27	6	6	6

资料来源：OECD：“Financial Market Trends”，1993.2，1996.6.

欧洲货币单位ECU债券市场一直是世界债券市场的一个重要组成部分。表4-9列出了它近年来的发展状况。ECU债券市场自20世纪80年代末以后一直不断扩张，到1991年达到最高水平。发行了251亿ECU债券，比前一年增长了约79%，但1992年突然下降了32%，只达到了171亿ECU水平。ECU债券在1993年的头四个月的发行额只有19亿ECU，是近年来同期的最低水平。ECU债券的二级市场在1992年也经历了较大的波动。1992年初，人们对欧洲货币联盟抱乐观态度，认为欧共体成员国的经济状况会趋同化。牛市的情绪一度在投资者中蔓延，二级市场交易活跃。但是在丹麦对“马斯特里赫特条约（Macetricht Treaty）”进行公民投票以后，乐观情绪消失，ECU 债券的二级市场交易迟滞。1992 年后半年，欧洲外汇市场和金融市场的骚动也使 ECU 债券的交易量下降，1993 年的头几个月情况稍好，ECU 债券的理论价格和实际价格一度相差 60 个点，交易又有所活跃。但是，1993 年全年的 ECU 债券发行量仍然锐减到 61 亿 ECU。此后，连年减少，到 1996 年仅为 37 亿 ECU。

4.1.2 国际股票市场的近况

一国的股票在境外的交易所上市并进行交易时称为国际股票，它在发达国家特别是在欧洲已有较长的历史。但是在 80 年代以前，绝大多数国家为了保护投资者的利益，对股票的发行、交易和随后的管理，都有严格的规定。这使得筹资者往往望而却步。而对投资者来说，由于对外国公司的经营、财务以及相关的其他背景情况的熟悉程度低，加上外汇风险，使得较小的投资者不敢轻易涉足外国公司的股票。而像养老基金和保险公司这类公共投资机构，又受到“谨慎管理原则”的限制，只能让外国股票占其投资的一个较小比例。这样，在 80 年代以前，股票发行和交易的国际化虽然已经有所发展（70 年代后期），但速度相对迟缓。进入 80 年代以后，发达国家相继为抑制通货膨胀实行紧缩政策。名义利率下降，股票指数上升，股票交易活跃。一些与股本相关的金融工具，如股本保证的债券、可转换为股票的债券发行量大增。更重要的方面是一些公共机构的投资者越来越受到股票收益高于债券这一事实的吸引，采用金融创新中出现的一些风险管理的新技术，在现代化信息设备和技术帮助下，投资于外国股票，政府也相应地放松了这方面的限制。这些都大大促进了 80 年代国际股票发行量和交易量的迅速增长。

进入 90 年代以后，除 1990 年新股票发行稍有回落之外，

1991 年和 1992 年国际股票的年发行量都在 230 亿美元以上。特别是 1991 年，新发行的国际股票比前一年增长了 2.2 倍以上，从 1990 年的 73 亿美元增长到 1991 年的 234 亿美元。在 1992 年保持了一个持平的水平 235 亿美元之后，1993 年开始登上了 400 亿美元以上的台阶。表 4–10 列出了 1988 年至 1996 年国际股票发行的情况。1992 年的发行量基本保持在原有水平上略有增加，增幅仅 0.4%。实际上，1992 年的前半年，增势仍是很猛的。但是，后半年初曾一度在几个主要世界股票交易中心出现波动，且外汇市场不稳定，影响了国际股票发行量的继续增长。在国际股票的发行者中，美国是最大的发行者。1992 年美国公司发行的股票为 69 亿美元，1993 年为 99 亿美元。此后逐年下降，到 1996 年下降到 55 亿美元。英国是国际股票市场上的第二大发行者，1992 年达 34 亿美元，1996 年为 36 亿美元。其次是法国，法国公司 1992 年的国际股票发行量为 17 亿美元，到 1995 年一度达到 32 亿美元，1996 年又下降到 1992 年的水平 17 亿美元。

发展中国家近年来也开始通过发行国际股票来支持本国公司的发展。其中很大一部分国际股票的发行与其国内私有化改革相关联。发展中国家的公司发行的国际股票由 1991 年的 50 亿美元，增长到 1992 年的 72 亿美元，其中特别突出的是拉丁美洲的墨西哥和阿根廷。它们是以股票存单（Depository Receipts）的形式来发行国际股票的。在亚洲国家中，中国的国际股票发行引人注目。1992 年中国公司在境外发行的原始股（即初次发行的股 IPO−Initial Public Offerings）达 7 亿美元，发展中国家发行的国际股票虽然数量有限，但对世界股票市场和发展中国家的经济发展却有重大的意义。

国际股票二级市场的交易资料是很难获得的，这主要是因为在二级市场上，国内与国际市场的界限已模糊不清。主要发达国家的多数大股票交易所都同时上市国内和外国公司的股票。而

表 4-10　国际股票发行额（10 亿美元）

年份		1988	1989	1990	1991	1992	1993	1994	1995	1996（1—10 月）
1欧洲股票	美国	0.9	0.9	0.5	3.5	5.6	8.5	3.2	3.3	4.4
	法国	—	1.0	0.6	1.0	0.7	2.4	3.7	2.2	1.0
	加拿大	0.1	0.5	0.1	0.3	0.2	0.5	0.6	2.1	1.0
	西班牙	0.4	0.4	0.1	0.1	0.2	1.4	0.8	0.6	0.2
	英国	1.3	—	—	1.9	—	3.7	1.0	1.4	3.1
	德国	0.2	—	—	0.7	—	0.2	1.3	2.7	0.4
	澳大利亚	0.3	0.2	0.3	—	—	—	—	—	—
	荷兰	—	1.2	—	—	—	0.4	2.8	0.5	0.4
	其他	1.1	1.1	1.6	4.1	4.0	11.3	13.7	8.5	8.3
	总计	4.3	5.3	3.2	11.6	10.7	30.6	37.0	26.7	22.5
2其他国际股票	英国	0.9	0.5	—	4.5	3.4	0.7	—	0.9	0.5
	美国	0.2	0.9	1.1	1.5	1.3	1.4	1.4	2.9	1.1
	法国	—	—	0.1	1.7	1.0	1.3	0.1	1.0	0.7
	瑞典	—	0.1	—	—	0.4	—	—	—	—
	西班牙	0.3	0.1	0.3	0.6	0.3	1.3	0.4	1.1	0.5
	意大利	0.2	—	—	0.4	—	0.1	0.2	—	1.2
	澳大利亚	0.3	—	—	0.2	—	0.6	—	0.7	—
	日本	0.1	—	0.4	—	—	—	—	—	—
	其他	1.2	1.2	2.2	3.9	6.4	4.1	4.5	6.3	8.2
	总计	3.2	2.8	4.1	11.8	12.8	—	—	—	—
总计（1+2）		7.5	8.1	7.3	23.4	23.5	40.7	45.0	41.0	39.4

资料来源：OECD：“Financial Market Trends”，1993.2，1997.6.

且在几乎所有主要的股票交易所中都有外国设在该国的分支机构参与买卖各种股票，包括该国其他国家和他们本国公司股票。因此，要区分哪些交易可以看作是国际的，哪些是国内的已经是相当麻烦的事。但是，仅从国际股票发行市场来看就已经能够断定，股票二级市场交易的国际化肯定早已超过国际股票发行市场反映的股票交易国际化程度了。

4.1.3 中期借款工具市场的近况

根据经济合作与发展组织和其他国际研究机构的统计惯例，“中期借款工具”（Medium-Term Borrowing Facilities）包括“有保险的金融工具 NIFs（Note-Issuance Facilities）”和“承兑金融工具（Committed Back-up Facilities）”，如欧洲商业票据 ECP（Euro-Commercial Paper）、欧洲中期证券 EMTN（Euro Medium-Term Note）以及其他无保险的非承兑金融工具（Nom-umderwritten Facilities）。1992 年，新安排的中期借款工具总额为 1350 亿美元，高于 1987 年的历史最高水平（1020 亿美元）32%。中期借款工具自 1989 年到 1991 年期间一直占国际筹资（包括贷款总额）的大约 17%，到 1992 年这一比例上升到了 22%。自 80 年代中期以来，承兑金融工具 NIFs 一直是不断下降的。到 1992 年仅为 15 亿美元，而 1985 年接近 420 亿美元。欧洲商业票据自 1986 年以来一直保持在 500 亿美元以上，但进入 90 年代以后逐年下降，已由 1988 年的最高水平 571 亿美元下降到 1992 年的 289 亿美元，此后虽开始恢复，1996 年 1—10 月也只有 649 亿美元。中期非承兑证券 EMTN 则完全相反，1986 年初具规模时仅有 50 亿美元，到 1992 年已有 979 亿美元了，到了 1996 年达到了 3750 亿美元。很明显，在借款工具的大幅度增长中，中期非承兑证券占据统治地位。

表 4-11　主要借款工具分类（1988—1996，亿美元）

年份	1988	1989	1990	1991	1992	1993	1994	1995	1996（1—10月）
承兑工具									
NIFs	144	55	43	19	15	3	16	4	
其他承兑工具	22	29	27	58	52	67	46	22	77
非承兑工具									
ECP 安排	571	541	483	359	289	384	308	559	649
EMTN	128	155	160	432	979	1132	2220	3458	3750
其他非承兑工具	74	36	19	11	11	4	1	3	–
总计	939	816	732	879	1346	1602	2578	2907	3749

资料来源：OECD："Financial Masrket Trends"，1993.2，1997.6.

表 4-11 列出了 1988—1996 年几种主要借款工具的年发行状况。承兑金融工具 NIFs 和其他承兑金融工具在 1992 年的发行量中只有 67 亿美元，比 1991 年的 77 亿美元下降了约 13%，比 1988 年的 166 亿美元下降了近 60%，1993 年虽然增加到 82 亿美元。但 1994 年、1995 年连续下降，到 1996 年也仅有 81 亿美元。在 80 年代中期，NIFs 和其他承兑工具是中期借款的重要工具之一，但进入 90 年代，它变得越来越无足轻重了，到 1992 年只占借款工具年发行量的大约 5%，1996 年则只占借款工具的大约 2.2%。1992 年，欧洲短期证券市场空前活跃，短期证券的未到期存量增加了 58 亿美元，达到了 326 亿美元。这对 NIFs 和其他承兑的金融工具构成了有力冲击，中期非承兑工具则呈现出迅猛发展的趋势，到 1996 年达到了 3750 亿美元，占借款工具的大约 97.8%。现在只有少数澳大利亚和美国的借款人使用 NIFs 和其他承兑工具。

欧洲商业票据市场进入90年代以后连年下降，但1992年达到最低水平289亿美元。1993年开始回升，达到384亿美元，1994年稍有回落，1995年和1996年大幅度上升，分别达到了559亿美元和649亿美元。许多专家认为，欧洲商业票据市场自80年代中期创始以来，经过几年的迅速扩张已经进入成熟期。过去，一些信用等级高的大公司是这一市场的主要借款人之一。由于它们的信用等级高，规模大，因此可以发行非承兑的便利工具。近年来更愿意使用EMTN来筹集资金。此外，国际商业票据市场近年来也遇到了国内商业票据市场的有力竞争。特别是在欧洲，这些市场对本国的借款人通常有很大的吸引力。近年来许多大公司的信用等级下降也严重地影响了它们利用ECP筹资的能力。

最早建立国内ECP市场的是美国，整个80年代，美国内的ECP市场发展迅速，进入90年代相对平稳。日本的国内ECP市场是在1987年11月建立的，并迅速扩张为世界第二大国内ECP市场。德国的ECP市场是主要国内ECP市场中最新建立的，它于1991年2月建立，此后一直发展迅速。虽然这些国内ECP市场大多对外国借款人开放，却使许多本国的大公司不必再到国外ECP市场筹集资金。这被看作是国际ECP市场发展受到阻碍的重要原因之一。进入90年代以来，EMTN的大幅度增长令人瞩目，新发行的EMTN达到3750亿美元，是1990年发行量的23倍多。EMTN市场的扩张使借款人有可能拓宽机构投资者的范围和类别，并使得其期限的选择广泛。EMTN的较高收益吸引了大量的高等级的私人公司投资者、公共机构和金融机构。

4.2 国际金融市场的全球化发展

进入80年代以来，世界经济正在向“全球化”的方向发展，区域经济一体化，国际经济技术合作乃至国际经济政策的协调等不断加强。进入90年代，世界上几乎再也不存在“封闭的经济”了。在世界经济往来不断增多，国际经济关系日益密切的发展趋势中，国际金融市场起着重要作用。它一方面疏导着大量资金在国际流动，以长期支持那些需要资金的高增长国家、地区和新兴市场，支持具有高成长性的高技术行业；另一方面，又为各国大量分散的投资者分享世界其他国家、地区和行业经济高速增长的利益提供了机会。这一高效国际金融市场的存在支持着世界经济的迅速发展，也改变着世界经济的格局。由于国际金融市场提供的中长期资金扩张很快，它所建立的国际联系也在稳定地加强。因此，它对世界各国和地区，乃至整个世界的影响将是深远而持久的。自80年代中期以后，国际金融市场发展迅速。国际金融市场1996年的融资总额已达到15718亿美元，其中债券和股票发行总额以每年20%的速度增长，远远超过其他国际经济往来的增长。这就是说，国际金融市场的作用越来越大。而且，由于国际化程度的不断加深，各国在制定本国的经济发展战略时，不可能忽视国际金融市场的作用，也不可能脱离国际经济联系做出木国的经济决策。经济生活的国际化增加了各国对国际金融市场的依赖，世界金融市场的波动也将不同程度地影响各个国家的经济发展。因此，无论是发达国家还是发展中国家都高度重视国际金融市场的作用，并高度重视它与本国金融市场接轨后可能带来的好处和可能产生的不利影响。

金融市场国际化的发展由来已久。“二战”后，在科学技术的推动下，世界经济发展十分迅速，国家间的经济交往和联系也日趋活跃。西欧和日本的经济在美国提供的经济援助下得到迅速恢复和发展，并开始了企业经营的国际化战略，使国际经济联系更加密切。1944年建立的布雷顿森林体系的特征是以美元为中心，这使得“二战”后的贸易体系和货币体系被建立在美国霸权基础之上。但也正是在美元成为国际货币的基础上，欧洲美元才得以存在和发展，欧洲离岸金融市场才得以建立。这是脱离任何一个国家控制的国际金融市场，它的出现对世界金融市场具有里程碑的意义。1958 年欧共体正式成立，开始了欧洲各国贸易自由、生产要素和资本流动自由以及向后来的欧洲联盟发展的漫漫征程。欧共体的成立不仅极大地促进了欧洲各国间的经济联系，而且也为其他经济区域的一体化乃至世界经济一体化提供了榜样。20 世纪 70 年代以来，美国巨额的财政赤字和贸易逆差的出现，使其经济地位大大衰落，随之而来的美元过剩导致了 1973 年的布雷顿森林体系的崩溃，开始了浮动汇率的时代，也就是虚拟货币的时代。60—70 年代，日元和欧洲货币地位的提高和日本离岸金融市场的建立也为国际资本的流动创造了更加有利的条件。80 年代，货币在世界范围的虚拟化和各国政府纷纷转向自由化的经济政策，使得金融创新不断涌现。国际金融资本迅速膨胀，一方面庞大的国际资本市场和货币市场有力地支持了包括发展中国家在内的世界经济的发展；另一方面，庞大的投机资本也对世界经济的正常发展不断构成干扰和冲击，甚至从根本上动摇着世界经济秩序。考察各国金融市场的国际化，有助于我们理解今天动荡不定的世界金融体系。

4.2.1 金融管制的放松促进了各国金融市场的国际化

自 20 世纪 70 年代以来，西方国家就开始放松金融管制，其内容主要是对存贷款利率实行自由化。进入 90 年代，由于世界金融市场和各国国内金融市场都在发生着巨大的变化。许多国家的政府及其金融主管部门都感到，原来那些行之有效的制定金融政策的法则和管制金融机构的工具失灵了，或者说难以达到充分发挥金融媒介的作用和提高其金融效率的目的。伴随着世界性的金融体制的变革，金融创新的速度和广度与过去相比都大大发展，许多新兴的金融市场迅速发展起来，金融技术以及金融创新工具不断被迅速地开发出来，令人目不暇接。金融中介机构间的竞争乃至国际争夺资本市场的竞争日益激烈。这一切都推动着各国金融市场迅速国际化。概括起来有如下三个方面：

首先是全球性的利息率自由化和市场化。英国和德国70年代就完成了存贷款利率自由化。同美国、日本相比，欧共体国家对金融领域的管制要松得多，银行无论从事信托保险，还是拥有工业企业的股份，都有很大的自由度，而且政府对利息率的干预也小得多。美国从80年代起分阶段取消了Q字条例对存款利率规定的上限。1986年美国又取消了定期存款利率上限，这标志着美国完成了利率自由化的过程。加拿大紧跟其后，也取消了对利率的各项管制。日本在这方面起步较晚，但自1984年起，也开始放宽对利率的限制，1994年10月1日以后日本完全实现利息自由化。我国台湾早在1976年就开始利率自由化计划，1989年实行新银行法后不再规定利率上下限，彻底取消了对利率的管制。1991年10月台湾银行同业折放市场与临时资金融通市场合并成银行同业货币市场，使当地银行与外贸银行、投资信托公司、证券公司在同一市场上平等竞争，以便最终实现利率自由化。在韩国，1991年8月，政府公布了一项新的利息自由化方案。根据这一方案，1993年取消了除政策性放款、两年期以上的存款利率及两年期以下的企业债券利率之外的所有贷款利率管制。1994—1996年间，除活期存款及韩国银行再贴现项目下的借款外，取消对所有两年期以内的存款利率的管制，并计划到1997年逐步取消对活期存款利率的管制。亚洲的其他国家和地区，如新加坡、我国香港、菲律宾、马来西亚、泰国等的存贷款利率也实行了自由化。其中菲律宾是东盟中首先实行利率自由化的国家。拉莫斯执政后，积极推进国内的金融体制改革，1993年7月颁布新的中央银行法，重建中央银行。利息率的自由化和市场化使利息率能够更好地反映国内贷款的供求关系，而国际利息率差额又诱导着国际资本的流向，对国际金融市场的扩充起着十分重要的推动作用。

其次是机构设置的自由化。各国金融管理机构在金融自由化

改革中逐步放松了对银行机构设置的审批限制。这主要表现在两个方面：一是放松金融机构在国内开业和设立分支机构的限制。在欧洲，绝大部分国家没有类似美国限制银行跨州经营的法规。意大利于 1990 年 3 月颁布法令，允许银行自由开业，打破了以往银行划地为牢的局面。于是意大利当年就开设了 52 家分行。在过去的 20 年中，美国各州（夏威夷州除外）都开始允许总部设在州外的银行在本州内经营业务。通常，这些银行都必须在各州建立另外的附属机构。这种对跨州开设分行的限制，不利于银行业的发展。1991 年 3 月，美国财政部提交的金融制度改革法案中，允许银行跨州经营。1994 年 9 月 29 日通过里格—尼尔法案，允许银行跨州设立分行和直接收购外州的一家银行，使银行可以成为全国性网络银行。目前，大银行正忙着兼并不同规模的银行，提高银行的规模效益及对外的竞争势力。可以说，跨州银行法案的通过，标志着美国金融自由化的重大进展，是许多年来美国银行体制改革的“里程碑”。二是放宽银行到国外设立金融机构的限制和外国银行到本国境内设立金融机构的限制，促进了跨国银行的发展。美国、英国和欧洲一些主要工业国家进入 90 年代都更大程度地放宽了外国金融机构进入本国的限制，一些亚洲国家包括新加坡、菲律宾、泰国甚至中国也正在逐步放宽外国进入本国金融市场的限制。有些国家已经通过立法有条件地允许外国银行和金融机构在本国设立分支机构，如菲律宾 1994 年通过的外国银行法。一些态度保守的政府也都有所松动，例如，在这个方面行动迟缓的加拿大政府最近表示，在 1997 年底前立法，允许外资银行通过支行在加拿大营业。对银行业限制的放松直接提高了各国金融市场的开放程度，加强了国内金融市场与国际金融市场的联系，促进了本国金融市场的国际化。

最后是 90 年代以来金融业务范围的自由化和综合化加强。在当代，法国、德国、瑞士等国均采取全能银行制度。英国在 1986 年对伦敦证券交易所进行重大改革，取消了对非交易所会员

持有交易所会员股票的限制，使商业银行也可以参加证券交易所的活动。美国在 1980 年通过新的银行法，允许商业银行和储蓄银行、证券公司之间进行交叉业务和竞争。1991 年美国颁布的金融改革计划，修改了证券法，允许成立金融服务控股公司，可以经营所有银行和证券业务。即允许银行通过成立新的子公司来经营信托、证券等其他业务。加拿大在 1987 年 6 月取消了银行与证券分业经营的管制，允许银行通过子公司经营证券业务。从 1992 年 6 月起，又允许银行通过子公司经营信托和保险业务。日本早于 1981 年就通过新银行法，允许商业银行和长期信贷银行、信托银行经办有价证券业务。到 1994 年 11 月，日本 22 家大银行已有 11 家开设了证券业务部。1997 年日本决定逐步放宽金融业管制，计划将目前大藏省以行政命令限制银行、证券公司设立的金融子公司以及限制其业务范围的管制予以废除。改革将分两个阶段进行：第一阶段，于 1997 年度允许银行的证券业子公司承销可转换公司债和附认股权公司债。证券业的信托银行子公司也可以经营部分金融信托业务，吸收客户资金，投资有价证券；第二阶段，在 1999 年度开放银行的证券业子公司经营股票发行和买卖业务，普通银行和证券公司和信托银行子公司也可以经营所有信托业务。在韩国，许多银行，尤其是商业银行由于自由化的影响，逐步调整传统的经营模式，朝着多样化经营转变，增加证券投资的比重并向客户提供更多的金融服务。韩国 24 家商业银行中，利息收入由 1992 年的 62.5% 下降到 1993 年的 57.5%。贷款盈利占总盈利的比重由 1992 年的 43% 下降到 1993 年的 36%。相反，证券投资比上一年增长 123%，达到 4140 亿韩元。其盈利占总盈利的比重从 1992 年的 3% 上升到了 1996 年的 6%。同时，随着金融自由化进程的加快，外资银行的特权相应减少。韩国银行可以在公平的基础上拓展业务领域，增强竞争实力。1997 年韩国政府加大了金融业的改革步伐。为提高韩国在海外的竞争力，韩国财政经济部日前公布金融改革措施，主要内容有：允许商业

银行发行金融债券，并允许贴现企业票据；允许证券公司有权买卖或代客买卖商业票据，证券公司也可发行自己的企业债券；财政经济部表示，将允许全国十大企业集团投资地产业务；将放宽省立银行对小规模公司的贷款配额；将允许企业集团管理非银行业的金融机构，并提供政府优惠予合并或收购的金融机构。金融业务的综合化将有利于经营国际业务，也有利于银行业对国内业务和国际业务的协调，促进国内金融市场的国际化。

放松金融管制是一个不断积累的、动态的过程。放松管制的结果体现在金融创新和国内金融市场的进一步国际化上，而金融创新和国际化又要求进一步放松管制。放松管制还依赖于各国的经济环境及政府的参与。从实践上看，各国放松管制的原因不尽相同。欧洲是金融自由化程度最高的国家，其放松金融管制的原因主要是建立欧洲统一大市场的需要。欧盟要求其各成员国银行作一定的准备，保证在欧洲金融体系稳定运行的基础上，促进欧洲统一金融市场早日实现。而美国放松金融管制的原因却更多的是金融市场自身的客观要求。例如，美国银行的专业化分工和经营区域的限制使银行经营发生困难，大量资金投入各种“互助基金”（Mutual Fund）。1993 年美国互助基金总额达 1.4 万亿美元，超过了美国各银行储蓄总额。因此，放松金融管制成为美国振兴其银行业的必由之路。在日本，放松金融管制的原因主要是 1973—1974 年的石油危机导致了日本经济高速成长的突然终止。日本政府只有举借巨额债务弥补预算赤字，减缓经济下降速度。为承销政府债务，日本首次由银行、投资银行和保险公司组成辛迪加银团来包销政府债券，这导致了日本管制结构的首次突破。日本放松金融管制主要是由政府操纵的结果，此外，也由于日本人的哲学思想认为，放松管制会带来不稳定，因此其放松金融管制的步伐慢于欧美。发展中国家放松金融管制主要是为了促进自身经济的快速发展而积累资本。发展中国家主要是由政府政策主导型的金融管制放松。

放松金融管制也受到经济理论的影响。如 20 世纪 70 年代的货币学派和供应学派，主张加强自由竞争和市场机制，批评过度国家干预。货币主义在英国受到当时的首相撒切尔夫人的推崇，其有关经济政策（如国有企业私有化，控制货币供给量等）深受货币学派的影响。而美国前总统里根奉行供给学派的经济政策，也主张减少政府的过度干预，加强市场经济的自我调节机制。自由化的理论对自由化的政策是有深刻影响的。

放松金融管制使英国政府达到了恢复往日伦敦世界金融中心的领导地位的目的，极大地促进了英国金边债券市场和国际股权市场的发展。使美国成为世界最大的政府债券市场，而日本成为世界第二大政府债券市场，同时也使发展中国家积聚了经济建设所需资金，促进了本国经济的快速发展。从全球范围来看，放松金融管制也促进了金融市场国际化，使全球金融市场间的依存度不断提高，加速了国际资本的流动，使股权市场和政府债券市场更加国际化，使资本市场间的相互影响不断加深，因此也大大增强了各国经济政策尤其是货币政策之间相互协调的重要性。

4.2.2 主要工业国家金融市场的国际化发展

为了简单，我们以美国、英国和日本为主要工业国家的代表。美国资本市场，从外国公司融资数量、上市家数、外国债券发行量、本国居民持有的外国证券的数量而言，都堪称世界最大的国际资本市场。到 1993 年，美国 NYSE（美国证券交易所）、NASDAQ（自动化有组织的 OTC 市场）和 AMEX（全美证券交易系统）共有外国上市公司 323 家，以 ADR 方式交易的外国股票 213 家，共 536 家，是主要工业国家中外国上市公司最多的国家。这也表明美国资本市场的金融自由化程度最高，美国资本市场是世界上最开放的资本市场，也是对资本市场限制最少的国家。1929—1933 年的大危机时期和“二战”后初期，美国也出现过资本市场的“内化”倾向，但随着外汇管制的放松和最后取消，外国公司在美融资上市的步伐也逐步加快。1984 年预扣税的取消，使美国资本市场国际化的障碍基本消除。美国的证券商和交易市场为了在竞争中获得更有利的地位，通过创造各种法律所许可的方式争取外国公司在美国发行和上市。外国公司可以首先在获得 SEC（美国证券管理委员会）的注册，然后在 NASDAQ 或 AMEX 上市交易，待时机成熟后再转入 NYSE。也可以发行 ADR。目前以 ADR 形式发行并上市的企业越来越多，已成为外国公司在美融资和增强流动性并进入世界最发达资本市场的主要渠道。同时美国资本市场的开放度也与其本国的特点有关。美国这个移民国家的历史、本质和民族心理也决定了美国经济及资本市场的开放性。

英国资本市场在 20 世纪曾经是世界上最发达的资本市场，但英国经济的衰落和对其传统的长期固守，致使其资本市场一度衰落，在国际上的地位也被美国所取代。在英国金融当局 1986 年对其资本市场进行全面改革后，其活力迅速恢复。英国不仅成为欧洲最大的资本市场，也是世界主要国际资本市场之一。在股权交易方面英国是世界上最大的国际股权市场。英国资本市场国际化开始得较早，早在 1969 年伦敦证券交易所便允许非会员公司持有会员公司 10% 的股份。1979 年取消了外汇管制，到 1986 年允许非会员公司持有会员公司股份的比例提高到了 100%。这既促进了外国银行和证券业进入英国资本市场，同时也大大促进了外国公司的上市和交易。在英国资本市场上，外国股权交易额和市值占全世界外国上市公司总交易额的比重最大，均达到 60%，而且，外国股权市值又是英国资本市场中市值最大的部分，平均占 60%。英国资本市场国际化是以英国资本市场的历史基础为背景，有力地抓住了融资国际化并大力发展国际股权融资，从而形成了世界最大的国际股权市场。可以说，没有以放松管制为主的英国资本市场的对外开放和改革，就没有英国资本市场的今天。

日本资本市场的国际化是缓慢而艰难的。这主要是针对证券市场，特别是股票市场方面。1972 年日本实施了《外国证券公司法》，允许外国证券公司在日本开展证券业务。同年 9 月，美国通用电话公司在东京成功地发行了 75 万股普通股股票，这是外国公司在日本证券市场的首次成功运作。1973 年，TSE（东京证券交易所）开始上市海外股票。1980 年，日本颁布了《外汇管理法》（Foreign Exchange Control Law），这个法律使外国在日本的交易由“原则禁止”转变到“原则自由”，即原则上允许外国投资者投资于日本股票。它使日本资本市场有了一定的开放度，从而结束了日本资本市场长达 40 年的封闭状态。但由于《外汇管理法》规定外国公司可以通过指定的证券公司获得日本公司 10% 以内的股票。如果不通过证券公司购买，则需要提前向大藏省报告。实际上，外国公司在 TSE 发行和上市股票的条件，在一些情况下比国内公司更加烦琐和苛刻。然而，从 1986 年 6 月开始，没有在 TSE 上市的外国公司已被允许按照日本证券交易商协会（Japan Security Dealers Association，JSDA）的规则，在日本发行股票，在日本交易的股票被限制的发行量为 30%。虽然到 80 年代末，已有 113 家海外公司在东京发行股票并上市，而且还在逐渐增多。但是在 1990 年，外国投资者持有的日本股票的比例却由 1983 年的 6.2% 下降到 4.2%。实际上，在 TSE 交易的外国证券很少，1990 年，在 TSE 交易的外国股票只有 2 万亿日元，仅占可交易的 186.7 亿日元国内股票的 1.07%。

虽然日本股票市场的对外开放程度大大低于美国资本市场和英国资本市场，但在走出国门，到国际资本市场上开展证券业务和开放本国的债券市场上，日本并不落后。日本于 1959 年首次在美国发行债券。到 1988 年，日本在海外发行的非日元债券已达到 599 亿美元的高峰。1970 年 12 月，第一笔武士债券由亚洲开发银行在日本发行。到 1990 年共发行了 79 笔债券，筹得 13800 亿日元。1970 年，日本也开始允许投资信托公司投资于外国证券。与外国股票相比，日本投资者对外国债券更有兴趣。从1985—1989年，每年对海外债券的净购买平均达到13.5亿日元，而对股票的净购买平均只有1.4万亿日元，由于国际化是双向的，美国和英国资本市场的高度开放性，也必将促使日本资本市场的进一步开放。虽然日本资本市场放松管制比英、美起步晚且步伐也较慢，但其金融管制的放松却是较全面的。一是引入衍生物交易；二是放松对东京证券交易所的管制，使其成为一个包括股票、企业债券、政府债券、期货等全能型的国际金融市场。

我们可以从主要工业国家对外发行的未到期国际证券、持有的国际证券、持有的国际金融资产以及他们各自占本国GDP的比例来大致显示出这些国家金融市场国际化的程度。表4–12和表4–13分别列出了美国和加拿大的上述指标。从1989年到1995年，美国对外发行的国际证券存量增加了一倍多，从9393.4亿美元增加到19333.7亿美元，美国人持有的外国证券从2176.1亿美元增加到7217.5亿美元，增长了大约2.3倍；美国人持有的国际金融资产从14189.4亿美元增加到20517.8亿美元，增长了大约45%。美国对外发行的未到期国际证券存量占其GDP的比例从80年代末到90年代中期也大大提高了，从1989年的16.5%提高到30.6%；美国人持有的外国证券占美国GDP的比例从1989年的3.8%提高到1995年的11.4%。可见，美国人对国际证券投资的兴趣在不断增长；美国人持有的外国金融资产占其GDP的比例也提高了7.6个百分点，从24.9%提高到32.5%。截止到1995年美国人持有的国际金融资产占其国内生产总值的将近1/3。美国金融市场的国际化程度是相当高的。从表中可以看出，美国在90年代中期（1993—1995），其金融市场国际化的程度又有了较大的提高。这一方面意味着美国对国际金融市场的影响力在增大，另一方面也意味着美国将越来越容易受到国际金融市场动荡的影响。

表 4-12　美国发行的国际证券、持有的外国证券和国际金融资产

年份	对外发行的未到期证券		持有外国未到期证券		总对外金融资产		GDP（亿美元）
	X（亿美元）	X/GDP（%）	X（亿美元）	X/GDP（%）	X（亿美元）	X/GDP（%）	
1989	9393.4	16.5	2176.1	3.8	14189.4	24.9	56974
1990	9480.6	16.5	2886.9	5.0	14463.5	25.1	57438
1991	10933.6	19.2	3024.3	5.3	14874.2	26.2	56879
1992	12123,1	20.7	3365.5	5.8	14869.6	25.4	58427
1993	14088.4	23.6	5506.3	9.2	17227.3	28.8	59731
1994	14672.6	23.7	5562.4	9.0	17673.4	28.6	61836
1995	19333.7	30.6	7217.5	11.4	20517.8	32.5	63091

资料来源：OECD：“Financial Market Trends”，1997.

表 4-13　加拿大发行的国际证券、持有的外国证券和国际金融资产

年份	对外发行的未到期证券		持有外国未到期证券		总对外金融资产		GDP（亿美元）
	X（亿美元）	X/GDP（%）	X（亿美元）	X/GDP（%）	X（亿美元）	X/GDP（%）	
1989	1761.53	26.2	360.41	5.4	1334.42	19.9	6710.9
1990	1966.27	29.4	391.61	5.8	1479.44	22.1	6695.1
1991	2218.80	33.7	443.00	6.7	1523.75	23.2	6575.5
1992	2285.39	34.5	448.33	6.8	1494.32	23.6	6625.8
1993	2604.31	38.5	517.09	7.6	1554.73	23.0	6772.9
1994	2730.98	38.7	558.16	7.9	1778.28	25.2	7048.6
1995	2999.30	41.6	604.92	8.3	1979.11	27.4	7212.6

资料来源：OECD：“Financial Market Trends”，1997.

加拿大对外发行的国际证券远远大于其持有的国际证券，这表明加拿大在国际证券发行上是净债务国，它从国外通过发行证券筹集的资金大于外国在加拿大通过发行证券筹集的资金。加拿大对外证券筹资占 GDP 的比例从 1989 年的 26.2% 提高到 1995 年的 41.6%，其持有的外国证券占 GDP 的比例从 1989 年的 5.4% 提高到 1995 年的 8.3%，加拿大持有的外国金融资产总额占其 GDP 的比例从 1989 年的 19.9% 提高到 1995 年的 27.4%。从这些比例数字来看，加拿大金融市场的国际化程度虽然是提高的，但是其国际金融投资的地位却是净债务国的地位。这实际上影响了加拿大金融市场国际化的进程。

表 4–14 列出了英国对外发行国际证券和持有国际证券及国际金融资产的情况。从表中可以看出，英国金融市场国际化的程度仍然是最高的。英国对外发行的国际证券存量在 1989 年就达到了 3088.5 亿美元，占当年 GDP 的 32%，相当于美国 1995 年的水平。1989 年英国人持有的外国未到期证券占 GDP 的比例也达到了 37.6%，高于美国和其他主要工业国家的水平。同年，英国人持有的国外总金融资产占其国内生产总值的比例达到了 139%，至今仍是其他主要工业国家望尘莫及的。尽管英国金融市场在 80 年代末就已经有相当高的国际化程度，但在 80 年代末到 90 年代中期的一段时期内，其国际化程度依然在进一步提高。从 1989 年到 1996 年，英国对外发行的未到期国际证券从 3088.5 亿美元增加到 7189.5 亿美元，增长了大约 1.3 倍，英国对外发行的未到期国际证券存量占其 GDP 的比例也从 1989 年的 32% 提高到 1996 年的 73%。英国人持有的外国证券存量从 3626.8 亿美元增加到 8865.6 亿美元，增长了大约 1.44 倍，其占英国 GDP 的比例也从 1989 年的 37.6% 提高到 1996 年的 90%。英国人持有的外国金融资产总量也从 13399.5 亿美元增加到 24526.1 亿美元，增加了大约 83%，其占英国 GDP 的比例也从 1989 年的 139% 提高到 1996 的 249.2%。

表 4–14 英国发行的国际证券、持有的外国证券、外国金融资产存量

年份	对外发行的未到期证券		持有外国未到期证券		总对外金融资产		GDP（亿美元）
	X（亿美元）	X/GDP（%）	X（亿美元）	X/GDP（%）	X（亿美元）	X/GDP（%）	
1989	3088.5	32.0	3626.8	37.6	13399.5	139.0	9641.4
1990	3446.9	37.9	3851.0	42.3	15261.3	167.8	9097.3
1991	3668.2	41.1	4742.8	53.2	15414.9	172.8	8918.9
1992	3722.2	42.0	4817.0	54.3	15548.9	175.3	8871.7
1993	4511.5	49.8	6753.3	74.6	18052.6	199.4	9055.6
1994	4941.9	52.6	6494.0	69.1	18896.9	201.0	9402.9
1995	5888.3	61.1	7648.1	79.4	21580.0	224.0	9637.1
1996	7189.5	73.0	8865.6	90.0	24526.1	249.2	9843.0

资料来源："International Financial Statistics Yearbook"，1997.

进入 90 年代后，日本金融市场的国际化也在逐步加强。表 4–15 列出了日本对外发行的未到期国际证券存量、日本人（包括机构和政府）持有的外国证券存量和日本人持有的外国金融资产总额及其占 GDP 的比例。日本对外发行的证券总额从 1990 年的 3959.7 亿美元增加到 1995 年的 7238.6 亿美元，对外发行的国际证券总额占其 GDP 的比例也从 10.7% 提高到 18.3%。日本人持有的未到期外国证券从 1990 年的 5958.4 亿美元增加到 1995 年的 9429 亿美元，六年中增加了 58.2%，其占 GDP 的比例也从 16.1% 增加到 23.8%，这表明日本人对外投资的兴趣不断增长。日本人持有的外国金融资产的总量在 90 年代初基本上变化不大，从 1989 年到 1992 年只有较小幅度的增长，从 16166.4 亿美元增加到 17871.8 亿美元，四年的增幅只有 10.5%，从 1993 年开始，增幅加大，1993 年比前一年增长了 7.5%，1994 年的年增长率为

11.8%，1995 年的年增长率为 13%，四年中增长了大约 36%。日本金融市场国际化的速度从 1993 年开始加速，到 1995 年日本人持有的外国金融资产占其 GDP 的比例已经达到了 61.3%，低于英国、法国和德国，高于其他国家。日本对外证券筹资和证券投资占其 GDP 的比例也都有不小的提高，但是相对于其总国外金融资产占 GDP 的比例要小一些，这表明日本的金融市场国际化是较全面的。

表 4–15　日本发行的国际证券、持有的外国证券、外国金融资产存量

年份	对外发行的未到期证券		持有外国未到期证券		总对外金融资产		GDP（亿美元）
	X（亿美元）	X/GDP（%）	X（亿美元）	X/GDP（%）	X（亿美元）	X/GDP（%）	
1989	4318.8	12.3	5618.5	15.9	16166.4	45.9	35229.4
1990	3959.7	10.7	5958.4	16.1	16564.4	44.9	36926.0
1991	5276.9	13.8	6791.8	17.7	17747.2	46.3	38328.3
1992	5131.0	13.3	7154.5	18.5	17871.8	46.2	38724.1
1993	5453.2	14.0	7711.1	19.9	19210.8	49.5	38840.7
1994	6306.7	16.1	8586.9	22.0	21486.7	55.0	39091.0
1995	7238.6	18.3	9429.0	23.8	24285.7	61.3	39628.5

资料来源："International Financial Statistics Yearbook"，1997.

表 4–16、表 4–17 分别列出了德国和法国的上述资料。进入 90 年代，德国对外发行的证券总额一直在稳定增长，从 1989 年的 2253.9 亿美元增加到 1995 年的 6380.9 亿美元，增幅达 1.8 倍多，其占 GDP 的比例也从 1989 年的 17.3% 上升到 1995 年的 34.1%，表明外国人持有的德国证券越来越多。德国人持有的外国证券从 1989 年的 1712.9 亿美元增加到 1995 年的 3861.3 亿美元，增幅近 1.3 倍，其占 GDP 的比例也从 11.6% 提高到 20.6%，

表 4-16　德国发行的国际证券、持有的外国证券、外国金融资产存量

年份	对外发行的未到期证券		持有外国未到期证券		总对外金融资产		GDP（亿美元）
	X（亿美元）	X/GDP（%）	X（亿美元）	X/GDP（%）	X（亿美元）	X/GDP（%）	
1989	2253.9	17.3	1712.9	11.6	7686.0	52.0	14769.5
1990	2517.8	16.1	1977.5	12.7	9740.2	62.4	15618.8
1991	2922.0	16.5	2163.8	12.2	10017.3	56.6	17683.9
1992	3366.8	18.9	2464.8	13.6	10250.8	56.7	18072.8
1993	4773.0	25.0	2668.3	14.9	11183.2	62.6	17863.2
1994	5295.5	28.8	3317.5	18.1	12594.2	68.5	18374.3
1995	6380.9	34.1	3861.3	20.6	14405.0	76.9	18732.4

资料来源："International Financial Statistics Yearbook"，1997.

表 4-17　法国发行的国际证券、持有的外国证券、外国金融资产存量

年份	对外发行的未到期证券		持有外国未到期证券		总对外金融资产		GDP（亿美元）
	X（亿美元）	X/GDP（%）	X（亿美元）	X/GDP（%）	X（亿美元）	X/GDP（%）	
1989	1534.38	12.9	736.52	6.2	5120.50	42.9	11922.8
1990	2152.66	17.6	810.48	6.6	626.95	51.2	12221.7
1991	2608.49	21.2	915.06	7.4	6250.10	50.7	12317.3
1992	2874.24	23.1	961.05	7.7	6714.96	53.9	12460.4
1993	3661.72	30.0	1301.84	10.6	7645.13	62.1	12294.4
1994	3485.41	27.9	1550.51	12.3	8045.37	63.6	12641.9
1995	3998.16	31.0	2005.51	15.5	9065.77	70.3	12905.3

资料来源："International Financial Statistics Yearbook"，1997.

德国人对外国证券的投资量也大幅度增长。德国人持有的外国金融资产从 1989 年的 7686 亿美元增加到 1995 年的 14405 亿美元，增幅达 87.4%。可见德国金融市场国际化的速度是相当快的。德国持有的外国金融资产占 GDP 的比例从 1989 年的 52% 提高到 1995 年的 76.9%，说明德国金融市场的国际化程度已经相当高，仅次于英国而高于其他国家。

法国金融市场的国际化程度进入 90 年代以后也有较大的提高。1989 年法国对外发行的国际证券总额为 1534.38 亿美元，占 GDP 的 12.9%，到 1995 年，法国对外发行国际证券总额已经增长到 3998.16 亿美元，增幅达 1.6 倍，其占 GDP 的比例也增加到 31%。这表明法国人在国外筹资的数量几乎是与日俱增的。法国人持有的外国证券 1989 年为 736.52 亿美元，只占其 GDP 的 6.2%，这一比例同法国对外发行证券占 GDP 的比例相比，显然偏小，这意味着法国人对外进行证券投资的兴趣不如其对外证券筹资的兴趣大。法国人持有的总外国金融资产占 GDP 的比例一直较高，在 1989 年就已经达到 42.9%，进入 90 年代以后一直保持在 50% 以上，到 1995 年达到了 70.3%。可见，法国金融市场的国际化程度也是相当高的，仅次于英国和德国排在第三位。

4.2.3　新兴市场国家的金融市场国际化

进入 20 世纪 90 年代，一些发展中国家的金融市场也加大了对外开放的力度。南美、亚洲和东欧的一些国家相继参与国际融资，其参与国际融资的规模也在迅速发展壮大。表 4–18 列出了这些地区新兴市场国家 1994—1997 年的国际融资状况。最近几年，由于主要工业国家金融投资的收益率相对下降，使得国际投资者越来越多地转向新兴市场国家。在新兴市场国家，为了吸引外资，对金融市场的规范化和与国际接轨都在加速进行。由于这些国家和地区的企业都有较高的收益和较高的成长性，因此，一些国际信用评级机构不断提高这些地区和国家公司票和债券的信

表 4-18　新兴市场国家 1994—1996 年的国际融资（亿美元）

票据	1994	1995	1996	1—4 月	
				1996	1997
南美:					
债券	101	146	318	92	121
贷款	10	34	38	10	27
股票	28	21	32	7	2
ECP 和 EMTN	36	87	65	37	21
净欧洲债券发行	42	113	104	27	31
总计	217	401	557	173	202
亚洲:					
债券	199	93	214	53	90
贷款	173	208	182	53	86
股票	66	68	96	20	42
ECP 和 EMTN	24	28	59	34	21
净欧洲债券发行	8	47	102	2	15
总计	470	444	653	162	254
东欧:					
债券	2	2	17	—	7
贷款	2	7	16	5	8
股票	—	—	2	2	—
ECP 和 EMTN	—	—	—	—	—
净欧洲债券发行	—	—	—	—	1
总计	4	9	35	7	16
合计	691	854	1245	342	472

资料来源：OECD："Financial Market Trends"，No.67，June 1997.

注：亚洲国家和地区包括中国（包括港澳台）、印度尼西亚、马来西亚、巴布亚新几内亚、菲律宾、新加坡、泰国、越南；东欧包括克罗地亚、爱沙尼亚、拉脱维亚、立陶宛、罗马尼亚、斯洛文尼亚、斯洛伐克共和国。

用等级。特别是亚洲的一些国家和地区，如菲律宾、新加坡和我国香港等，最近都加大了对外金融筹资，而且这些国家和地区的金融机构和融资工具也有较高的信誉和较强的吸引力。在南美、阿根廷、巴西近两年也加大了金融筹资的规模。

新兴市场国家的国际融资总额从 1994 年的 691 亿美元增加到 1996 年的 1247 亿美元，两年内的增幅达 80.5%，大大快于主要工业国家。南美新兴市场国家进行国际融资较早，1994 年已经达到 217 亿美元，到 1996 年已经达到 557 亿美元，增幅达近 1.6 倍。南美国家的特点是与主要工业国家接轨早，因此其证券筹资所占比例大大高于其获得的银行贷款。1994 年其证券筹资是其银行贷款的 12.9 倍，1996 年证券筹资是其银行贷款的 9.2 倍。此外，南美的国际融资中，欧洲商业票据（ECP）和欧洲中期借款工具的比例也较高。值得注意的是从 1995 年开始，南美国家利用欧洲证券筹资的数量增加迅猛，从 1994 年的 42 亿美元增加到 1995 年的 113 亿美元，增幅达 1.7 倍。

在亚洲，从 1994 年到 1996 年，国际融资的规模从 470 亿美元增加到 653 亿美元，增幅接近 40%。亚洲国家利用国际证券融资的比例远不如南美那样大，1994 年证券筹资仅有 265 亿美元，仅仅是贷款融资的 1.5 倍（而南美是 12.9 倍）。1995 年亚洲新兴市场国家通过国际贷款融资 208 亿美元，而证券融资仅仅为 161 亿美元，大大低于国际贷款。1996 年证券融资达 310 亿美元，虽然高于国际贷款融资 128 亿美元，但国际银团贷款仍在亚洲占有重要地位是不容忽视的事实。这也反映出在亚洲，一些大的国际银行已经抢先进入新兴市场国家的金融市场，这也与亚洲国家对国际证券融资持谨慎态度有关。

在货币的使用上，美元占了新兴市场国家国际筹资的 77%，德国马克大约占 10.5%，日元大约占 4%。1997 年的第一季度，阿根廷发行了 55 亿美元的国际债券。其次是巴西发行了 36 亿美元国际债券，其中有 30 亿美元的全球债券，期限为 30 年。巴西

发行全球债券的成功表明国际投资者（包括机构投资者）对新兴市场国家充满了信心。在东欧，俄罗斯联邦成功地发行了 20 亿德国马克的 7 年期的债券。在亚洲，中国发行了 19 亿美元的国际债券，马来西亚发行了 14 亿美元的国际债券，泰国发行了 13 亿美元的国际债券，菲律宾和印度分别发行了 11 亿美元的国际债券。

5 国际虚拟资本运动的规律及其检验

国际虚拟资本的运动是由多方面的因素决定的。国内、国际的经济体制和金融体制的变化，国内、国际的经济状况都会对国际虚拟资本的运动产生重大影响。但是，在一定时期内，体制方面的因素是相对稳定的和变化缓慢的，其变化往往需要相当长时期，一般要十几年甚至更长的时间。这方面的情况我们已在第1章中做了研究。本章则集中研究国内外主要经济变量与一国国际证券投资的数量关系。

我们首先对当代最有影响的国际证券投资理论做必要的评论；然后对决定国际证券投资的基本因素进行分析；最后我们将提出一个多因素的国际证券投资的计量模型，并根据统计资料对其进行检验。

5.1 国际资产定价模型和套利理论

在当代国际证券投资的理论中，最有影响的是“国际资产定价模型”和“套利价格理论”。其理论目的是为国际投资者在众多的证券中做出选择，以为组成风险最小和收益最大的证券组合提供理论指导。

5.1.1 国际资产定价模型

国际资产定价模型(International Capital Assets Pricing Model，ICAPM)是将20世纪60年代兴起的“资本资产定价模型(Capital Assets Pricing Model，CAPM)”应用于国际证券投资而形成的。

最初的模型是由美国经济学家弗兰克尔（Frankel）于1982年仿照美国经济学家罗尔（Roll）1977年的CAPM模型建立的[1]。

该模型的建立分两步：

第一步是建立一个描述证券收益决定因素的模型，其一般形式如下：

$$R_i=\beta\delta+\alpha+\varepsilon \tag{5.1}$$

式（5.1）中，R_i为证券i的收益率（价格差和利息及红利收入）；δ是对所有证券都起共同作用的因素带来的收入，在此被定义为世界证券组合的收益（即所有国际证券组成的证券组合的收益），它代表着世界证券市场的系统风险；β是世界市场的系统风险与该证券i收益R_i的相关系数，即该种证券收益对世界市场系统风险的反应灵敏度；α+ε是该证券收益中由该证券特有因素带来的收入部分。其中，β值的大小决定着该证券对“市场变动”做出反应的灵敏度，投资者将根据β值来选择证券并组成证券组合。因此，β值对国际证券投资起着至关重要的作用。一般来说，β值小表示该证券对市场变动的灵敏度低，市场变动发生时，该证券受到的影响较小。较保守的投资者会选择较小β值的证券，较积极的投资者选择较大β值的证券。

第二步是根据“有效市场”的假定，或“半有效市场”的假定，建立一个均衡等式，以确定证券的理论价格。该理论假定，存在着无风险证券（通常被看作是政府债券），其无风险收益率（R_0）被假定为与参数α相等。也就是说，证券的预期收益应等于无风险收益率加上一风险贴水。这一风险贴水即是由该证券的特殊风险因素所引起的。于是便有下式成立：

$$E(R_i)=R_0+[E(R_m)-R_0]-R_0+\beta\cdot RP \tag{5.2}$$

式中，$E(R_i)$是证券i的预期收益率，R_0是无风险收益率，

---

[1] S. H. Thomas：“An International CAPM for Bonds and Equities”，*Journal of International Money and Finance*，1993.12.

R_m 是加权平均的世界证券组的收益率，RP 为风险贴水，它等于世界证券组的预期收益减去无风险收益：

$$E(R_i)-R_0=RP$$

这一关系式意味着风险贴水 RP 仅仅是世界系统风险的报酬，如果世界市场是非常有效率的，任何信息都立即反映在资产价格上，任何证券都不存在特殊的获利机会，投资者就只能获得市场系统风险的报酬。公式（5.2）也因此被看作是“有效市场”的理论公式。

实际上，国际证券市场远非国内证券市场那样有效率，个别证券总是存在着特殊的获利机会和特殊的风险。这样，式（5.1）中的 δ 就不等于式（5.2）中的无风险收益 R_0。公式可重新调整如下：

$$E(R_i)=\alpha+R_0+\beta\cdot RP \tag{5.3}$$

这样，证券的风险收入就被分成了两部分：一部分是市场系统风险的收入（β · RP），另一部分是证券特殊风险的收入（α）。对于国际投资者来说，其组成证券组合的基本目标就是通过有选择的多样化投资，尽可能消除一切个别风险。

ICAPM 和 CAPM 为投资者的实践提供了理论指导，人们可以根据模型提出的基本关系计算出证券的理论价格，然后做出最有利的证券组合选择。

近年来，有众多的学者和专家试图将该模型用于实践，希望能够估计出较为准确的参数。但这样做的第一大困难是根本不可能组成真正的“世界市场证券组合”。最多是将一些国际证券业发达国家的证券组合起来近似地看作是世界证券组。第二大困难是找不到完全符合理论模型要求的证券收益指标来对模型进行检验，只能用政府债券的利息率或存款利率以及股票年终分红的有关数据来代替证券的收益率。这样估计的相关系数与实际投资的要求相差甚远。90 年代以来，不断有人提出改进了的更复杂的 ICAPM，也不断有人提出处理现有数据资料使其更接近实际的方

法。但情况并不理想，ICAPM 并没有根本性的改善。

5.1.2 套利价格理论

套利价格理论（Arbitrage Pricing Theory，APT）是在 CAPM 的基础上，直接处理投资集合的资产定价模型，它不必考虑单个国际资产。该模型的基本形式如下：

$$R=\alpha+\beta_1\delta_1+\beta_2\delta_2+\cdots+\beta_k\delta_k+\varepsilon \tag{5.4}$$

R 为证券组的收益，δ 为一常数项，δ_1~δ_k 为影响证券组合收益的各因素，β_1~β_k 为各影响因素与证券组收益的相关系数，ε为一独立的随机变量。在国际证券市场上的套利活动将保证所有因素（δ_1~δ_k）对所有证券的影响力都是同样的。这样，每一因素的风险就只是系统风险的一个严格的组成部分，如式（5.5）所示：

$$E(R)=R_0+\beta_1RP_1+\beta_2RP_2+\cdots+\beta_kRP_k \tag{5.5}$$

式中，E（R）为证券组的预期收益，R 仍为无风险利率，RP_1~RP_k 为所有影响证券组收益的因素之系统风险报酬，即由于这些因素对任何证券都有相同影响而带来的风险收入。该模型与 ICAPM 所不同的是，它不必根据世界市场证券组来推导证券的理论价格，但 APT 需要确定影响证券组收益的各决定因素。一般来说，证券组收益的主要决定因素被认为有三大方面：一是国际方面的因素；二是投资者本国的因素；三是行业的因素。早在 20 世纪 70 年代中期，李萨德[1]和索尔尼克[2]就对这三大因素进行了经验的研究。此后，不断有人继续这方面的研究，直到 90 年

[1] D Lessard："World Country and Industry Relationships in Equity Returns"，*Financial Analysts Journal*，1976.2.

[2] B. Solnik："International Factors of Stock Price Behavior"，*CESP Working Paper*，1986.2.

代索玛斯和维肯斯[1]的研究，都基本上排定了国内因素第一，行业因素第二，国际因素第三的影响力顺序。

5.1.3 简单的证论

ICAPM 和 APT 的实践目的十分明确，是为国际投资者选择国际证券、组成最佳的国际证券组合提供理论指导和分析工具。其中，ICAPM 的实际操作虽然仍有很大的困难，但它已经充分显示了国际多样化投资消除个别风险的广阔前景和国际证券投资可更灵活进行操作的前景。它与我们考察虚拟资本国际运动规律的目的既有密切的联系又有一定的区别。ICAPM 描述了国际投资者的行为规律：通过投资的多样化尽量消除个别风险并获得最大收益。国际投资者的行为规律是国际虚拟资本运动的基础。几乎一切影响国际证券投资的因素都会以“风险”和“收益”的形式通过影响投资者决策的方式表现出来。但是 ICAPM 的研究方法却不是直接去考察那些影响投资收入和风险的各个因素，而是绕过这些因素通过数理统计和计量经济学建立一套确定个别证券（往往是包括若干相似业绩和风险的证券）与世界证券组的风险和业绩差异的方法。这一方法有利于实践，因为投资者更关心的是其投资的预期结果。如果真的能有完全绕过原因而能预知结果的方法，他们当然乐于接受。但要完全做到这点是不可能的。没有一个投资者在知道影响其收益的重要因素之后不密切关注其变化。当代国际证券投资的主力军——机构投资者——总是利用专业化很强的计量方法作为其投资决策的基本依据，并利用随时获得的最新信息来修正其投资决策，调整其持有的国际证券组合。

[1] B. H. Thomas and M. R. Wickens："An International CAPM for Bonds and Equities"，*Journal of International Money and Finance*"，1993.12.

ICAPM 对国际虚拟资本运动规律的研究有重要意义，它是在投资行为分析的基础上来研究虚拟资本运动的规律。APT 的实践目的与 ICAPM 相同。但是，由于 APT 注重研究国际证券收益的基本因素，因此与我们的研究目的十分接近。APT 的一些经验研究的结果也可为我们的研究提供有力的佐证。

5.2 国际证券投资的多因素模型

我们建立模型的目的与 ICAPM 和 APT 不同，我们不是以投资行为为研究目的，而是在投资行为的基础上研究一国国际证券投资的决定因素及其数量关系。

5.2.1 国际证券投资的需求函数

在广义上，“国际证券投资”通常指国际证券和外国证券的买卖活动，包括投资和筹资两个方面。但在这里，我们使用它的狭义定义。在狭义上，“国际证券投资”仅指国际证券和外国证券的购买，它是一国对“金融资产”的进口，是一国对国际证券的需求。

一国对金融资产的需求取决于该国投资者对国内外证券投资收益的机会和风险的权衡，也就是取决于国内外两大方面的因素。行业的因素对投资者的决策虽然重要，但对于我们考察一国对外证券投资量变动的目的来说就显得意义不大了。国内外影响对国外证券投资的因素主要有五个：（1）汇率变动；（2）外国证券收益；（3）本国证券收益；（4）本国通货膨胀率；（5）本国实际经济增长。

第一，对于汇率变动中的个别风险，国际证券投资者（主要是机构的投资者）会通过证券投资的多样化消除或大大减弱它。因此我们可以把外国的证券（包括国际证券和近年来的世界证券）看作是一个整体，一个具有世界证券组风险的整体。这样，不同货币间的风险也被相互抵消，投资者只需考虑本国货币的汇率变动。我们只考虑投资者是否要投资于国外，而不考虑他将资金投向哪一国、哪一地区和哪一行业。我们用 R_F 表示国外证券的收益，用 ER 表示汇率，并将其定义为：ER= 外币 / 本币。第二，国外的证券收益越高，人们投资于国外证券的资金量越大，国际证券投资（用 ISC 表示）是国外证券收益 R_F 的增函数。汇率的影响则相反，人们越是预期汇率上升，国外证券收益折合的本国货币数量越少，对国外证券的投资量也就越少，这便是来自国外的对国际证券投资的影响。第三，从国内因素看：国内证券的收益（R_D）越高，对外投资的数量就越小。第四，预期国内通货膨胀率越高，意味着国内证券收益（特别是固定利率债券的收益）越低，投资于国外证券的收益越高，对外证券投资就越有吸引力。因为从长期看通货膨胀会引起本币汇率的下跌，这意味着外国证券折合成本币的收入会提高。第五，一国的实际经济状况也会影响该国的对外证券投资，人们越是预期本国经济的增长率提高，就越是要投资于本国的股票和证券。因此，一国的对外证券投资是国际证券收益 R_D 的减函数，是国内通货膨胀率的增函数，是一国经济增长率的减函数。

一国的对外证券投资函数（对国外证券的需求函数）或写为：

$$ISC^t=\alpha_1E_t(R_F^{t+1})+\alpha_2E_t(if^{t+1})+\alpha_3E_t(R_D^{t+1})-\alpha_4E_t(ER^{t+1})-\alpha_5E_t(GDP^{t+1})+U^t \quad (5.6)$$

式中，ISC^t 为 t 时期一国对外证券投资的变动率，$E_t(R_F^{t+1})$ 为 t 时期对 t+1 时期国外证券外币收益变动率的预期，$E_t(if^{t+1})$ 为 t 时期对 t+1 时期国内通货膨胀变动的预期，$E_t(R_D^{t+1})$ 为 t 时期对 t+1 时期国内证券收益变动率的预期，$E_t(ER^{t+1})$ 为 t 时期对 t+1 时期汇率变动的预期，$E_t(GDP^{t+1})$ 为 t 时期对 t+1 时期国内经济增长率的预期。该式表示，一国对证券投资的大小取决于投资者对影响证券的未来收益和风险因素的预期加上预期误差的

修正值 U_t。

5.2.2 国际证券筹资—国际证券的供给函数

国际证券筹资是指一国在境外发行的证券，是一国对国际债券的供给，也是一国金融资产的出口。一国对外筹资的大小也取决于国内外两大方面的因素。首要因素是制度和政治方面的，因为一国能否在国外发行债券或上市股票，首先取决于债券和股票发行者的信誉，其中包含政策方面的因素和企业及金融管理制度上的因素。当一国在这些方面与国际惯例差异较大时，其证券就很难在境外发行上市。因此，证券筹资的计量模型只适用于那些体制和制度方面差异较小、相互能够接受其证券的国家之间。

一般来说，式（5.6）中的五大因素也是一国对外证券筹资的基本影响因素。国外证券收益（R_F）越高，意味着筹资者未来的支付负担越大，也意味着筹资者之间的国际竞争更激烈，在国外筹资就越困难，一国对外筹资的数量也就越小。国际证券筹资是国际证券收益的减函数。筹资者支付的利息和股息的绝大部分是由境外企业的利润或政府财政收入来支付的，必须折合为本币计算筹资成本。本币的预期汇率（ER= 外币 / 本币）越是上升，意味着借外币所还的本币数量越少，在国外发行证券就越是有利可图，发行量也就越大。汇率的变动与该国国际证券筹资正相关。从国内因素看，国内的证券收益越高，意味着国内资金的稀缺性越大，国内筹资者的竞争更激烈，在国内筹资越困难，在国外筹资的数量就会增大。国内证券收益 R_D 与国际证券筹资正相关。国内的货币供给量和通货膨胀率变动也会影响一国的对外筹资。当预期通货膨胀率提高时，意味着名义利息率和以本币计算的股息红利的支付提高。从长远看，这会使本币的汇率下降，筹资者如在国外发行证券就要在到期时支付更多的本国货币，这会增加筹资者未来支付利息和股息的负担。因此，通货膨胀一方面抑制企业（政府除外）在本国发行证券，另一方面也会抑制企业在国外发行债券和股票。前者将企业的筹资目标推向国外，后者则起着抑制本国企业在国外发行证券的作用。在预期通货膨胀不太严重时，前者起主要作用，通货膨胀率的变动与国际证券筹资正相关。在通货膨胀较严重的时期后者起主要作用，通货膨胀率与国际证券筹资负相关。这一点我们将在后面的计量检验中进一步说明。一国经济增长率越高，相对来说，该国在国外筹资也越容易。一国的经济增长率越低，在国外筹资越困难。从这种影响看，一国经济增长率与国际证券筹资正相关。但是，如果一国国内的证券业正处于发展迅速的时期，货币供给量的增长率大于国内生产总值增长率的部分被用来支持证券业的发展，就意味着经济增长率越高，国内证券业越活跃，在国内发行证券越完备，在国外发行债券就越少。于是，在这样的国家，经济增长将与国际证券筹资负相关。用 ISO 表示国际证券筹资，国际证券筹资函数可列式如下：

$$ISO=-\beta_1E^t(R_F{}^{t+1})+\beta_2E^t(if^{t+1})+\beta_3E^t(R_D{}^{t+1})+\beta_4E^t(ER^{t+1})-\beta_5E^t(GDP^{t+1})+V^t \quad (5.7)$$

式中，β_i 为因素 R_D、if、ER、R_F 及 GDP 的预期对国际证券筹资的相关系数。V^t 为误差修正值。其他符号的含义都与式（5.6）相同。

5.2.3 证券筹资净额函数

一国的证券对外筹资总额（ISO）减去其对外投资总额（ISC）为对外证券筹资净额：

$$NISO=ISO-ISC \quad (5.8)$$

根据式（5.6）和式（5.7）中各因素与 ISO 与 ISC 的关系，式（5.8）可写为：

$$\begin{aligned}NISO^t=&-(\beta_1+\alpha_1)E^t(R_F{}^{t+1})+(\beta_2-\alpha_2)E^t(if^{t+1})+\\&(\beta_3-\alpha_3)E_t(R_D{}^{t+1})+(\beta_4+\alpha_4)E^t(ER^{t+1})-\\&(\beta_5-\alpha_5)E^t(GDP^{t+1})+(V^t-U^t) \quad (5.9)\end{aligned}$$

用 θ_i（i=1，2，…，5）分别表示一国对外证券筹资净额与上述五大因素之间的相关系数。便有如下的相关系数的关系式：

$\theta_1=-(\beta_1+\alpha_1)$

$\theta_2=\beta_2-\alpha_2$

$\theta_3=\beta_3-\alpha_3$

$\theta_4=\beta_4+\alpha_4$

$\theta_5=-(\beta_5-\alpha_5)$

$\delta=V^t-U^t$

式（5.9）可写为：

$$NISO^t=\theta_1E^t(R_F^{t+1})+\theta_2E^t(if^{t+1})+\theta_3E^t(R_D^{t+1})+\theta_4E^t(ER^{t+1})+\theta_5E^t(GDP^{t+1})+\delta \quad (5.10)$$

式（5.10）表示外国证券收益 R_F 的预期、通货膨胀 if 的预期、本国证券收益 R_D 的预期、汇率变动 ER 的预期以及经济增长变动 GDP 的预期对国际证券净筹资的影响。

5.2.4　五大因素的解释力

在经验的研究中，预期的有关数据是无法得到的，只能用实际观测到的数据来代替，这就使得对理论模型的计量检验结果变得很不可靠。理论对预期的依赖程度越大，根据实际观测数据得出的结果就越不可靠。解决的办法通常有两种：一种是尽可能寻找代表预期关系的数据；另一种是选择对预期依赖较弱的理论模型。我们在考察汇率预期、国内外证券收益的预期以及国内通货膨胀预期和经济增长预期对一国国际证券投资的影响力大小时，也面临同样的问题。因此有必要先对前述国际证券投资的需求模型和供给模型对预期的依赖程度进行分析。

一般来说，预期对证券投资者的影响远远超过对证券投资者的影响。这是因为证券投资者的收益完全是未来的事，对一切影响其未来收益因素的预期就是其投资决策的基本决定因素。对于筹资者就不同了，无论政府还是企业，总是在发行证券的同时就得到所需的资金。那些影响其未来利润或政府税收的因素只影响其偿还能力。证券投资者的投资决策基本上依赖于其对未来收益和风险的预期。而证券筹资者的筹资决策一方面依赖于其对实际投资收益的预期（仅限于企业筹资者），另一方面也依赖于现期的筹资成本。在任何一个对外证券筹资的大国中，政府证券都占很大的比重。政府的筹资决策在更大程度上依赖于其财政收支的状况，而财政收支的状况往往是过去或现在一国经济总状况的结果。因此，证券筹资决策对预期的依赖程度要比证券投资决策对预期的依赖程度小，国际证券筹资模型使用实际数据来代替预期数据的可靠性也就相对要大一些。

如果用实际数据来代替预期数据的话，对式（5.7）的检验结果肯定要比对式（5.6）和式（5.10）的检验结果可靠，对式（5.10）的检验结果就比对式（5.6）的检验结果可靠。我们只要能够验证式（5.7）是成立的，符合实际的，并证明式（5.10）是基本成立的，那么，式（5.6）的关系也将是基本成立的。因为式（5.10）是从式（5.6）和式（5.7）推导而来的。

根据上面的分析，我们只考察汇率变动、国际证券收益变动、国内证券收益变动、国内通货膨胀率变动和经济增长变动对一国国际证券筹资变动的影响。我们将结合实际资料对影响国际筹资的五大因素进行分析。

我们利用英国、美国、加拿大和日本 1973 年至 1993 年的年度资料来分别考察这五大因素对国际证券投资的解释力。所用资料选自《国际金融统计年报》[1] 和 1975—1993 年期间《金融市场趋势》[2] 逐年发表的有关国别资料。

我们用一国年度的国外证券发行量来代表其对国外证券的供给量，用 ISO 表示。用 ER 表示汇率，但英美两国的汇率资料是

[1] IMF：“*International Financial Statistics Yearbook*”，1993.

[2] OECD：“*Financial Market Trends*”，1975—1993.

其本币的外币价格，即：

$$ER=外币/本币$$

而加拿大和日本的汇率资料是外币的本币价格，即：

$$ER=本币/外币$$

这样，其对国际证券筹资的影响参数 β 值的符号就应是完全相反的。除去利息率和汇率以外，所有的数据都以 1985 年为基期进行了指数化处理。本国证券收益 R_D 的资料我们用国内政府债券（T–bill）的利息率来代表，外国证券收益的资料我们用伦敦欧洲美元利息率 $R_\$$ 来代表，通货膨胀率用国内消费物价指数 ICP 来代表，经济增长率的情况用国内生产总值指数来代表。我们用一元回归模型分别考察美、英、加、日四国的各因素对其国际证券筹资的影响。

一元回归模型为：

$$ISO=C_i+\beta_i X \tag{5.11}$$

表 5–1 列出了美、英、日、加四国上述五大因素与其国际证券筹资单因素回归计算的可决系数 R^2，它是解释变量引起的变差（即总变差中由回归模型做出解释的部分）占总变差的百分比。它可衡量解释变量对被解释变量的解释力，亦称为回归模型的判定系数，用以判定回归模型对实际观测值拟合的优劣程度。

从表 5–1 中不难看出，用一元回归模型分别计算五大因素对 ISO 的解释力时，国内因素是最主要的。四国国内生产总值指数 GDP 对四国对外证券筹资指数的单独解释力都超过了其变动的 50%，这与我们的理论分析是完全一致的。GDP 代表着一国实际经济活动的总状况，国内生产总值指数的变动体现经济增长的变化，它关系着所筹资金投入实际经济活动之后的效益，因此是筹资决策要考虑的首要因素。国内的消费物价指数 ICP 通常被当作通货膨胀的主要指标，它与国内的货币供给量 M1 有密切的关系。单独用消费物价指数做回归计算，其解释力也是非常强的，

与 GDP 对 ICP 的解释力不相上下。剩下的三个变量除日本显示出日元汇率对日本发行国外债券有很强的解释力（74%）之外，在其余国家，它们单独解释对外证券筹资的能力都不足 30%，而且在这四国之间还存在着较大的差异。在国内影响对外证券筹资的因素中，国内债券利息率 R_D 的影响力最弱。在美国，只有 2% 的 ISO 的变动可以由其国内债券利息率变动来解释。在加拿大，国内债券利息率变动对其国外筹资变动的解释力只有 9.2%。日本和英国高一些，其国内债券利息率变动分别可以解释其国外证券筹资变动的 19% 和 21%。国外因素和国内因素相比，其单独解释力要弱一些。但代表国外证券收益的伦敦欧洲美元利率对国外筹资变动的解释力一般要大于其国内证券利息率的解释力。美国该因素的 R^2 为 5%，英国为 29%，日本为 15%，加拿大为 18%。美、英、加三国的汇率变动对其国外证券筹资变动的解释力分别为 3.4%、18% 和 12%，只有日本高达 74%。

表 5-1 各因素对 ISO 的解释力（R^2）

	ER	R_F	R_D	ICP	GDP
美国	0.034	0.05	0.02	0.49	0.50
英国	0.18	0.29	0.21	0.75	0.75
日本	0.74	0.15	0.19	0.52	0.53
加拿大	0.12	0.18	0.092	0.65	0.63

概括对五大因素解释力的经验检验，我们有理由认定这五个因素基本上可以看作是影响国际证券筹资的主要因素。但是，解释力并不等于它们对国际证券筹资的影响力，影响力的大小取决于它们与国际证券筹资的相关系数的测定。因此，作为共同的影响因素，我们还必须将它们放在一起，考察它们共同对国际证券筹资产生影响时，对其变动的综合解释力。

5.3 国际证券投资的计量分析

我们在上一节已经指出，国际证券筹资对预期的依赖要低于国际证券投资对预期的依赖。因此，在我们用实际数据代替预期数据的时候，国际证券筹资模型的计量分析结果就比国际证券投资的计量分析结果更可靠一些。如果检验结果能证明国际证券筹资模型的合理性，同时又能证明国际证券筹资净额模型的合理性，也就是证明前述公式（5.7）和公式（5.10）成立，就意味着我们所建立的国际证券投资多因素模型能够基本真实地反映出国际证券投资的运动规律。

5.3.1 国际证券筹资模型的计量分析

我们仍使用美国、英国、加拿大和日本 1973 年至 1993 年的年度资料，对除利息率以外的变量都以 1985 年为基期换算成指数。需要特别指出的是，国内消费物价指数的基期为 100，其他指数的基期为 1。所使用的回归模型为：

$$ISO=C+\beta_1 ER+\beta_2 R_F+\beta_3 R_D+\beta_4 ICP+\beta_5 GDP \qquad (5.12)$$

式中，ISO 为对外发行债券总额指数，以 1985 年为基期，基期指数为 1。用对外发行的债券总额指数来代表对外证券的供给总额，是因为它与股票相比在数量上占压倒性优势。C 为一常数，ER 为汇率变动的指数，β_1 为汇率变动对国际债券和外国债券发行量影响力系数，又称 ER 与 ISO 的相关系数。R_F 为伦敦欧洲美元的利息率，β_2 为其对 ISO 的影响力系数。R_D 为本国国库券利率，β_3 为其对 ISO 的影响力系数。ICP 和 GDP 分别为国内消费物价指数和国内生产总值指数，β_4、β_5 分别为其影响力系数。该式表示，一国对外证券筹资的变动受到上述五大因素的影响。表 5–2 列出了根据美国的数据资料计算的结果。

从回归计算的结果看，总体判定系数 R^2 为 0.575，表示五因素对美国对外证券筹资变动的解释力很强，美国对外证券筹资变动的 57.5% 是可以由上述五个因素来解释的。D–W 值是回归计算中样本序列自相关的检验值。当 D–W 值为 2 时，无自相关；当 D–W 值为 0 时，完全正自相关；当 D–W 值为 4 时，完全负相关。表中的 D–W 值为 1.706，接近 2，表示存在较弱的正自相关。另一重要的检验标准是 F 检验值，它是解释总变差（ESS）与其自由度（K–1）之比除以剩余变差（RSS）与其自由度（n–K）之比：

$$F=\frac{ESS/(K-1)}{RSS/(n-K)}$$

n 为样本数，K 为变量总量。表中的 F 检验值为 6.234，而根据 K–1=5 和 n–K=15 查 α=0.05 时的 F 分布表，F 的临界值 F_α 为 2.90。$F>F_\alpha$（6.234>2.90），表示解释变量（五大因素）与被解释变量间的相关性显著。查 α=0.01 时的 F 分布表，F 的临界值 F_α 为 4.56，仍有 $F>F_\alpha$（6.234>4.56），表示模型计算的结果没有显著意义的概率不到 1%，模型的结果是可靠的。相关系数的 T 检验值的绝对值都大于 1，表示该系数不为零的概率大于 2/3。T 检验值的绝对值大于 1 的系数不为零的概率大于 95%。表 5–2 中汇率指数 ER 的系数 β_1 的 T 检验值大于 2，表示该系数不为零的概率大于 95%。

相关系数 β_i 表示因素 i 对国际证券筹资的影响力。β_1 为 2.03，表示当美元汇率指数上升或下降 1 个百分点时，美国对外证券筹资指数将上升 2.03 个百分点。美元越是升值，美元的外币价格（特别提款权价格）越高，美国对外筹资的数量越大。β_2 是伦敦欧洲美元利率的相关系数，其值为 0.14，表示伦敦欧洲美元利率变动 1，美国对外证券筹资利息率指数将变动 0.14。β_3 为 0.18，表示国内债券筹资利息率提高 1 个百分点，美国国际证券筹资指数将上升 0.18 个百分点。β_4 为 –0.073，表示国内消费物价指数每增加 1 个百分点，国际证券筹资将下降 7.3 个百分点。β_5 为 –0.09，表示国内生产总值增加 1，国际证券筹资将下降 0.09。β_i 值的大小，显示出五大因素对该国国际证券筹资的影响力。从表 5–2 中可知，通货膨胀的影响力最大，其次是汇率，第三是国内债券的利率，欧洲美元利率第四，国内生产总值指数第五。

表 5–2　五大因素对美国国际证券筹资的影响力

LS. 因变量为：ISO
样本区间：1973—1993
观测样本数：21

自变量	相关系数	标准差	T 检验值
C	–2.68	0.93	–2.88
ER（SDR/$）	β_1：2.03	0.81	2.49
R_F	β_2：0.14	0.13	1.08
R_D	β_3：0.18	0.16	1.12
ICP	β_4：–0.073	0.068	–1.08
GDP	β_5：–0.09	0.07	–1.23

R^2（调整后）：0.575　　因变量均值：0.354
D–W 值：1.706　　F 值：6.234

表 5–3 列出了根据英国资料计算的式（5.12）的结果。从回归计算的结果看，判定系数为 0.922，表明五大因素可解释英国对外筹资变动的 92.2%。该模型在英国的解释力是相当强的，在英国国际证券筹资变动中只有 7.8% 与五大因素的变动无关。D–W 检验值为 2.34，大于 2，表明有一定程度的负自相关。这与我们使用时间序列的数据有关。根据我们使用的样本数和变量数，查 α=0.01 时的 F 分布表，F 的临界值 F_α 为 4.5，而我们根据数据计算的 F 值为 30.84，远远大于 F 的临界值。这说明模型中的自变量与因变量的相关性非常显著。所有系数的 T 检验值的绝对值都大于 1。这说明，模型在英国是适用的。

表 5-3　五大因素对英国国际证券筹资的影响力

LS. 因变量为：ISO
样本区间：1973—1993
观测样本数：21

自变量	相关系数	标准差	T 检验值
C	–0.941	0.510	–1.845
ER（SDR/$）	β_1：0.638	0.296	2.153
R_F	β_2：–0.082	0.022	–3.673
R_D	β_3：0.024	0.019	1.214
ICP	β_4：0.063	0.057	–1.089
GDP	β_5：–0.082	0.056	1.45

R^2（调整后）：0.922　　因变量均值：0.649
D–W 值：2.34　　F 值：30.84

从各因素的影响力看，β_4 仍排在首位（β_4=0.063），表示通货膨胀变动对国际证券筹资变动的影响力最强。其次是汇率，β_1 为 0.638，表示汇率指数每上升 1 个百分点，英国对外证券指数将上升 0.638 个百分点。欧洲美元利率对英国国际证券筹资的影响力为 –0.082，表示欧洲美元利率每增加 1 个百分点，英国国际证券筹资将下降 0.082 个百分点。β_5 亦为 –0.082，表示国内生产总值指数每上升 1 个百分点，英国对外证券筹资指数将下降 0.082 个百分点。国内债券利息率与英国对外筹资的相关系数为 0.024，排在最后。

根据加拿大资料计算的结果也是相当可靠的（见表 5–4）。综合判定系数 R^2 为 0.883，说明根据加拿大资料计算的五大因素可以解释加拿大国外证券筹资变动的 88.3%，只有 11.7% 的变动是由这五大因素之外的原因造成的。D–W 值为 2.48，模型所用数据有一定程度的自相关，但对结果的影响不大。F 值为 15.042，远超过其临界值（F_α=4.56），说明模型的显著性指标达

表 5-4　五大因素对加拿大国际证券筹资的影响力

LS. 因变量为：ISO
样本区间：1973—1993
观测样本数：21

自变量	相关系数	标准差	T 检验值
C	1.95	0.556	3.05
ER（SDR/$）	β_1：−1.521	0.847	−1.79
R_F	β_2：−0.173	0.048	−3.72
R_D	β_3：0.035	0.088	4.17
ICP	β_4：0.228	0.052	4.33
GDP	β_5：−0.243	0.061	−4.01

R^2（调整后）：0.883　　因变量均值：1.049
D-W 值：2.48　　F 值：15.042

到了 99%。T 检验值中，除汇率的绝对值尚不足 2 以外，其余变量系数的 T 检验值的绝对值都大于 2，这些系数不为零的概率达到 95%。从各变量的影响力来看，β_4 为 0.228，仍排在影响力的第一位。其后依次为 β_1、β_5、β_2、β_3。这意味着加拿大通货膨胀率是影响加拿大国际证券筹资的最主要因素。

表 5-5 列出了根据日本的数据资料计算的式（5.12）的结果。表中所列结果显示出日本的数据资料也支持我们的国际证券筹资公式。表中，综合判定系数 R^2 为 0.814，说明在日本，汇率指数（ER）、欧洲美元利率（R_F）、本国债券收入（R_D）、本国消费物价指数（ICP）和本国国内生产总值指数（GDP），对日本对外筹资指数（ISO）的联合影响可以解释其（ISO）变动的 81.4%。D-W 值为 2.01，近似等于 2，表示模型中基本上不存在自相关的影响。F 值为 12.286，大于其 α=0.01 时的临界值 4.56，自变量与因变量显著相关。对系数的 T 检验值中，除 GDP 的系数 β_5 的 T 检验值为 −0.977，绝对值小于 1 以外，其余系数的 T

检验值的绝对值都大于 1。相关系数基本上也是可靠的。根据系数大小排序，五因素对国际证券筹资的影响力顺序为：国内通货膨胀率、汇率、国内生产总值、本国债券收入、欧洲美元利率。

表 5–5　五大因素对日本国际证券筹资的影响力

LS. 因变量为：ISO
样本区间：1973—1993
观测样本数：21

自变量	相关系数	标准差	T 检验值
C	3.594	5.040	1.705
ER（SDR/$）	β_1：–4.561	1.189	–3.836
R_F	β_2：–0.088	0.052	–1.676
R_D	β_3：0.092	0.085	1.083
ICP	β_4：0.189	0.183	1.030
GDP	β_5：–0.210	0.224	–0.977

R^2（调整后）：0.814　　因变量均值：1.136
D–W 值：2.01　　F 值：12.286

为了便于比较，我们将美、英、加、日四国 ER、R_F、R_D、ICP 和 GDP 对 ISO 的相关系数列在一张表上，如表 5–6 所示。

从表 5–6 中可以看出，美、英两国汇率对国外证券筹资的影响力参数 β_1 的值都是正的，而加拿大和日本都是负的。这是由于我们采用的资料差异造成的。美、英两国汇率的表示方法都是前面理论叙述中常用的方法，即将汇率定义为外币 / 本币。由于加拿大和日本的汇率数据恰好与美、英两国相反，使用本币 / 外币来表示汇率，因此其影响力参数 β_1 的值就应与美、英两国的值在符号上相反。这与我们在上一节中的理论分析是一致的。伦敦美元利率的参数 β_2 的值是正数，而英、加、日三国的 β_2 值都是负数。其主要原因在于，伦敦欧洲美元利率与美元在国内的联邦基金利率的变动趋势总是一致的，它们的年均值总是相等的。

因此，欧洲美元利率相当于美国国内的货币市场利率。它与美国的国外证券筹资便呈现正相关的关系。从四国回归模型的计算结果来看，我们基本上可以肯定式（5.7）表明的关系是普遍存在的。

表 5–6　四国相关系数 β_i 的比较

国家	β_1	β_2	β_3	β_4	β_5
美国	2.03	0.14	0.18	−0.073	−0.09
英国	0.638	−0.082	0.024	0.063	−0.082
加拿大	−1.521	−0.173	0.035	0.228	−0.243
日本	−4.561	−0.088	0.092	0.189	−0.210

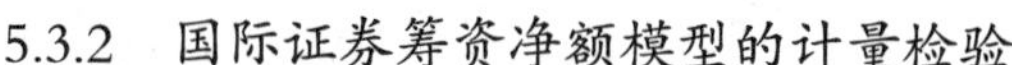

5.3.2　国际证券筹资净额模型的计量检验

现在我们用实际资料来检验式（5.10）的可靠性。使用的回归模型为：

$$NISO=\delta+\theta_1 ER+\theta_2 R_D+\theta_3 R_F+\theta_4 M1+\theta_5 GDP \qquad (5.13)$$

式中，用货币供给量 M1 代替了通货膨胀的指标 ICP。这是因为，人们对通货膨胀的预期是根据多方面的信息做出的，其中最主要的是现期的通货膨胀率水平和现期的货币 M1 供给量。这二者的变动虽有差异，但相关性非常强，这已为许多经济学家所证实。当我们考虑代替预期通货膨胀率的实际指标时，就只能选择其中之一。如果两个相关性很强的自变量数列同时输入一个回归方程中，就必然会引起严重的自相关和多重共线性问题，使回归计算的结果受到影响。在反复比较 M1 和 ICP 与 NISO 回归计算结果之后，使用 M1 的指数要比使用 ICP 指数稍好一些。我们使用的 NISO 的数据是《国际金融统计》1994 年年报提供的年度数据。样本区间为 1973—1993 年。NISO 的资料没有换算成指数，这是因为 NISO 的数据在不同年份的差异相当大，而且正负变换频繁。其他数据都是前面使用过的。表 5–7 列出了根据美国有关资料数据计算的结果。

在表 5–7 中，R^2 为 0.505，表示美国国际筹资净额的变动有 50.5% 可以由表中的五大因素来解释。其解释力远低于前述五大因素对 ISO 的解释力。美国国际筹资净额变动中，余下的 49.5% 是不能由这五大因素来解释的，主要有两个原因：第一，我们使用的国际证券净额筹资或证券净出口的数据中包含着股票和商业票据的净出口。而股票和商业票据的净出口除去上述五大因素外，还应包括国内外股票价格指数和其他一些因素的影响。第二，五大因素对证券筹资的解释力总是达不到 100%，同样，它们对证券投资的解释力也不能达到 100%，这两方面解释力的不足，综合在一起就必然削弱了这五大因素对净国际证券筹资额的解释力。D–W 值为 1.273，自相关也比对 ISO 的回归计算严重一些，这是因为货币供给量与国内债券利率的相关性要比国内债券利率与消费物价指数 ICP 的相关性高一些。F 检验值的结果不甚理想，其中，系数 θ_2 和 θ_3 的 T 检验值的绝对值都小于 1，表示系数为零的可能性超过了 1/3。θ_2 和 θ_3 是不可靠的。另外三个系数中，θ_4 和 θ_5 的 T 检验值的绝对值都大于 1，表示其不为零的概率大于 2/3。θ_1 的 T 检验值的绝对值大于 2，表示其不为零的概率大于 95%。从各因素对 NISO 的影响力来看，汇率排在第一位，θ_1 为 306.8，意味着美元汇率指数每上升 1 个百分点，美国对外证券筹资净额将增加 30.68 亿美元。影响力仅次于汇率的是美国国内货币供给量，θ_4 为 223.6，表示货币供给量指数每上升 1 个百分点，美国对外证券筹资净额将增加 22.36 亿美元。其他三个因素对美国对外筹资的影响力要小得多。其顺序依次为欧洲美元利率（θ_3=5.3）、国内债券利率（θ_2=3.7）和国内生产总值指数（θ_5=–2.3）。它们每上升 1 个百分点，引起的美国国际证券筹资净额将依次增加 0.53 亿美元、0.37 亿美元和减少 0.23 亿美元。

表 5–7　五大因素对美国国际证券筹资净额的影响力

LS. 因变量为：NISO（单位：10 亿美元）
样本区间：1973—1993
观测样本数：21

自变量	相关系数	标准差	T 检验值
δ	–258.2	84.0	–3.07
ER（SDR/$）	θ_1：306.8	99.6	3.08
R_D	θ_2：3.7	11.1	0.33
R_F	θ_3：5.3	5.9	0.89
M1	θ_4：223.6	160.5	1.39
GDP	θ_5：–2.3	2.2	–1.03

R^2（调整后）：0.505　　因变量均值：13.203
D–W 值：1.273　　F 值：2.969

在表 5–8 中，R^2 为 0.72，表示英国国际筹资净额的变动中有 72% 可以由表中的五大因素来解释。D–W 值为 2.02，基本没有自相关的影响。F 值为 5.137，大于 F 分布 α=0.01 时的临界值 4.56，表示五大因素与因变量 NISO 的相关性显著。在相关系数的 T 检验值中，除汇率相关系数 θ_1 的 T 检验值的绝对值小于 1，不可靠以外，其他因素系数的 T 检验值的绝对值都大于 1 甚至大于 2，表示这些系数不为零的概率大于 2/3 或大于 95%。在英国，五大因素对国际证券筹资净额影响最大的是国内债券的利息率，其相关系数 θ_2 为 1506.7，表示国内债券的利息率每增加 1 个百分点，英国对外证券筹资净额将增加 1506.7 万美元。影响力占第二位的伦敦欧洲美元利率，其相关系数 θ_3 为 –1161.4，表示欧洲美元利率每上升 1 个百分点，英国国际筹资净额将减少 1161.4 万美元。其余影响力大小排列的顺序为：国内生产总值（θ_5=–793.5）、货币供给量（θ_4=780.9）、英镑汇率（θ_1=82.0）。

表 5-8　五大因素对英国国际证券筹资净额的影响力

LS. 因变量为：NISO（单位：百万美元）
样本区间：1973—1993
观测样本数：21

自变量	相关系数	标准差	T 检验值
δ	6476.6	4164.0	1.555
ER（SDR/$）	θ_1：82.0	370.0	0.222
R_D	θ_2：1506.7	532.5	2.829
R_F	θ_3：–1161.4	406.6	–2.856
M1	θ_4：780.9	491.3	1.549
GDP	θ_5：–793.5	548.1	–1.448

R^2（调整后）：0.720　　因变量均值：7353.6
D–W 值：2.02　　F 值：5.137

表 5–9 列出了根据加拿大资料对五大因素与其国际证券筹资净额回归计算的结果。表中，R^2 为 0.62，表示加拿大国际证券筹资净额变动中，有 62% 可用表中的五大因素来解释。D–W 值为 2.78，说明存在负的自相关。F 检验值为 7.08，根据有解释变差自由度（K–1）和剩余变差自由度（n–K）查 α=0.01 时的 F 分布表，F 的临界值为 F_α=4.56，表 5–9 中计算的 F 值大于其临界值：$F>F_\alpha$，所以表 5–9 中的自变量与因变量显著相关。相关系数的 T 检验值中，θ_1 和 θ_5 的 T 检验值的绝对值都小于 1，说明这两个系数的估计值很不可靠。其他系数的 T 检验值的绝对值都是基本可靠的。从系数绝对值大小看，影响力最强的是加拿大货币供给量，θ_4 为 8956.0，货币供给量指数每上升 1 个百分点将引起加拿大国际证券筹资净额增加 8956 万美元。其次是加拿大国内债券利率，θ_2 为 1162.9，加拿大国内债券利率每上升 1 个百分点，将引起加拿大对外证券筹资净额增加 1162.9 万美元。伦敦欧洲美元利率对加拿大对外证券出口的影响力仅次于上述两个因素，θ_3

为 –882.1，表示欧洲美元利率提高 1 个百分点将引起加拿大对外筹资净额减少 882.1 万美元。其他两个相关系数 θ_1 和 θ_5 的估计值是不可靠的，讨论其表示的影响力已失去意义。

表 5–9　五大因素对加拿大国际证券筹资净额的影响力

LS. 因变量为：NISO（单位：百万美元）
样本区间：1973—1993
观测样本数：21

自变量	相关系数	标准差	T 检验值
δ	1974.2	7104.8	0.278
ER（SDR/$）	θ_1：–490.5	11148.8	–0.044
R_D	θ_2：1162.9	488.1	2.382
R_F	θ_3：–882.1	453.4	–1.945
M1	θ_4：8956.0	6182.3	1.449
GDP	θ_5：–71.5	108.4	–0.660

R^2（调整后）：0.62　　因变量均值：7018.95
D–W 值：2.78　　F 值：7.08

表 5–10 列出了根据日本数据得出的回归计算结果。在表 5–10 中，R^2=0.60，日元汇率指数、日本债券利息率、欧洲美元利率、日本货币供给量指数和日本国内生产总值指数这五个因素对日本对外证券筹资净额指数变动的解释力达到了 60%。D–W 值为 1.848，日本数据的自相关并不严重。因变量均值为 –16.872，表示日本从 1973—1993 年的 20 年中，其对外筹资净额的年平均值为 –168.72 亿美元，说明其对外证券投资大于其对外证券筹资。F 值为 4.205，大于 α=0.05 时 F 分布的临界值（F_α=2.90），自变量与因变量的相关性显著。在自变量系数的 T 检验值中，国内债券利息率系数 θ_2 的 T 检验值为 1.39，大于 1，系数 θ_2 不为零的概率大于 2/3。其余系数的 T 检验值的绝对值都大于 2，系数不为零的概率大于 95%。系数的估计值是可靠的。从五大因素对日

本国际证券筹资净额的影响来看，货币供给量排在第一位，θ_4 为 586.7，表示货币供给量指数每增加 1 个百分点，日本对外证券筹资净额增加 58.67 亿美元；日元汇率排在第二位，θ_1 为 –203.2，表示日元汇率指数每提高 1 个百分点（日元贬值），将引起日本对外证券筹资净额减少 20.32 亿美元。另外三个因素对日本国际证券筹资净额的影响力要小很多，依次为 R_F（θ_3=–6.4）、R_D（θ_2=4.3）和 GDP（θ_5=–3.7）。

表 5–10　五大因素对日本国际证券筹资净额的影响力

LS. 因变量为：NISO（单位：10 亿美元）
样本区间：1973—1993
观测样本数：21

自变量	相关系数	标准差	T 检验值
δ	–532.1	160.4	–3.32
ER（SDR/$）	θ_1：–203.2	78.6	–2.54
R_D	θ_2：4.3	3.2	1.39
R_F	θ_3：–6.4	2.6	–2.43
M1	θ_4：586.7	195.7	3.00
GDP	θ_5：–3.7	1.3	–2.84

R^2（调整后）：0.60　　因变量均值：–16.872
D–W 值：1.848　　F 值：4.205

从美、英、加、日四国的情况看，国内货币供给量、汇率、本国债券利率、欧洲美元利率和本国国内生产总值可以解释各国对外证券筹资净额变动的 50%~70%。在美、日两国，影响力最大的两个因素是货币供给量和汇率，在加拿大，影响力最大的两个因素是货币供给量和国内债券利率。在英国，影响力最大的两个因素是其国内债券利率和伦敦市场上的欧洲美元利率。从相关系数 θ_i 的符号看，回归计算的结果与理论分析是完全一致的。

5.3.3 结论

我们分别利用美、英、加、日四国的资料对式（5.12）和式（5.13）进行了回归运算，其结果证明式（5.7）和式（5.10）成立，也就证明了式（5.6）的成立。我们的结论可以概括如下：

1. 在影响国际证券投资的众多因素中，人们对通货膨胀预期和汇率变动的预期起着最主要的作用。其次是国内、国际的利息率和经济增长的预期。它们直接影响着人们对证券收益和风险的评价，影响着人们的证券投资和筹资决策。

2. 如果将 t 时期的通货膨胀（由 ICP 代表）和 t 时期的货币供给量（M1）看作是人们在 t 时期对 t+1 时期通货膨胀预期的主要决定因素，那么当这二者上升的时候，就会引起通货膨胀预期 E^t（if^{t+1}）上升。在一般情况下，证券投资者和证券筹资者都会将目标移向国外。投资者会在外币资产上避免本国货币贬值的损失，而筹资者也会筹到硬通货而获得其即将升值的好处或避免本币贬值的风险。但是，在 ICP 和 M1 增加的同时，如果国内证券业十分活跃，对未来通货膨胀会上升的预期就会被未来国内证券收益会上升的预期所抵消和削弱。这时，国际证券投资和筹资反而下降。表现出 ICO（或 M1）与 ISO 或 ISC 负相关。这就是说，一国参与国际证券投资活动的规模与本国通货膨胀预期正相关，与国内证券业的收益负相关。

3. 汇率变动的预期是影响一国国际证券投资和筹资的第二大因素。人们越是预期汇率（外币 / 本币）上升，即本币越是升值，对外证券投资越多，对外证券筹资越少。

4. 国内外利息率的证券收入的大小也是影响国际证券投资的重要因素。一般来说，一国国际证券筹资与外币的利息率负相关与本币的国内利率正相关。一国的对外证券投资的大小与外币利息率正相关，与国内利息率负相关。

5. 一国经济增长的预期也是一个影响国际证券投资和筹资活

动的不可忽视的因素。如果用现期的经济增长率作为下一期经济增长率预期的主要决定因素，现期增长率越高，人们就越是预期下一期经济增长会减慢。于是对外投资会增加，对外筹资减少。由于预期的作用，一国现期国际证券投资就与现期经济增长状况正相关，而其国际证券筹资则与现期经济增长状况负相关。

6 金融活动与汇率

在国际上，汇率的变动对各国的经济起着至关重要的作用。经济学界历来重视有关汇率的理论。在当代，经常项目的国际收支尽管仍然对汇率的决定起着重要的作用，但是，国内的金融活动和国际的金融活动越来越影响着汇率的决策过程。本章将以金融活动对汇率的影响为重点进行论述。首先对现有的有关汇率的理论进行简要的分析，然后在指出其缺陷的基础上建立一个多因素的汇率模型，以帮助考察国内和国际的金融活动是如何在汇率变动中起作用的。

6.1 当代汇率理论及其缺陷

在国际证券投资的决定因素中，汇率是最重要的因素之一。20 世纪 80 年代中期以来，在汇率的决定因素中，金融活动也起着越来越重要的作用。但是，当代有关汇率的理论却没有对这些国内和国际的金融活动对汇率的影响给以足够的重视。本节对当代最流行的四个理论关系进行必要的分析，并指出其共同的缺陷。

6.1.1 购买力平价学说

购买力平价学说是关于国际价格差异与汇率变动的理论，在金本位的时期，货币、国际储备和黄金是一回事。购买力平价学说的早期研究关注于物价水平的国际差异与黄金国际流动之间的关系上。18 世纪中叶对该理论做出重要贡献的苏格兰经济学家大卫·休漠指出：国际收支会导致一国货币（黄金和储备）量的变动，从而导致物价的变动。这会使黄金在不同国家对商品的购买力出现差异，这一差异会导致货币或黄金的反向流动，使黄金在不同的国家保持相同的购买力。例如，一国国际收支顺差，导致黄金流入，使银行准备金（储备）增加，国内货币供给量增加，即使国内货币也同样是金或银，货币数量的增加也会导致物价上涨。这意味着黄金在该国的购买力下降，金、银会由该国流出，国际收支由顺差向逆差方向变化。第一次世界大战后，一方面各国货币的汇率脱离了战前的金平价，另一方面各国物价上涨的幅度也出现了较大的差异。于是，一些经济学家开始用购买力平价学说来解释二者之间的关系，并试图以此为官方确定适当的汇率提供理论依据。但是，第二次世界大战以后，恢复了固定的汇率，购买力平价学说也随之被搁置一旁。20 世纪 70 年代初，布雷顿森林体系崩溃，黄金退出货币领域，购买力平价学说才重新受到重视，成为解释国际货币环境的重要理论之一。

1. 购买力平价公式

购买力平价学说可以从货币数量公式推导出来。以剑桥公式为例，用 M 表示货币供给量，用 P 表示总价格水平，用 Q 表示一国的总产量或国民收入，一国货币数量公式可写为：

$$M=K \cdot P \cdot Q \quad (6.1)$$

式中 K 为一系数，它通常被解释为货币数量占名义国民收入（P·Q）的比例：K=M/（P·Q）。购买力平价学说认为，两国的物价水平之比与其币值之比（即汇率）相等，用 ER 表示汇率，并用美元的英镑价格（ER=£/$）来表示。用 $M_{\$}$ 和 $M_{£}$分别表示美国国内的货币供给量和英国国内的货币供给量，$K_{£}$，$P_{£}$，$Q_{£}$表示美国货币数量公式（$M_{\$}=K_{\$} \cdot P_{\$} \cdot Q_{\$}$）右边的三个变量；$K_{£}$，$P_{£}$，$Q_{£}$表示英国货币数量公式右边的三个变量。购买力平价就可以用下式表示：

$$ER=£/\$=P_{£}/P_{\$}=[M_{£}/(K_{£} \cdot Q_{£})]/[M_{\$}/(K_{\$} \cdot Q_{\$})] \quad (6.2)$$

该式表示，一国的货币币值（用外币衡量）与其本国的货币供给量、实际国民收入及其价格水平成比例，一国货币与另一国货币的汇率同两国物价总水平的比例相一致。在式（6.2）中，如果英国的货币供给量 $M_{£}$增加，就意味着汇率£/$ 上升，英镑会贬值，英镑的美元价格（$/£）就会下跌。购买力平价学说认为，在没有贸易限制的情况下，任何商品的实际价格在国际是相等的。因货币供给量变动而引起的名义价格的变动会因汇率的相反变动被抵消。购买力平价学说实际上把汇率的变动率与两国通货膨胀差异等同起来。其理论上的数量关系可以用下式表示：

$$(£/\$^{(1)})/(£/\$^{(0)})=(1+I_{U.K.})/(1+I_{U.S.}) \quad (6.3)$$

式中仍以美英两国为例。上标（0）表示期初的即期汇率，上标（1）表示期末的即期汇率。$I_{U.S.}$ 和 $I_{U.K.}$ 分别表示美英两国的通货膨胀率。假定，期初的汇率为£/$=0.5，在时期（0）—（1）期间，美国的通货膨胀率为 8%，英国的通货膨胀率为 12%，根据式（6.3）

$$(£/\$^{(1)})/0.5=(1+0.12)/(1+0.08)$$

$$(£/\$^{(1)})=(1+0.12)/(1+0.08)\times 0.5\approx 0.5185$$

期末的汇率为 1 美元兑换 0.5185 英镑。由于英国的通货膨胀率高于美国，英镑贬值了。原来 1 英镑兑换两美元（$/£=2），现在 1 英镑只能兑换不到 1.9258 美元了，英镑贬了 3.57%，美元升值了 3.7%，约等于两国通货膨胀率的差（12%–8%=4%）。如果将式（6.3）两边同时减去 1 的话，我们会得到如下的近似公式：

$$(£/\$^{(1)}-£/\$^{(0)})/(£/\$^{(0)})=(I_{U.K.}-I_{U.S.})/(1+I_{U.S.}) \quad (6.4)$$

即：（0.5185−0.5）/0.5=（0.12−0.08）/1.08=3.7%

（6.4）式的线性近似的公式可写为：

$$(£/\$^{(1)}-£/\$^{(0)})/(£/\$^{(0)})\approx I_{U.K.}-I_{U.S.} \quad (6.5)$$

式（6.5）中，汇率的变动率（等号左边）约等于通货膨胀率的差异。

2. 购买力平价学说的条件和机制

国际经济学和国际贸易理论家查尔斯·P. 金德尔伯格（Charles Kindleberger）、小岛清等都曾指出购买力平价是有严格的前提条件的，其基本前提是不存在国际贸易限制。在这一条件下，各国同类产品的实际价格趋于一致。汇率的变动率总是趋向于两国通货膨胀率的差。保证实现这一平价规律的是贸易商追求最大利益的行为。在上述的例子中，美国的通货膨胀率为 8%，英国为 12%。如果汇率仍是期初的 1 美元 =0.5 英镑。这首先意味着英国产品在国际上缺乏竞争力，英国的商品出口将减少，对英镑的需求将减少；其次，美国商人会发现同类产品在英国出售要比在美国出售有更高的价格，从而会有更大的收益，美国的商品会流向英国。在没有贸易限制的条件下这会使英国的国际收支朝着逆差的方向变动，导致英镑贬值。只要英镑贬值的比率比英美两国通货膨胀率之差小，美国商人就可因出口到英国而获得更大的利润，直到实现了购买力平价。

3. 购买力平价与国际证券

购买力平价学说对国际证券投资有十分重大的意义。对国际证券投资者来说，证券的收益如何是至关重要的。而国际证券投资收益的大小不但与本国的通货膨胀率有关，而且也取决于两国的汇率变动。如果购买力平价规律确实存在的话，就意味着通货膨胀差异会被汇率变动所抵消。任何一种证券的实际收益在任何国家都是相同的。我们举例来说明这一点。

假定，某种美国证券的名义收益率是 20%，如果美国的通货膨胀率为 8%，美国的投资者将获得 12% 的实际收益率。假定日本的通货膨胀率为 4%，根据购买力平价学说，美元对日元的汇率将下跌（8%–4%=）4%。日本的投资者要投资于美国的这种证券就要遭受美元相对于日元贬值 4% 的损失。将此种证券的美元收益折合成美元贬值后的日元收益率：

$$20\%-4\%=16\%$$

日本投资者按日元计算的收益率为16%。由于日本的通货膨胀率为4%，美国证券折合为日元后应剔除日本通货膨胀的影响，于是日本投资者的实际收益为：

$$16\%-4\%=12\%$$

日本投资者和美国投资者一样，都只获得了12%的实际收益率。

投资于即将升值货币的证券也不会改变上述结果。假定一项日元金融资产的名义收益率为20%，日本的通货膨胀率为4%，日本投资者在该项金融资产的实际收益率为：

$$20\%-4\%=16\%$$

假定美国的通货膨胀率为8%，日元相对于美元的汇价将升值4%，这样，美国投资者投资于日本的该项金融资产不但要获得20%的日元收入，而且还会获得日元升值的4%的好处，折合为美元的该项金融资产的实际收益率为24%。但是，美国在此期间会有8%的通货膨胀，从24%的收益中减去因通货膨胀对实际收益的影响，美国投资者的实际收益率也为16%。

可见对国际证券投资者来说，购买力平价学说意味着相同的实际收益率。由于通货膨胀差异等于汇率变动率，因此货币供给量增长率上的差异和通货膨胀率的差异都不会对国际证券投资构成影响。汇率风险似乎不存在，这显然是令人怀疑的。

4. 经验的研究

20世纪70年代初以来，许多人都在研究汇率波动的规律，特别是短期汇率波动的规律（以日、周和月为单位时期）。也不断有人对购买力平价学说做出经验的研究。这些研究的结果之间往往有很大差异。但在短期汇率波动中，购买力平价的作用很小已经被大多数经验研究所证实。例如，美国经济学家阿德勒（Adler）和杜玛斯（Dumas）对70年代以月份为单位的汇率波动进行了研究，发现通货膨胀差异只能解释短期汇率波动的不到

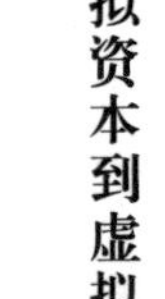

5%，短期汇率波动的95%都与通货膨胀率差异无关。有些人甚至认为，在短期购买力平价规律根本就不存在。

美国经济学家布鲁诺·索尔尼克（Bruno Solnik）认为，除去贸易限制等现实与理论假定条件的差异以外，造成购买力平价在现实中不起作用的主要因素之一是通货膨胀的实际内容差异很大。在不同国家，人们的消费偏好是不同的。因此在一国物价指数所包括的一篮子商品中，有许多种类是另一国没有的。当通货膨胀发生时，这些种类商品的价格上涨不会引起外国商品进口，也就不会引起汇率的变动。例如，日本人喜欢喝米酒，米酒的价格上涨就不会引起国际收支的变化，因为其他国家没有这类需求，不生产这种酒类，也就不存在日本价格高，向日本出口的问题。此外，还有许多商品只适合当地生产，不适合长途运输，也会使通货膨胀的差异中有很大一部分不会转化为汇率的变动。运输成本和其他贸易的限制（包括关税）等也都抑制了通货膨胀的国际差异对汇率的影响。由于在产品上国际套利活动受到来自各方面的限制，就使得购买力平价在汇率的变动中几乎不起作用。购买力平价规律在短期内基本不起作用的结论对国际证券投资者有着十分重要的影响。同一种证券，由于其投资者来自不同的国家，这些国家的通货膨胀率不同，他们的实际收益也会出现很大的差异。例如，在前面的例子中，某种美国证券的名义收益率是20%，美国的通货膨胀率为8%，日本的通货膨胀率为4%，如果购买力平价规律不起作用，汇率就不会因通货膨胀差异而发生变化，美国的投资者获得16%（20%–4%）的实际收益。通货膨胀率低的国家投资于通货膨胀率高的国家会更有利可图。

但是，从长期看，购买力平价规律仍是起作用的。在一国通货膨胀率较另一国大的较长时期，由于最初汇率不因此而变动，通货膨胀严重国家的生产成本（包括工资和其他要素及原材料价格）的就比通货膨胀小的国家的生产成本上升快而且幅度大，这会引起对外直接投资的增加。因为在通货膨胀率低的国家建厂，

会有较低的生产成本。这样，通货膨胀严重的国家，一方面会因产品价格偏高减少出口和增加进口；另一方面也会增加对外的直接投资。国际收支会向逆差的方向发展，从而使该国的汇率下跌。绝大多数经验研究表明，从长期看，购买力平价规律是起作用的。

6.1.2 国际费雪关系

1930 年美国经济学家费雪（Fisher）提出了一个名义利息率与实际利息率及通货膨胀预期之间关系的理论。后来，这一理论被用于国际名义利率差异的研究，并被称为国际费雪关系（International Fisher Relation）或费雪开放平价（Fisher Open Parity）关系。

1. 国际费雪关系

用 r 表示名义利益率，用 p 表示实际利息率，用 E（I）表示预期通货膨胀率，费雪将这三者之间的数量关系表示如下：

$$(1+r)=(1+p)[1+E(I)] \tag{6.6}$$

假定，我们在实际中观察到的利息率（即名义利息率）为 10%，预期通货膨胀率为 8.91%，实际利率就等于 1%：

$$(1+p)=(1+r)/[1+E(I)],\ (1+0.01)=(1+0.01)/(1+0.0891)$$

根据式（6.6）名义利率的线性公式可以写为：

$$r=p+E(I) \tag{6.7}$$

名义利率是实际利率与短期通货膨胀率之和。或者说，名义利率减去预期通货膨胀率就等于实际利息率。费雪认为，实际利息率在相当时期内是稳定的，名义利息率的波动只与通货膨胀的预期波动有关。

费雪的这一理论后来被用于国际利息率差异的研究。两国间市场利息率（即名义利息率）的差异取决于两国间实际利息率的差异和通货膨胀率的差异。用下标 F 表示外国，用下标 D 表示本国，国际费雪关系可写为：

$$\frac{1+r_F}{1+r_D}=\frac{1+P_F}{1+P_D}\times\frac{1+E\left(I_F\right)}{1+E\left(I_D\right)} \quad (6.8)$$

利息率国际差异的线性近似公式为：

$$r_F-r_D=P_F-P_D+E(I_F)-E(I_D) \quad (6.9)$$

式（6.8）和式（6.9）通常称为国际费雪公式。它们表示两国间市场利息率的差异与实际利息率的差异和预期通货膨胀率的差异有关。

国际投资理论家索尔尼克认为，国际实际利息率的差异趋于零。从理论上说，如果两国间的实际利息率不等，就会导致资金由一国流入另一国。实际利息率低的国家会有更多的人投资于利息率高的国家的金融资产，引起低利率国家的实际利息率提高和高利率国家的实际利息率下跌，从而使国际的实际利息率相等。

如果各国的实际利息率趋于相等，那么名义利息率的差异就主要是由通货膨胀的预期的差异决定的。根据费雪的观点，实际利息率在相当时期内是稳定的，名义利率的变化主要是通货膨胀预期造成的。索尔尼克等人则把这一观点推广到国际实际利率的趋同。这样，“国际费雪关系”的确切含义就是通货膨胀预期差异决定国际名义利率差异。根据式（6.6），我们假定，在法国，名义利息率为14%，在英国名义利息率为10%，如果实际利息率在英、法两国是1%，那么，法国的预期通货膨胀率就是12.87%，英国的预期通货膨胀率就是8.91%。

法：1+0.14=（1+0.01）（1+0.1287）

英：1+0.01=（1+0.01）（1+0.0891）

根据式（6.8），名义利率的差异与通货膨胀预期的差异相等。

2. 国际费雪关系的经验研究

国际费雪关系的经验研究是相当困难的，这是因为区分实际利率和通货膨胀预期几乎不可能。最多是用实际的通货膨胀率来代替通货膨胀率预期。美国经济学家科恩（Kane）和罗森塞

尔（Rosenthal）[1]曾经用这种方法研究了国际费雪关系，他们对1974—1979年期间六个主要世界货币国家之间的利息率和通货膨胀率差异进行了研究。其结论是国际费雪关系是存在的。但是，1979年以后的研究表明，实际利息率是变化的，而且在国际存在着差异。国际费雪关系在经验研究上的困难使凯恩斯主义者关于实际利率变动及通货膨胀率预期关系的理论仍有很大的影响。

凯恩斯主义者认为，在短期，通货膨胀或通货紧缩不影响人们的通货膨胀预期，而是影响实际利息率。例如，在货币供给量增长率突然减少的时候，名义利息率会迅速地做出上升的反应。但是，人们都不会预期通货膨胀率会立即下降，通货膨胀率预期会保持不变。实际利息率会因货币的稀缺性增加而上升，通货膨胀率是随着货币供给增长率的下降逐步调整的。基斯科（Geske）和罗尔（Roll）[2]曾用一复杂的计量模型来验证国际名义利率与实际利率和预期通货膨胀的关系，发现实际利率在不同国家对货币供给增长率的反应是不同的。在那些预算赤字不被货币化的国家，像日本、前西德和瑞士，实际利息率与货币供给量的相关性很强。这些国家的财政赤字是主要靠税收（或以后的财政盈余）来弥补的。这就使实际利率的变动与名义利率的变动非常接近。而在一切推行赤字货币化政策的国家，如美国和英国，由于赤字出现的同时，货币供给量总是与赤字同步增长，就使得名义利率的变化与人们的通货膨胀率预期同步，实际利率的变化就非常小。这就意味着国际费雪关系只在那些推行赤字货币化的国家之间适用，而在那些实行赤字非货币化政策的国家之间不适用。

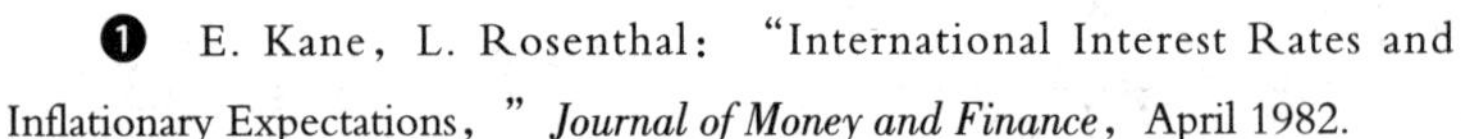

[1] E. Kane，L. Rosenthal："International Interest Rates and Inflationary Expectations，" *Journal of Money and Finance*，April 1982.

[2] R. Geske，R. Roll："The Fiscal and Monetary Linkage Between Stock Returns and Inflation"，*Journal of Finance*，March 1983.

3. 对国际证券投资的影响

1981年，美国经济学家法玛（Fama）提出了一个用货币需求来解释证券收益与通货膨胀关系的理论[1]。他的研究表明，股票市场的收益可以用来预测实际GNP的增长率、工业生产、企业盈利和就业。他利用传统的货币需求数量论来研究通货膨胀率与证券收益的关系，指出这二者之间存在着负相关的关系。证券的实际收益与经济增长率是正相关的，但却与通货膨胀率负相关。较低的经济增长率意味着对货币需求的减少，在货币供给保持不变的情况下，会引起价格水平的普遍上涨，引起通货膨胀。基斯科和罗尔1993年提出了一种从货币供给方面来解释证券收益的理论。他们认为，经济增长下降会导致税收减少，财政赤字增加，政府为弥补赤字而增加债券的发行量，由于政府要与私人争资金，名义利息率上升。如果货币当局采取扩张性的货币政策，只使部分赤字货币化（即不是全部被货币化），实际利率就会上升，通货膨胀率预期也会上升，这就使证券价格下跌，证券的实际收入也会减少。

对于货币供给量或需求量变动与证券收益关系的研究存在着这样或那样的差异，但有两点是绝大多数研究者都赞同的。一是证券价格和证券收益与实际经济增长率正相关；二是证券收益与通货膨胀率，从而名义利息率负相关。根据费雪公式，名义利息率的上升可能由实际利息率上升引起，也可能由通货膨胀率预期上升引起。对于企业，名义利率的上升会影响其实际收入。企业收益的下降和利息率的上升会使股票价格下跌，影响股票的收益。银行和其他金融机构对利息率的变动更敏感，名义利率的上升会使其持有固定利率的债券价格下跌，减少银行的收入，导致银行股票价格严重下跌。

❶ E. Fama：“Stock Returns，Real Activity，Inflation and Money”，*American Economic Review*，1981.

从理论上说，名义利率与实际利率的差额，即通货膨胀率预期对本国投资者的影响远大于对外国投资者的影响。例如，美国的名义利率为 15%，通货膨胀率为 8%（假定实际通货膨胀率与通货膨胀预期相等），日本的名义利率为 11%，通货膨胀率为 4%，美国人投资于美国的债券将获得 15%–8%=7% 的实际收入。而日本投资者投资于美国债券将获得 15%–4%=11% 的实际收入。因为本国的通货膨胀率预期不影响外国投资者，这会引起两国投资者证券收益上的差异。在上述情况下，日本投资者于本国证券获得的实际收益为 11%–4%=7%。显然，日本投资者投资于美国证券将比投资于日本证券有更大的收益。于是资金会由日本流向美国，对美元的需求上升，美元升值，日元的供给上升，日元贬值。直到美元对日元的汇价上升 4%，或日元对美元的汇价下跌 4%。这时对于日本投资者来说，他投资于日本债券获得的实际收益为 7%，投资于美国债券的实际收益为 15%–4%–4%=7%。在我们随意举出的例子中，美国投资者如投资于日本证券，会获得 11%–8%+4%=7% 的实际收益，这又会引起资金的回流，直到名义利率的差额（也会随资金流入、流出而调整）与汇率的变动相等，达到一种均衡状态。这就是说，名义利息率的差额在理论上应等于汇率变动率。用 S^* 表示期初的即期汇率；用 S^1 表示期末的即期汇率，用小写的 s 表示汇率的变动率，用 r_F 表示外国的名义利息率，用 r_D 表示本国的名义利息率，便有下式成立：

$$r_F - r_D = \frac{S^1 - S^*}{S^*} = s \qquad (6.10)$$

该式表示，两国间的利息率差异将等于两国货币汇率的变动率。

4. 购买力平价与国际费雪关系

从理论关系看，购买力平价意味着汇率的变动率等于两国通货膨胀率的差异。用 I_F 表示外国通货膨胀率，用 I_D 表示本国的通货膨胀率，购买力平价公式可简写为

$$\frac{S^1}{S^*}-1=I_F-I_D \tag{6.11}$$

国际费雪关系则要说明汇率的变动率将等于两国间名义利率之差［见式（6.10）］。这就意味着通货膨胀率的国际差异应与名义利息率的国际差异相等。即：

$$r_F-r_D=I_F-I_D \tag{6.12}$$

在前面的叙述中，名义利息率的国际差异 r_F-r_D 应等于两国间通货膨胀预期上的差异。（6.12）式应改写为：

$$r_F-r_D=I_F-I_D \tag{6.13}$$

将式（6.10）、式（6.11）和式（6.13）的关系综合在一起，可以说明利息率差异、通货膨胀预期差异以及汇率变动这三者之间的关系：

$$r_F-r_D=\frac{S^1}{S^*}-1=E\left(I_F-I_D\right) \tag{6.14}$$

式（6.14）表明的仅仅是一种理论关系，它以通货膨胀率预期差异与实际通货膨胀差异相等为前提。在经验研究的有关文献中，实际通货膨胀率几乎对即期汇率的变动没有值得重视的影响。

6.1.3 外汇预期关系

外汇预期关系（Foreign Exchange Expectation Relation）是从套汇的技术条件推导出来的理论关系，用以说明即期汇率和远期汇率的联系。

1. 外汇预期关系

最早将外汇预期关系理论化的是美国经济学家罗尔和索尔尼克[1]。用 S 表示即期汇率或现期汇率，用 F 表示远期汇率，外汇预期关系可以用下式表示：

[1] R. Roll，B. Solnik：“On Some International Parity Conditions”，*Journal of Macroeconomics Summer*，1976.

$$F=E(S) \tag{6.15}$$

在0时期，对1时期交割的远期汇率应等于在0时期对1时期即期汇率的预期。如果在0时期能够确切地知道1时期即期汇率的值为S^1，那么零时期对1时期交割的远期汇率就必然也是S^1。如果这二者不等，就会出现套利的机会。

例如，我们确切地知道一年以后的今天，即期美元的法国法郎汇价FF/$=8.2909。但是，现在于一年后交割的远期汇率为FF/$=8。于是便有如下的套利活动发生：

（A）按远期汇率1美元等于8法国法郎购进一年后交割的远期美元合同，并持有合同直到一年后交割。

（B）由于一年后的即期汇率是1美元兑换8.2909法国法郎，因此在一年后交割时按1美元兑8法郎买进美元后立即将其卖掉，每卖出1美元可获0.2909法国法郎的利润。

这就是所谓无风险的套利。其前提是对一年后即期汇率的确切预期。如果即期汇率的未来变化总是可以确切知道的，上述的套利活动就必然会发生，并形成购买远期美元的风潮，直到对远期美元的需求上升将远期美元的汇率拉起到FF/$=8.2909时为止，这也是远期汇率必然等于对同期即期汇率预期的原因。对于投资者来说，即使无法保证对未来即期汇率的预期的正确性，只要市场上的远期汇率与其对同期未来即期汇率的预期有差异，他就会进行套利活动。当大多数人心理预期的未来即期汇率与现在的远期汇率的差异方向相同（或正或负）时，众多投资者的套利活动就会改变现时的远期汇率。因此，至少可以说，现期汇率总是反映多数投资者对同期未来即期汇率的预期。式（6.15）表示的外汇预期关系是存在的。

实际上，索尔尼克提出的外汇预期关系同奥费斯提出的风险价格理论是一致的[1]。从式（6.15）中减去现期的即期汇率S^*再

[1] L.H.Officer："The Purchasing Power Theory of Exchange Rates：A Review Article"，*IMF Staff Paper*，March 1976.

除以 S^* 便得到下式：

$$\frac{F-S^*}{S^*}=E\left(\frac{S^1-S^*}{S^*}\right) \tag{6.16}$$

公式左边是远期汇率的远期贴水（Forward Discount）或远期升水（Premium），它等于公式右边的即期汇率的预期变动率。从理论上说，既然投资者的套利活动能够保证该式成立，那么投资者承担远期汇率不确定性的风险就没有报酬。因为在投资者的心目中，远期汇率应等于即期汇率的变动率，他们不可能通过远期汇率与未来即期汇的差额率获取收入（套利）。无论一种货币的汇价是看涨还是看跌，购买该种货币远期买入合同者的收入（或损失），总是在远期出售该种货币者的损失（或收入）。例如，美元与法国法郎的即期汇价为 FF/$=8，由于美元看跌法郎看涨，于是现期的远期汇率为 FF/$=F=8.8。根据式（6.15）：

$$\frac{8.8-8}{8}=E\left(\frac{8.8-8}{8}\right)$$

美元的汇价将有 10% 的升水，而法郎会有约 10% 的贴水。任何投资者都不可能从远期汇率 F=8.8 与未来即汇率 S^1=8.8 的差额中获取收入。对于购买远期美元卖出法郎的投资者来说，他会因美元升值 10% 获得收入；卖出远期美元买进远期法郎的投资者，会因法郎贬值约 10% 受到损失，一方得到的正是另一方失去的。汇率波动的净风险收入等于零。这意味着通过远期外汇合同来躲避汇率风险是没有成本的。购买合同的费用、佣金和其他服务费用，与汇率波动的风险无关。

2. 经验的研究

外汇预期关系的经验研究是十分困难的，人们只能用事后的资料来进行研究。根据罗尔和索尔尼克的研究，现期的远期汇率与未来即期汇率的偏离很大。如果把即期汇率的预期等同于实际即期汇率的变动加上一个随机的不可测因素的话，汇率预期关系对汇率变动的解释力不足 10%，甚至更小。

也有一些经济学家，如法玛，认为索尔尼克和奥费斯提出的汇率预期关系中不存在风险升水是一个严重缺陷。他的经验研究结果表明，风险报酬是存在的，只是经常变化罢了。多数经济学家认为，汇率预期关系的现存经验研究结果大部分是不可靠的。[1]因为即期汇率的易变性要大得多，使用事后资料来代替预期就更加不可靠。因此，不是外汇预期关系不存在，而是无法对它进行可靠的经验研究证实它的存在。

6.1.4 利息率平价关系

利息率平价关系（Interest Rate Parity Relation）是20世纪70年代末80年代初兴起的一个有关国际金融关系的理论。它主要研究国际利息率差异与汇率之间的关系。其较具权威性的最初研究是由美国的库姆拜（R.E.Cumby）和奥伯斯特费尔德（M.Obstfeld）合作进行的[2]。在此后十多年的时间里一直是国际金融理论研究中的新热点之一。

1. 利息率平价关系

利息率平价关系是说，名义利息率的国际差异必然等于远期汇率的升水或贴水。用F表示现期报价的远期汇率，用S^*表示现期的即期汇率，用r_F表示外国某国的名义利息率，用r_D表示本国的名义利息率，利息率平价关系可用公式表示为：

$$\frac{F}{S^*}=\frac{1+r_F}{1+r_D} \tag{6.17}$$

其第一序的线性近似公式可写为：

---

[1] E. Fama："Forward and Spot Exchange Rates"，*Journal of Monetary Economics*，November 1984.

[2] R. E. Cumby and M. Obstfeld："A Note on Exchange Rates Expectations and Nominal Interest Rates Differentials"，*Journa of Finance*，June 1981.

$$\frac{F}{S^*}-1=\frac{F-S^*}{S^*}=\frac{1+r_F}{1+r_D}-1=\frac{r_F-r_D}{1+r_D}\approx r_F-r_D$$

即：

$$\frac{F-S^*}{S^*}\approx r_F-r_D \tag{6.18}$$

该式的左边为远期汇率的升水或贴水，右边为两国名义利息率的差额。该式表示远期汇率的升水或贴水等于两国利息率的差额。根据式（6.16）表明的汇率预期关系，远期汇率的升水应等于即期汇率在未来的变动率，利息率平价就意味着即期汇率的预期变动率与两国利息率的差额相等。将式（6.16）和式（6.18）联系在一起得到如下等式：

$$E\left(\frac{S^1-S^*}{S^*}\right)\approx r_F-r_D \tag{6.19}$$

从式（6.18）的关系不难推出如下结论：既然预期即期汇率的变动率与利息率的差异相等，那么两国的实际利息率就是相等的。这就是所谓利息率平价关系的基本含义。

这一关系对于“开放经济的金融市场理论（Open Economy Financial Market Theory）”具有十分重要的意义。国际经济一体化是当代世界经济发展的重要趋势之一，而金融市场的一体化又是经济一体化的中心。如果利息率平价关系被证实的话，至少对经济一体化国家来说，利息率平价关系意味着任何一国的货币政策只有在影响一体化范围内的实际利息率的时候才能对实际经济起作用。

2. 利息率平价的经济研究

利息率平价是否存在，在理论上依赖于国际资本市场的完全流动性。在世界范围内，一体化的资本市场尚未形成。但在一些区域内，如欧共体国家间，一体化的资本市场已经形成或基本形成。至少，世界上一些资本市场一体化程度较高的地区，利息率平价关系应该是存在的。这使得对利息率平价关系的经验研究集中在资本市场一体化程度较高的国家之间。

从20世纪70年代末到90年代初，西方经济学家对国际费雪关系、购买力平价以及利息率平价进行了大量的经验研究，这些经验研究的最大困难是如何从名义利率中将实际利率区分出来。根据费雪公式，名义利率等于实际利率加上通货膨胀率预期。除非将实际利率区分出来，否则上述关系就不可能进行经验的检验。多数方法是用实际的通货膨胀率来代替预期通货膨胀率，然后用名义利率减去通货膨胀率以便得到实际利率的资料。在用什么指标来衡量通货膨胀率的问题上，有两种常用的方法：一是消费物价指数（CPI），二是批发物价指数（WPI）。

在早期的研究中，如福兰克尔（Frenkel）、拜尔森（Bilson）和马瑞恩（Marion）以及奥伯斯特费尔德（Obstfeld）等人的研究结果都表明，利息率平价对即期汇率的解释力相当弱。这种情况被许多经济学家看作是因方法不当所致。他们认为，即期汇率最基本的决定因素是一国的国际收支，而国际收支主要的内容是国际商品贸易和资本流动。如果一国的商品有相当大的比例是非贸易产品，如房地产、本国特有的消费品和服务等的话，其通货膨胀的变动对其货币汇率的影响就要小得多，因为它不引起国际收支的太大变化。如果金融资产的国际流动受到限制的话，国际实际利息率均等化也就不能实现，国际利息率平价也不会实现。因此，无论是对购买力平价的研究还是对利息率平价的研究，首要的问题是将通货膨胀中引起国际收支变化的部分区分出来。

1993年，美国北卡罗来纳中央大学商学院（North Carolina Central University，School of Business）教授M.M.达顿（Marilyn Miller Dutton）提出了一个改进了的研究方法[1]。他试图从消费物价指数（CPI）中分离出贸易产品的价格指数，他认为，利息率平价关系的经验检验应建立在贸易产品的基础上，因为贸易产

[1] M. M. Dutton："Rial Interest Rate Parity New Measures and Tests"，*Journal of International Money and Finance*，1993.12.

品价格普遍上涨才引起国际商品流动，导致国际收支变动，从而使汇率变动。即使实际利息率的国际趋同化是以资本市场的一体化为前提，并靠资本在国际的自由流动来实现，在进行经验检验的时候，也会因用什么标准来衡量国际通货膨胀差异而使经验检验的结果出现很大的差异。由于各国公布的资料（特别是价格指数）从来不区分贸易产品和非贸易产品，达顿就只能在现有的资料中分离出他所需要的贸易品的资料。他的实际做法与其理论上的要求仍有相当大的差距。他只是将服务作为非贸易产品来处理，将它们排除出消费物价指数。他将房地产业、修理业、医疗卫生业、食品、饮料业和其他服务业看作是非贸易产品，将它们的价格指数从消费物价指数中除去。这显然也是一种粗略做法。达顿用他区分出贸易品价格指数的方法对加拿大、日本、美国、法国和英国的实际利息率进行了经验研究。其结果显示，实际利息率差虽然仍旧不小，但比起使用消费物价指数和批发物价指数来验证国际实际利率要更接近一些。

达顿认为，其检验结果之所以不能完全支持利息率平价关系，一方面可以解释为这五国之间的资本流动仍有很大的限制，另一方面因为只能使用贸易品的粗略近似资料。

自实行浮动汇率制以来，国际货币环境的易变性大大增强了，一切国际经济活动无不因此而受到影响，国际虚拟资本的运动就更是如此。这使得以汇率为中心来研究国际有关货币的变量关系成为一个近二十年来经久不衰的热点。这一方面表明了这种研究的困难程度之大，另一方面也表明现有理论的贫乏。上述有关国际货币环境的四个基本理论关系总是与实际情况不相合，其基本原因尚不在于检验方法需要改进或理论应涉及更多的因素，而在于其目的和方法的不一致。

6.1.5　四个国际货币关系形成的理论体系

上面叙述的有关国际货币环境的四个理论关系都试图在理论

上推导出汇率变化的基本规律。但有关的经验研究却不足以证明这些理论关系的存在。那么，问题究竟出在哪里呢？

1. 四个国际货币关系的联系

购买力平价、国际费雪关系、汇率预期关系和利息率平价关系，分别对国际通货膨胀差异与即期汇率的关系，名义利息率差异与通货膨胀预期差异的关系，远期汇率与即期汇率预期的关系，以及远期汇率贴水或升水与名义利息率差异的关系进行了推断。这四个关系是交织在一起的，它们构成了一个有关国际货币环境的基本理论体系。这一理论体系是将即期汇率的变动率、远期汇率升水或贴水、国际利率差异和通货膨胀差异这四个变量用上述四个理论关系连接在一起。用 s 表示即期汇率的变动率，用 f 表示远期汇率升水或贴水，用 r 表示名义利息率，用 I 表示通货膨胀率，用下标 F 表示外国，用下标 D 表示本国，用 S 表示即期汇率，用 0 表示期初，用 1 表示期末，我们可用图 6–1 来表示上述关于国际货币环境的理论体系。

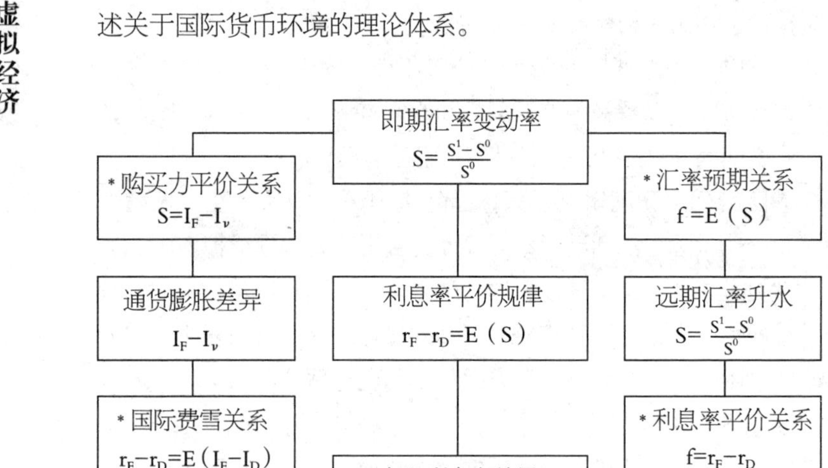

图 6–1

图 6-1 标出了四个基本国际货币变量（黑体字）和它们之间的四个基本关系（带 * 号的）。根据这四个基本理论关系，可以派生出一系列的推导关系。它们构成了有关国际货币环境的理论体系。根据汇率预期关系，远期汇率的升水或贴水等于人们对即期汇率变动的预期 [$f=E(s)$]；根据利息率平价关系、远期汇率的升水或贴水等于两国名义利息率的差（$f=r_F-r_D$），这样就很自然地得到一推导公式：名义利息率的差等于对即期汇率变动率的预期 [$r_F-r_D=E(s)$]。同样，根据利息率平价关系和国际费雪关系可推导出远期汇率的升水或贴水等于两国间通货膨胀率差异的预期 [$f=E(I_F-I_D)$]。这些理论关系的中心围绕着即期汇率的变动率。不难得出结论，即期汇率的变动率等于通货膨胀率预期的国际差异，等于远期汇率的升水或贴水，等于名义利息率的国际差异（加一预期修正值）。根据图 6-1，可以用如下公式来描述上述国际货币环境的理论体系：

$$r_F-r_D=E(s)=f=E(I_F-I_D) \qquad (6.20)$$

式（6.20）表明：即期汇率的波动与利率的差异、通货膨胀差异和远期汇率有关。这一理论体系的建立依赖于两个重要的前提：一是国际商品贸易不存在障碍，且国内的全部产品都可能在国际流动。否则，通货膨胀的差异就不可能完全反映在即期汇率的变动上。二是国际资本流动不存在障碍，这就保证了各国的实际利息率都是相等的，名义利息率的差异将造成即期汇率的变动。

2. 理论与实际情况的差异

在多数经验的研究中，这一理论体系所描述的关系在实际中近乎不存在。但是，西方多数经济学家并不因此而否定这一理论体系。其解释不外乎两个方面：一是用国际上的各种障碍来解释上述关系实现的困难，如资本流动的国际限制（包括各种税收、配额、利润汇回的限制等）使国际实际利率存在差异，各国消费品“篮子”里商品品种的差异使通货膨胀率的差异不能全部转变

为即期汇率的变动等；二是用经验检验方法和所用资料的不适当来解释理论与实际检验之间的不一致。

多数西方经济学家并不打算否定上述四个国际关系，只是打算找出它们不一致的原因。在实践中，他们承认汇率是高度易变的，这种高度易变性显示出汇率的决定取决于多种因素的共同作用。但在理论上，他们却用简单的关系式来描述汇率的变动机制。这就使图 6–1 和式（6.20）所描述的关系与实际严重脱离。

根据购买力平价学说，汇率的波动与通货膨胀率差异相等。根据利息率平价规律，名义利率的差异应与汇率的变动率相等。如果这两个理论都成立，通货膨胀率差异与名义利率的差异相等。进一步说，如果上述四个理论关系都成立，无非是说，汇率的变动必须同时满足图 6–1 中四个公式所规定的关系。这使得汇率变动的理论更僵化了，至少比用一个公式来规定它更僵化。不是将决定汇率变动的各个主要因素及其影响程度统一考虑来建立汇率变动的理论，而是分别将汇率的变动与某一单一因素的关系纯粹化，把它描述为与通货膨胀率差异有严格的等量关系，与名义利率差异有严格的等量关系，同时又与远期汇率有严格等量关系。汇率在每一个公式中都表现为由一个因素单独决定，当四个公式同时成立时，汇率就被严格地限制在这多重关系之内。汇率变动不是被描述为由多因素同时影响，从而表现出高度的易变性，而是被僵化在一系列严格的数量关系内。这才是这些关系与实际情况不相符的根本原因。图 6–1 中四个关系式构成的理论体系不利于说明汇率变动的综合性因素。过分强调汇率变动与单一因素之间的数量关系造成了这一理论体系的片面性和局限性。

在实践中，人们预测汇率变动的方法与上述理论体系的差异颇大，有时甚至根本不考虑上述理论体系的存在与否。短期汇率的预测（以日、周为单位）一般采用技术分析的方法，这种不再考虑是什么因素在影响汇率变化，而是将前一时期的汇率波动绘制成图表，并以上一两次波动的周期的波峰和波谷为参考，预测汇率的短期波动。外汇市场上的远期汇率通常反映大银行对即期汇率未来变动值的预测。远期汇率的确定机制包含着人们的套利活动，它可以反映多数外汇投机者的心理预期。尽管如此，远期汇率也不能看作是即期汇率的正确预期。在实践中，人们虽不能根据上述理论关系准确地预测汇率变动，却通过衍生物市场的发展创造出了躲避汇率波动风险的方法。对于所有的国际投资者或贸易商来说，只要他愿意，汇率波动的风险是有办法躲避的。但对一个国家的宏观经济和国家之间的经济往来，汇率波动的影响却不会因此而减弱。汇率的波动规律研究仍旧是在理论上和实践中有重大意义的课题。

上述的四种关系实际上共同对汇率起着决定性的作用。这些关系涉及的变量实际上都属于金融活动的经济变量。西方经济学家已经十分重视金融活动对汇率的重大影响。金融活动与实际经济活动共同决定着汇率及其波动的幅度。

6.2 国内和国际金融变量与汇率决定

在国际证券投资的理论中，汇率理论占有极其重要的地位。这不仅因为它像影响一切其他国际经济活动一样影响着国际证券投资，更重要的是当代国际货币的基本存在方式也是披着价值增值外衣的虚拟资本，如各种外币存款和债券、股票等。此外，当代货币还与证券有着高度的互换性，特别是占 M_1 80%~95% 的支票账户与各种短期债券之间存在频繁和大量的互换。加上外汇期货、期权交易的发展，就使得汇率与国际证券投资有着比其他国际经济活动更为密切的相互关系。

汇率波动的原因是多方面的，这已经成为多数实际货币经营者的共识。但是，现有的汇率理论却过分强调影响汇率的单一因素，从而使理论与实际相差甚远。本节首先根据汇率体现的本质关系建立一个有关汇率波动的数量模型，然后用美国、日本、加拿大三国的有关数据资料检验这些数量关系的可靠性。

6.2.1　汇率波动的基本因素

汇率是一国货币同另一国货币的兑换比例，它直接体现着两国货币之间的对比关系。决定币值的因素便是决定汇率的基本因素，这是我们建立汇率模型的出发点，也是与西方汇率理论的根本区别。

1. 汇率的决定因素

西方的一切汇率理论，包括购买力平价、利息率平价以及国际经济学中的有关汇率的理论都是把汇率的变动归因于能够引起国际收支变化的因素。这些理论的基本出发点是：任何经济变量，只有它对实际的国际收支产生影响时才会引起汇率的波动。这样的理论与金本位和金汇兑本位下的汇率理论有密切的关系，在金本位和金汇兑本位下，货币的币值与其含金量直接相连系，币值变动、国际收支变动和黄金的国际流动（国际货币储备变动）都是联系在一起的。把国际收支看作是汇率波动的基本因素和把币值看作是汇率波动的基本因素结果都是一样的。但是，当代的情况已经发生了重大变化。当代虚拟化了的货币已经摆脱了个别使用价值的束缚，不再与黄金或其他贵金属的个别生产过程发生直接联系。币值的大小与货币的供给量和需求量有关。如果国内的货币供求关系发生变化，币值就会发生变化。而国际收支的变化却不能与国内货币供求的变化总是保持一致。这样，仅从实际发生的国际收支变化来考虑汇率变动的决定因素就不能概括影响汇率变动的全部经济因素。西方的一些金融理论家也意识到当代货币体制变化给币值决定基础带来的变化。例如，世界流行的一种说法是把当代的货币体制称作“商品本位”。商品本位实际是根据货币数量论的观点，把币值的大小与货币数量和商品劳务之间的对比关系联系在一起。但是国际费雪公式却仍旧摆脱不了旧理论的束缚，把汇率与通货膨胀等因素引起的国际收支联系起来，并以此说明货币供给量对汇率的影响。当代汇率的波动是以币值为基础还是以国际收支为基础的关键在于一国的经济活动对汇率产生的影响是否会全部反映在该国的国际收支平衡表上。

我们认为汇率的变动基础是币值。而币值的变动只有一部分会引起国际证券投资和商品进出口的变化，并反映在国际收支上。此外，一国的国际收支变化也只有一部分与其国内的货币变量有关，其他因素，如国外的经济状况，贸易伙伴的政策等也会对一国的商品进出口和国际金融投资产生影响，从而影响该国的国际收支，并通过国际收支的变化来影响该国货币的汇率。这样，一国币值的变动虽然会对该国的国际收支产生影响，但却不是唯一使该国际收支变动的因素，不能像金本位和金汇兑对本位那样，把二者看成是完全一致的。它们基本上可看作是影响汇率的两个相对独立的变量。汇率的决定因素是其币值，而国际收支反映的国际经济往来则是一个相对独立的重要影响因素。

汇率波动在多大程度上能够反映出币值的变动呢？如果只考虑两国货币之间的汇率，那么，汇率的波动可能由其中一国的币值波动引起，也可能由另一国币值的波动引起，或两国币值同时波动而引起。在这种双边关系下，汇率将同时反映两国的币值。如果一国货币的汇率是用特别提款权或欧洲货币单位这类一揽子货币来表示其汇价，就如同同时考察一国货币与许多国家货币的汇率一样，汇率的波动将主要反映该国货币币值的波动。一国的国际收支的变动会引起国内货币供给量与商品劳务关系的变动，从而影响其币值。但这种影响远不如它对汇率的直接影响。也就是说，国际收支的变动实际上反映该国货币在国际货币市场上的供求关系变动。汇率由一国货币供给量与其国内经济活动的相对关系来决定，因为这种关系决定币值，而由国际收支反映的该国货币在国际货币市场上的供求关系只是汇率波动的重要调节因素。

当然，一国货币在国际货币市场上的供求并不仅限于其国际收支所反映的该国与外国的经济关系，有一部分该国的货币供求关系是不反映在该国的国际收支中的。如英国和法国商人进行贸易结算时，使用美元，这笔交易影响美元的国际供求关系，却并不反映在该国的国际收支中。20 世纪 90 年代，高度发达的国际外汇投机活动使这种与本国国际收支无关的影响汇率的因素变得日益重要。

一国货币币值的大小是由货币数量公式所表示的，由其国内货币供求关系决定。在第三章中，有式（3.22），即下式：

$$M=P\cdot Q/V+SP\cdot SQ/V_s \qquad (6.21)$$

该式对传统的货币数量公式作了补充，增加了证券交易的货币需求。它与凯恩斯的投机货币需求及资产选择理论的“资产的货币需求”在形式上是类似的，但我们所强调的是它对币值的决定作用，而凯恩斯强调的是它与利息率的关系，资产选择理论则强调它与总需求的关系。在汇率理论中尚未给予它足够的重视。式（6.21）中的 $P\cdot Q/V$ 表示实际价值增值活动对货币的需求，$SP\cdot SQ/V_s$ 表示虚拟价值增值对货币的需求。前者是支持实际经济活动的货币量，后者是支持证券市场的货币数量。这样，货币的币值就与两大经济活动与货币供给量的对比关系直接相关。一方面，币值取决于一国的国内生产总值 GDP；另一方面，币值还在很大程度上取决于证券市场的交易总额。

实际价值增值活动或实际经济活动要受到生产周期、资源数量、技术水平等各方面物质条件的约束，相对来说是比较稳定的因素。而虚拟价值增值或证券交易活动却不受这些物质条件的束缚，时而呆滞，时而又异常活跃。它们是实际生产活动派生出来，但又相对独立的经济活动。正因它们是相对不受物质条件约束的经济活动，因此具有相当大的不稳定性，是币值波动的根源。一国虚拟资本运动稳定与否取决于两个方面：一是从事证券交易者的行为；二是金融当局对证券交易的管理体制和法规。虚

拟资本的运动之所以具有不稳定性，主要是从事证券交易的行为不稳定造成的。

从长期看，一国币值的大小将主要取决于其货币供给量与实际国民总产值的关系。虚拟价值增值运动由于最终会受到实际价值增值的约束，而不起主要作用。但是，从短期看，一国币值的大小，或币值的波动除受货币供给量的短期剧烈变化的影响之外，将主要受到虚拟资本活跃程度的影响。

综上所述，汇率的决定因素可分成大致四个部分：第一部分是货币供给方面的因素。包括对实际货币供给量有影响的诸因素，如名义 M1 的供给量、货币当局的货币储备、物价水平和货币周转速度等。第二部分是实际经济活动方面的因素，包括国内实际总产值 GDP，物价总水平以及国内总需求，等等。第三部分是国内虚拟价值增值活动方面的因素，包括市场利息率、股票价格指数、本国债券和货币市场融资工具的交易量等。第四部分是与国外有关的因素，包括国际证券的收益、国际证券投资、商品的进出口和对国外的债券、债权等。

2. 建立汇率模型的依据

汇率的决定因素是多方面的，仅就上述四个基本方面来说，就已经包含了大量的因素。可以说，汇率波动是一国经济的总状况及其各种对外经济关系的综合反映。此外，短期汇率的波动除受经济类因素的影响之外，还受到大量非经济因素的影响，如受政治、战争、天灾、人祸等大量偶然性因素的影响。这是短期汇率预测长期找不到准确方法的根本原因。但问题还不仅如此，20 世纪 80 年代以来，随着证券业在国内的膨胀和在国际上的迅速扩张，它在币值的决定，从而在汇率的决定过程中起着越来越举足轻重的作用。特别是在短期汇率波动中尤其如此。当代的货币币值不仅与虚拟资本的运动密切相关，而且货币本身也被看作金融资产，具有虚拟资本运动的形式，外汇的现货和期货交易使得汇率波动本身就日益带有虚拟资本价格波动的色彩。当代货币体系和金融业的新特点决定了汇率波动的特点，它们是我们建立汇率决定模型的基本依据。一是汇率波动反映一国的综合经济状况（包括国内实际经济活动与金事活动）及其与外部的综合经济关系；二是汇率波动日益受到国内和国际拟资本运动的影响。越是考虑短期，这后一点就越重要。

6.2.2 综合汇率模型的基本因素分析

基于上述对汇率决定因素及其基本特点的认识，我们并不打算像购买力平价或利息率平价学说那样，尝试建立一个假定的严格数学等式或几个等式来唯一地确定汇率的值或汇率波动的值。既然精确预测汇率是不可能的，那么建立理论模型的目的就仅在于说明各主要因素对汇率的影响方向及其可能发生的变化。

用 IR 表示一国的综合对外经济关系，用 SC 表示国内的证券交易活动，用 GDP 表示国内的实际经济活动，用 M 表示货币供给因素，一国的汇率 ER，就是上述四大因素的函数：

$$ER=f\,(IR,\ SC,\ GDP,\ M) \qquad (6.22)$$

1. 国际货币储备与汇率

在一国的对外关系中，进出口和国际金融投资以及无偿转移支付等国际经济往来，最终都会对该国的外汇储备产生直接的影响。因此，没有比用一国的外汇储备变动更能概括一国对外整体关系的变化了。一国的国际货币储备主要由两大部分构成，一部分是外汇储备，另一部分是黄金储备。在绝大多数情况下，黄金早已不再用来弥补国际收支的逆差，国际货币基金组织发表的国际金融统计资料也将各国总货币储备减去黄金储备作为一国对外货币关系的首要指标来公布。这样，我们就可将式（6.21）中的 IR 定义为一国的外汇储备，用以概括一国的综合对外经济关系。

在西方流行的有关国际储备、汇率和国际收支的理论中[1]，一国的国际储备增量通常被简单地看作是出口（EX）减进口（IM）再加上金融资产的出口（AX）减进口（AM）：

$$\Delta IR=(EX-IM)+(AX-AM) \quad (6.23)$$

为了更接近实际，国际储备的净增量应定义为经常项目的收（EX）支（IM）差额和资本项目的收（AX）支（AM）差额之和。这就让上述关系式包含了更多的内容。

西方流行的汇率理论把国际收支的变动看作是唯一地决定汇率的力量，一切其他因素都是间接地通过国际收支的变化起作用。按照这样的理论，作为国际收支总状况的集中体现，国际外汇储备的变动将是唯一决定汇率的直接力量，我们使用加拿大、日本和美国 1985 年第 2 季度到 1993 年第 1 季度的有关资料来验证这一理论。

我们利用单因素的回归模型来检验汇率 ER 与国际外汇储备的关系。由于使用的是时间序列的资料，三国的时间序列数据都有程度不等的序列相关，因此使用一阶自回归的校正方法，根据残差序列计算回归模型系数的估计值和残差的估计值，并从原来的解释变量中减去预测变量得到一个新的变量，再对原来的解释变量进行第二次回归，经若干次迭代计算达到收敛。使用这种多次迭代的自回归校正方法可以减弱或消除序列相关对上述两个变量之间关系的影响。我们使用的汇率定义为：

ER= 本币 / 特别提款权（SDR）

ER 上升表示本国货币贬值，ER 下降表示本国货币升值。我们使用的回归模型为：

$$ER_T=C_1+C_2 \cdot IR_{t-1}$$

---

[1] 见金德尔伯格：《国际经济学》中译本，上海译文出版社，1985年版；小岛清：《对外理论》中译本，南开大学出版社，1987年中文版。

计算结果如表 6-1 所示：

表 6-1　$ER_t=C_l+C_2 \cdot IR_{t-1}$

国家	系数		系数标准差		T 检验值		R^2	D-W 值	迭代次数
	C_1	C_2	C_1	C_2	C_1	C_2			
加拿大	1.036	-0.027	0.0095	0.0018	108.9	-14.5	0.96	1.8	1
日本	0.712	-0.060	0.1	0.030	7.1	-2.0	0.95	1.4	4
美国	1.174	0.094	0.080	0.044	14.8	2.1	0.89	1.3	2

在计算中，ER 是以 1985 年的季度平均值为基期计算的指数。一般来说，国际收支变动会立即引起国际货币储备的周期变动，但对汇率的影响则要有一个时滞。我们将 IR 的时间序列滞后一个季度，然后与汇率做回归分析。计算的结果是可靠的，T 检验值的绝对值都大于或等于 2，表示系数不为零的概率大于或等于 95%；判定系数 R^2 接近或大于 90%，表示经过一次或一次以上迭代的自回归校正之后，回归模型的拟合度很好；D-W 值除日本为 1.4，仍有序列相关的影响尚未消除之外，加拿大和美国 D-W 值都已接近 2，序列相关的影响已经很弱。根据一元回归模型的计算，加拿大外汇储备对汇率的影响系数为 -0.027，表示上一季度的外汇储备指数上升 1，本季度汇率指数只下降 0.027。日本外汇储备对日元汇率的影响系数大于加拿大，为 -0.06，表示第一季度日本的外汇储备指数上升 1，其第 2 季度的汇率指数将下降 0.06。美国国际储备对汇率指数的影响稍大一些，为 0.094，表示上期美国外汇储备指数上升 1，本期美元汇率指数将上升 0.094。

从外汇储备对汇率的影响程度看，相关系数最大的美国也不超过 10%，可见，汇率的波动远非外汇储备所能单独解释的，我们肯定漏掉了一些重要的变量。从理论上分析，汇率（本币 / SDR）与外汇储备的负相关的关系可以做如下解释：当一国的外汇储备增加时，表示该国的国际收支顺差，这将会使本国货币升值，本币的升值意味着单位特别提款权兑换的本国货币的数量减少，汇率（本币 /SDR）下跌。表 6–1 中，美国外汇储备与汇率却是正相关的，图 6–2 实际上是因为外汇储备远不能概括汇率决定的主要因素。美国外汇储备影响汇率的系数是根据美国 1985 年第 2 季度到 1993 年第 1 季度的季度汇率均值指数和季度外汇储备指数通过回归分析得出的。根据理论分析，外汇储备上升本应引起汇率下跌，但是，如果更主要的影响因素正在起着相反的作用，不但抵消了外汇储备增加使汇率下跌的影响，而且还大有余力使汇率上升，我们就会看到外汇储备与汇率一同上升的现象。回归分析只根据现象来拟合它们的相关程度，并不直接反映经济变量之间内在的逻辑关系。在下面关于货币供给量对外汇影响的分析中会更清楚地说明这一点。

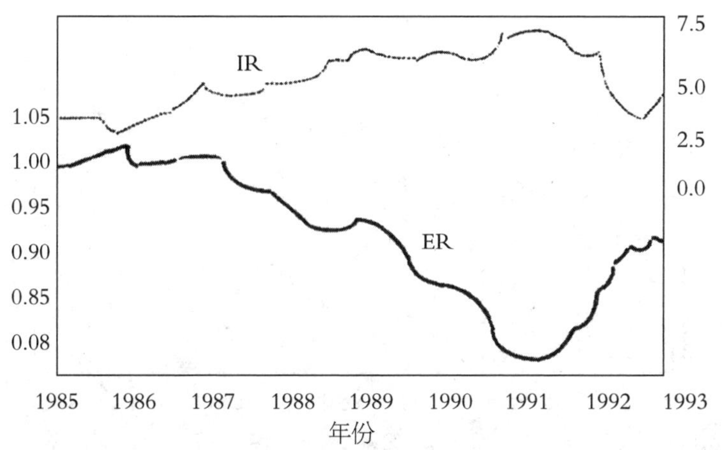

加拿大外汇储备与加拿大元汇率

图 6–2

图 6–2、图 6–3 和图 6–4 分别给出了加拿大、日本和美国外汇储备与汇率（本币 /SDR）指数对比的关系。从图中不难看出，加拿大和日本的汇率波动与外汇储备有着反相关的变动趋

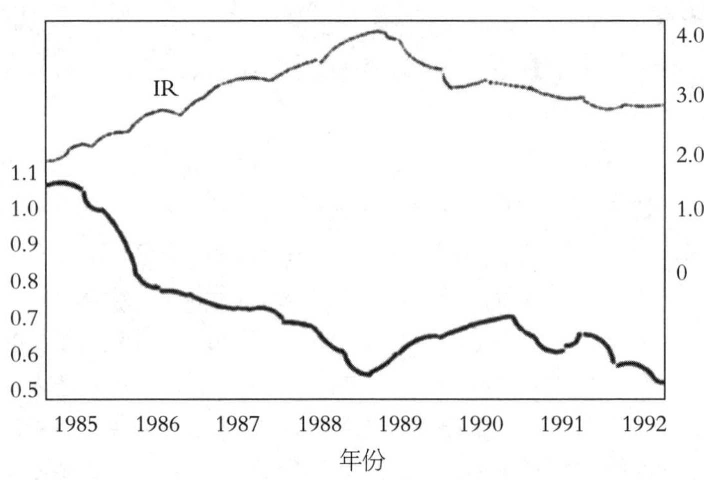

图 6–3

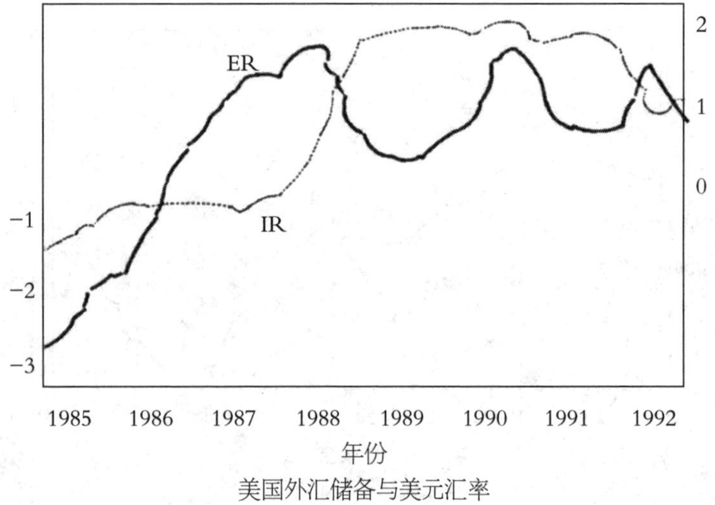

图 6–4

势。美国的情况比较特殊，1986 年年中到 1989 年第 1 季度的大约 10 个季度期间，汇率的波动趋势与外汇储备的波动趋势呈反方向变动，在其余 20 个季度中，二者呈正相关的波动趋势。

2. 货币供给量与汇率

在西方的汇率理论中，货币供给量的变动只有在影响利息率和物价水平的时候，才会通过进出口的变化以及国际金融投资的变化来影响汇率。而这又必然会反映在国际货币储备的变化上，货币供给量对汇率的影响被概括为购买力平价关系和利息率平价关系。绝大多数经验的研究都表明这种理论与实际相差甚远。其原因实际上关系到建立汇率理论的出发点问题。西方的几乎所有有关汇率的理论都强调国际经济往来对汇率的决定性作用。与此不同，我们所强调的是汇率变动的最本质因素：币值。一国货币币值的最基本决定因素是货币数量公式（$M=P\cdot Q/V+SP\cdot SQ/V_s$）表明的关系。它并不是只有在实际影响到国际收支时才影响汇率。特别是对一些其货币是世界货币的国家。这些国家的货币供给量增加时，将直接意味着国内外获得该种货币会更容易和成本更低，而不必仅仅通过物价上涨、出口下降这唯一的方式使其货币在国际上贬值。前述国际收支与汇率的较低的相关系数也说明了汇率波动的原因不是都要由实际发生的国际尽收支来起作用的。在一国通货膨胀较严重时，人们对其贬值的预期会加强，银行会据此调整该种货币的利息率，商人会调整按此种货币结算的价格，国际投机者和投资者也会调整该种货币的金融资产的数量。这一切活动只有一部分反映在该国国际收支的变动中，该国货币的国际使用量和使用范围越大，其国际收支（从而其国际货币储备）对其货币汇率的影响越小。这就是说，货币供给量对汇率的影响渠道除去通过实际发生的国际经济活动以外，还将直接对汇率产生影响。这种直接影响往往比通过国际交易和投资产生的影响更快捷，更广泛。

一国货币流向境外的渠道和对境外筹资产生影响的渠道也决定着该国货币供给量对其汇率的影响程度。20 世纪 80 年代以前，货币的国际流动主要是靠国际和国际贷款，80 年代中期的证券化使各主要资本主义工业国放宽了其国内金融机构和各类基金组织

的对外经济往来，同时也放宽了外国金融机构在其境内筹资的限制。这产生了两方面的重要变化：一是促进了国内与国外金融活动的结合，拓宽了资金实际运动的渠道。电子货币和各种现代化工具的应用，使货币的国际运动更快，更无形，并在国际积累了大量的欧洲美元、日元、马克等无国籍的国际货币资本，使货币当局更难控制。二是进一步模糊了国内和国际业务的界限。在货币供给增加时，不仅国内金融业务的资金充斥，国际业务也会立感手头宽裕，外国金融机构的筹资也会更容易，这些情况的信息会立即传到境外，境外经营该国货币业务的金融机构会立即对此做出反应，而不必等到该国实际的国际经济活动已经充分显示了上述变化的时候。综上所述，货币供给量是一国货币币值的重要决定因素之一，它将对汇率产生直接的影响。

我们使用国际货币基金组织发表的国际金融统计资料来检验一下货币供给量对汇率的影响。我们使用 1985 年第 2 季度到 1993 年第 1 季度美国、日本和加拿大货币供给量 M1 的统计资料，以 1985 年的季度均值为 100，计算出三国货币 M1 的供给量指数，并用作解释变量，通过一元回归模型估计它与汇率（本币 / SDR）指数之间的相关程度。我们仍使用滞后一季度的分析。回归分析的结果如表 6–2 所示。从回归模型的结果看，与理论分析是完全一致的。第一，三国国内 M1 的供给量与汇率 ER 的相关系数都是正的，表示当前一季度货币供给量增加时，将影响到下一季度本国货币贬值，每单位特别提款兑换的本国货币数量增加，汇率上升。第二，同表 6–1 计算的这些国家的国际货币储备 IR 与汇率 ER 的相关系数相比，M1 与汇率的相关系数都提高了。美国为 0.210，日本为 0.096，加拿大为 0.117。而上述三国的国际货币储备与汇率的相关系数分别为：美国 0.094、日本 –0.060、加拿大 –0.027。这表明货币供给量 M1 与汇率相关程度要大于国际货币储备与汇率的相关程度，也就是大于国际收支所反映的实际国际经济活动对汇率的影响。第三，从理论上分析

M1 与汇率的相关系数是正的，国际货币储备 IR 与汇率的相关系数是负的。但在实际检验结果中，美国国际货币储备对汇率的相关系数也都是正数。这只是在其他因素对汇率的影响力大于国际储备的影响时才会发生。而美国的情况正是这样，从相关程度看美国货币供给量（M1）与汇率的相关系数为 0.210。表示货币供给量每增加 1，汇率将上升 21%。由于是用一元回归模型估计 M1 的系数，所以该系数实际也包含着相反因素对汇率的影响。如果只有国际货币储备和 M1 两个因素对汇率产生影响，那么当 M1 的正影响远大于 IR 的负影响时，用一元回归模型估计的 IR 与汇率的相关性就必然与理论不一致，呈现正相关的系数。

表 6-2　$ER_t=C_1+C_2 \cdot M_{t-1}$

国家	系数		T 检验值		R^2	D-W	迭代次数
	C_1	C_2	C_1	C_2			
加拿大	1.064	0.210	5.34	1.33	0.75	1.85	5
日本	0.408	0.098	3.05	105	0.93	1.82	3
美国	0.686	0.117	5.64	1.88	0.94	1.62	3

在任何一个影响汇率的因素，其单独解释汇率变动的解释力都低于 50% 的时候，使用一元回归模型来分别估计每个因素对汇率的影响就可能出现与真实的影响不一致的结果。特别是那些实际影响力很小的因素就更是如此。对影响力大的因素这种可能性相对要小一些。

3. 国内生产总值 GDP 与汇率

实际经济活动的状况也会对汇率的变动产生重要影响。在反映国内实际经济活动的各项指标中，最有概括性的是国内生产总值 GDP，用 GDP 对汇率的影响来代表实际经济活动对汇率的影响是非常适当的。

从理论上说，GDP 的变动也取决于多种因素，如本国的资源、技术水平、资本存量、货币和财政政策以及进出口等。它不像 M1 那样，是完全由货币当局决定的独立变量，也不像国际货币储备那样，与一国的实际国际收支有着确定的数量关系，我们只能大致估计其主要影响因素与其相关的程度，此外在影响 GDP 波动的因素中，有许多也是影响虚拟资本运动和国际货币的因素，如股票价格、通货膨胀、利息率及进出口等。但是这些货币变量对虚拟资本运动的影响和国际货币储备的影响要大于对 GDP 的影响。因此 GDP 基本上可以看作是一个独立影响汇率的因素。

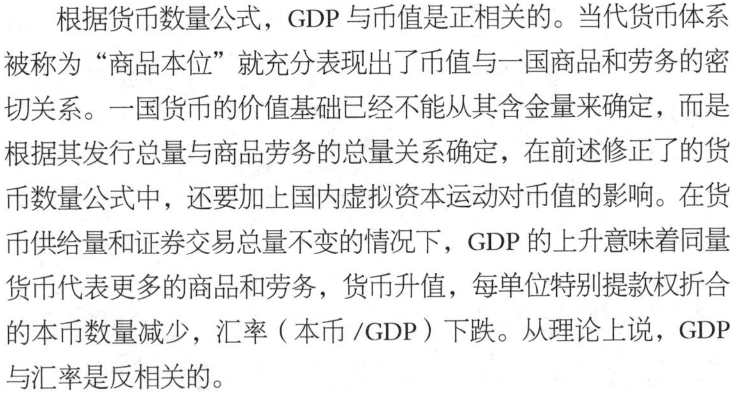

根据货币数量公式，GDP 与币值是正相关的。当代货币体系被称为“商品本位”就充分表现出了币值与一国商品和劳务的密切关系。一国货币的价值基础已经不能从其含金量来确定，而是根据其发行总量与商品劳务的总量关系确定，在前述修正了的货币数量公式中，还要加上国内虚拟资本运动对币值的影响。在货币供给量和证券交易总量不变的情况下，GDP 的上升意味着同量货币代表更多的商品和劳务，货币升值，每单位特别提款权折合的本币数量减少，汇率（本币 /GDP）下跌。从理论上说，GDP 与汇率是反相关的。

在西方的汇率理论中基本没有 GDP 的地位。即使有些时候涉及，也是通过它对国际收支产生的实际影响来间接说明它与汇率的关系。这显然是片面的。一国的 GDP 上升，通常意味着其经济正在扩张。一方面，这种扩张会引起实际国际经济活动促使本币升值，如产品因技术提高成本降低导致价格下降，增强了国际的竞争力使出口增加，或外国投资者更愿意买该国的股票和债券，引起国际收支的收入增加，导致本币升值，汇率（本币 /GDP）下降；另一方面，它也直接作用于汇率，而不必通过实际反映在其国际收支平衡表中的国际经济往来，如国外企业、投资者、银行对其 GDP 增长而做的预期所引起的境外对该国货币计量的金融资产的买卖，就不会通过该国的国际收支来反映，但它们也直接影响该国货币的汇率。

我们仍使用一元回归模型来验证上述理论的可靠性。资料的样本区间仍为 1985 年第 2 季度到 1993 年第 1 季度，我们对这一时期美国、日本和加拿大的名义 GDP 指数的变动趋势和汇率的变动趋势做滞后一个季度的相关性回归分析，其结果如表 6–3 所示。

表 6–3 $ER_t=C_1+C_2 \cdot GDP_{t-1}$

国家	系数		T 检验值		R^2	D–W 值	迭代次数
	C_1	C_2	C_1	C_2			
加拿大	3.966	–1.345	2.55	–2.12	0.91	2.02	10
日本	0.716	–0.127	6.08	–1.34	0.78	1.73	2
美国	1.347	0.347	3.33	–1.37	0.94	1.82	3

按照一元回归模型的检验标准，美国两个系数的 T 检验值的绝对值都大于 2，表示系数为零的概率在 95% 以上。日本和加拿大的 GDP 与 ER 相关系数 C_2 的 T 检验值的绝对值都大于 1，表示系数不为零的概率在 2/3 以上。从拟合度的判断系数 R^2 来看，三国的值都接近 80% 或大于 80%，表示回归的拟合度很好。日本的 D–W 检验值稍差，表示日本的汇率指数和 GDP 指数仍存在较小的序列相关，回归计算基本是可靠的。

表 6–3 回归分析的结果与我们的理论分析是一致的。第一，三国 GDP 与汇率的相关系数都是负数，美国为 –1.345，日本为 –0.127。加拿大为 –0.347。表明，当 GDP 上升时，本国货币升值，每单位特别提款权折合的本国货币数量减少，汇率（本币 / SDR）下跌。第二，三国 GDP 与汇率的相关系数都高于国际货币储备与汇率的相关系数，表明一国的实际经济活动有不通过国际收支对汇率产生的直接影响。

4. 国内虚拟资本运动对汇率的影响

一国的国内证券投资活动也会像 GDP 一样，对该国币值产生影响，从而影响该国货币的汇率，我们选择一国国内证券交易的日发生总额来代表虚拟资的运动，用 SC 表示季度的日平均交易总额。所使用的资料是国际货币基金组织发表的“国际金融统计资料”，样本区间仍为 1985 年第 2 季度到 1993 年第 1 季度，SC 只包括了货币市场工具和债券的日交易额的季度平均数，不包括股票交易。对 SC 的数值做了指数化处理，基期仍是 1985 年的日交易均值。利用美、日、加三国的资料并使用滞后一个季度的 SC 与汇率进行回归分析，其结果如表 6–4 所示。

表 6–4　$ER_t=C_1+C_2 \cdot SC_{t-1}$

国家	系数		T 检验值		R^2	D–W 值	迭代次数
	C_1	C_2	C_1	C_2			
加拿大	1.851	−0.433	6.84	1.89	0.92	2.03	3
日本	0.713	−0.113	8.81	−1.93	0.78	1.74	3
美国	1.287	0.254	39.4	−12.0	0.91	1.73	3

回归分析的结果基本上是可靠的，T 检验值都接近 2 或大于 2，表示估计的相关系数不为零的概率接近或超过 95%。拟合度的检验值——判定系数 R^2 接近或超过 80%，根据 D–W 检验值超过 1.7 的情况可知序列相关的影响已经较弱。回归分析的结果说明：第一，国内证券交易与汇率是负相关的。美国证券交易量与美元汇率的相关系数为 –0.433，说明证券发行每增加 1，汇率将下跌 0.433，也就是币值将上升 0.433。日本证券交易量与日元汇率的相关系数为 –0.113。加拿大的证券交易量与加拿大元的相关系数为 –0.254。负的相关系数表明虚拟资本运动的活跃会减轻货币供给量对物价水平的压力，促使币值上升。第二，国内证券交易与汇率的相关系数大于用一元回归方程估计的国际货币储备与汇率变动的相关系数，表明证券交易对汇率的影响有不通过国际收支反映的部分，它对汇率有直接影响。

5. 国际虚拟资本运动对汇率的影响

前述四大因素对汇率的影响都有一部分是不通过国际收支变动来实现的，即使是国际收支和反映其变动的国际货币储备本身也是如此。这种影响是通过改变人们的预期收益，从而使人们调整手中持有的金融资产和货币构成比例的方式实现的。由一种国际货币命名的各种金融资产很大一部分是在境外买卖的，它们不通过本国的国界。国际证券投资对汇率的影也是双重的，一方面实际发生的国际证券投资活动会反映在一国国际货币储备的变化上从而对汇率产生影响；另一方面，由于人们对证券价格和收益的预期变化，在境内外不通过该国国际收支对证券的买卖活动也会对该国的汇率变动产生重大影响。一国的货币越是成为国际货币，这种影响就越大。根据《金融市场趋势》发表的用各主要世界货币发行的国际债券的年发行量，我们绘制了表 6–5。从表中可以看出，1988—1992 年美国发行的美元债券占国际美元债券发行量比例的最高年份是 1990 年，所占比例仅为 16.1%。而同年在美国市场发行的外国债券为 99 亿美元，占国际和外国美元债券总额的 12.4%。美国发行的国际债券是指美国在境外发行的债券，这些债券筹集的资金会流入美国，并反映在美国的国际收支平衡表上。这部分在美国境外发行的美元债券对美元汇率的影响与它所引起的国际收支变动对美元汇率的影响是一致的。同样，在美国市场上发行的外国债券，则会以美元流出的形式表现在其国际收支平衡表上，它对美元汇率的影响也与它引起的国际收支变动对美元汇率的影响完全一样。但是，1990 年占美元债券大约 83.9% 的美元债券不通过美国国境，也不反映在美国的国际收支平衡表上，但它们却会造成美元国际供求量的变化以影响美元汇率。在美元的国际债券和外国债券的发行总额中，只有 12.4% 在国际收支平衡表中表现为美元的流出，16.1% 表现为美元的流入，美元债券的其他部分将不在美国国际收支平衡表中反映出来。日元国际债券和外国债券发行总额中，日本发行的国际债券的量在

1988—1992 年的波动较大，最高的为 1991 年的 31730 亿日元，最低的为 1988 年的 1370 亿日元，它们将以日元流入日本的方式影响日元国际供求关系，并反映在日本的国际收支平衡表上。在日本市场发行的外国债券的数量在这一时期波动相对小一些，它们以日元流出日本的方式影响日元国际供求关系，并反映在日本的国际收支平衡表上。这一时期，除 1991 年以外，日元国际债券对日元国际供求关系的影响反映在日本国际收支平衡表上的，1988 年只有 4.9%，1989 年只有 3.3%，1990 年达到 24%。1992 年有不到 50% 反映在其国际收支平衡表上。

表 6–5 美元、日元的国际债券和外国债券（1988—1992）

年份	1988	1989	1990	1991	1992
美元债券总额（亿美元）	874	1274	799	886	1263
美国发行的国际债券（亿美元）	97	92	129	104	112
占总额比例（%）	11.5	7.2	16.1	11.7	8.7
在美国市场发行的外国债券（亿美元）	101	94	99	129	232
占总额比例（%）	11.9	7.4	12.4	14.6	18.4
日元债券总额（10 亿日元）	2821	3281	4399	5457	5201
日元发行的国际债券总额（10 亿日元）	137	298	1054	3173	2574
占总额比例（%）	4.9	3.3	24.0	58.0	49.5
在日本发行的外国债券（10 亿日元）	903	1105	1064	700	997
占总额比例（%）	32.0	33.7	24.2	22.1	38.7

资料来源：OECD："Financial Market Trends"，No.67，June 1997.

其他主要国际货币，如英镑、德国马克、法国法郎、瑞士法郎等也都大致如此。显然，在当代，各主要国际货币的国际供求关系波动有很大一部分已经不反映在其发行国的国际收支平衡表上了。但是，那些不反映在其发行国国际收支平衡表中的国际货币的国际供求波动都与其国内的经济综合状况有着密切的联系。人们在国际债券市场上是发行美元债券还是发行日元债券，主要依赖于对美元和日元汇率波动的预期，而这种预期的基本依据是来自对美国或日本国内实际经济活动以及金融状况的分析。因此，国际证券投资对汇率的影响虽然很大程度上表现为其境外的因素，但实际上却与其国内总的经济状况密切相关。由于国际证券投资对汇率的影响是由前述四大因素决定的，因此不再单独考察国际证券投资与汇率的相关性。

6.2.3 汇率综合因素模型

在从理论上分析了影响汇率的主要因素并进行了经验的检验之后，我们有理由认为上述四大因素是汇率决定的基本因素。汇率的波动与上述四大因素有着密切的关系，它们是共同对汇率起作用的。

1. 时滞与预期

式（6.21）列出了汇率与上述四大因素的基本关系：汇率可以看作是一国国际收支、货币供应量、国内总产值和证券交易活跃程度的函数。在我们利用一元回归模型分别检验每一因素单独与汇率的相关程度时发现，它们对汇率的影响往往有 1~3 个季度的滞后期，而且，不同的国家和不同的因素之间在滞后期的长短上也存在着一些差异。

一般来说，货币变量的滞后期要短一些，实际变量的滞后期要长一些。在上述四个主要因素中，国际货币储备、证券交易总额和货币供给量都属于货币变量。它们对汇率影响的时滞也是有差异的。证券交易影响汇率的时滞最短，因为证券交易调节着货币供给量（M1）在虚拟资本运动和实际资本运动之间的分配比例。证券交易的活跃或呆滞基本不受生产、运输等物质条件的限制，可以在极短的时期内暴涨或暴跌。其次是国际货币储备，它的时滞也较短。这是因为，国际货币储备变动不但反映贸易等经常项目的国际收支状况，还反映着国际金融投资的国际收支状况，国际证券投资和其他国际金融资产投资对汇率的影响总是大量、集中和在较短的时间内释放出来的。货币供应量的情况则比较特殊，货币供应量增加时对汇率的影响释放较快，这是因为货币供给量增加很容易通过信贷扩张来扩散。而紧缩的货币政策对汇率的影响则因信贷收缩需要较长时间而释放缓慢。国内生产总值应该有较货币变量更长一些的时滞，因为 GDP 在较短时期内的波动幅度通常是小于货币变量的。但是，上述时滞上的差异并没有考虑到人们的预期对汇率的影响。人们总是根据已经发生的上述变量的变化情况来预期汇率的变化，并因此而采取行动构成对汇率的实际影响。这样，就可以缩短上述变量对汇率产生影响的时滞，并使不同国家产生一些差异。

预期不但在上述变量对汇率产生影响的方式上起重要作用，而且它还有一个特别不容忽视的影响汇率的方式，那就是它对外的现货和期货等交易的影响。人们既然了解到一国的国际收支和它的综合反映指标——国际货币储备对汇率有重要影响，他们就会根据国际收支的历史资料和现状对其未来状况进行预期，并根据以前的误差对其进行修正，然后再根据它对汇率的影响程度来估计可能产生的汇率变动。人们一旦对汇率的未来变动做出估计，就会采取相应的行动，买或卖出该种货币资产从而造成该货币国际供求关系的实际变化。这是国际影响汇率波动的最强有力的因素，但它们却有很大一部分不反映在该国的国际收支平衡表中。人们在一国境外买卖该国的货币金融资产所依据的是对该国货币汇率的预期，预期该国货币升值，就会买进该种货币的金融资产，造成该国货币的国际需求量上升。如果预期该国货币将贬值就会卖出该种货币的金融资产。使其国际供给量上升。这些行为一方面会影响该国的金融资产的进出口，另一方面也引起不通过其国界的现有境外金融资产的买卖活动。

人们是否持有该国的货币金融资产依赖于他们对该国货币汇率的预期，而对汇率的预期则主要是根据对其国内经济综合状况的分析判断。投资者对国际收支、GDP、证券交易总额以及货币供给量可能造成的汇率变动的预期会指导其对该国货币金融资产的买卖活动，从而影响即期的汇率。

2. **综合因素的汇率决定模型**

现期汇率的波动是由人们对汇率的预期决定的。因此，可以把 t 时期的汇率变动看作是人们在 t 时期对 t+1 时期预期汇率变动的函数：

$$\frac{ER_t - ER_{t-1}}{ER_{t-1}} = E_t \frac{ER_{t+1} - ER_t}{ER_t} \qquad (6.23)$$

式中，$\frac{ER_t - ER_{t-1}}{ER_{t-1}}$ 为 t 时期汇率的实际变动值，$E_t \frac{ER_{t+1} - ER_t}{ER_t}$ 为 t 时期对汇率在 t+1 时期的变动值的预期。用小写字母 er 表示汇率的变动值，式（6.23）可简写为：

$$er_t = E_t(er_{t+1}) \qquad (6.24)$$

对下一期汇率的预期是根据在 t 时期获得的国际收支、GDP、M1 和证券交易量 SC 的各种信息做出的。我们可以把 t 时期对 t+1 时期汇率变动值的预期看作是这四大因素的滞后函数：

$$E_t(er_{t+1}) = \alpha \cdot IR_t - 1 + \beta \cdot GDP_{t-1} + \delta \cdot M_{t-1} + \varepsilon \cdot SC_{t-1} + e_t \qquad (6.25)$$

式中，IR_{t-1} 表示 t−1 时期国际收支的变动值，GDP_{t-1} 为 t−1 时期国内生产总值的变动值，M_{t-1} 为 t−1 时期货币供给量 M1 的变动值，SC_{t-1} 为 t−1 时期国内证券交易量的变动值，e_t 是根据历史观测得出的经验修正值。α、β、δ、ε 分别为这四大因素对汇率变动产生影响的滞后参数。根据前面的理论分析，如果汇率使用外币的本币价格来表示，如本币 /SDR，α、β 和 ε 应取负值，而 δ 应为正值；如果汇率使用本币的外币价格来表示，如 SDR/ 本币，α、β 和 ε 应取正值，而 δ 应为负值。根据式（6.25），既然汇率的预期是由四大因素的滞后影响来决定，式（6.25）就可以简化为：

$$er_t = \alpha \cdot IR_{t-1} + \beta \cdot GDP_{t-1} + \delta \cdot M_{t-1} + \varepsilon \cdot SC_{t-1} + e_t \qquad (6.26)$$

该式是一个不完全的多因素汇率决定模型，因为除去上述四大经济因素以外，还有大量影响汇率变动的非经济因素。但仅就经济性因素来看，该模型已经比购买力平价、利息率平价和国际收支等有关汇率的理论概括了更多和更全面的经济内容。为了进一步明确模型的这一优点，我们将经济活动中的其他重要变量以复合函数形式纳入我们的模型。

首先，我们考虑到国内股票价格和利息率的变动会影响该国国际证券投资，因此我们将国际收支变动对汇率的影响看作是股票价格变动（SP）和利息率变动（R）的函数：

$$\alpha \cdot IR_{t-1}=GDP \cdot \alpha_1 \cdot SP_{t-1}+\alpha_2 \cdot R_{t-1} \qquad (6.27)$$

其次，利息率、通货膨胀率（if）也将影响人们对国内证券收益的预期，从而影响国内证券投资的活跃程度，使汇率发生相应变动。所以我们将国内证券（不包括股票，不包括货币市场工具和债券）对汇率的影响看作是利息率变动 R 和通货膨胀率 if 的函数：

$$\varepsilon \cdot SC_{t-1}=\varepsilon_1 \cdot R_{t-1}+\varepsilon_2 \cdot if \qquad (6.28)$$

货币供给量是由货币当局决定的，它会对利息率和通货膨胀率产生影响。但是，t-1 时期的货币供给量一般是影响下一时期的利息率水平和通货膨胀率。因此，它在式（6.26）中应被看作是一个相对独立性较强的自变量。国内生产总值 GDP 也是由较多的因素综合决定的，在模型中的独立性较差，但它的主要决定因素是总需求，包括国内的实际投资 I、消费总额 C、政府开支 G 和出口 EX。我们将国内生产总值对汇率的影响看作是这四个变量的函数：

$$\beta \cdot GDP_{t-1}=\beta_1 \cdot C_{t-1}+\beta_2 \cdot I_{t-1}+\beta_3 \cdot G_{t-1}+\beta_4 \cdot EX_{t-1} \qquad (6.29)$$

现在，我们回过头来再看式（6.26）的时候，就可以说，它已经包含了更多的内容。它是一个复合函数，包括各方面实际价值增值和虚拟价值增值对汇率的影响。

汇率变动的综合因素模型由下列方程表示：

$$er_t=E_t（er_{t-1}）= \alpha \cdot IR_{t-1}+\beta \cdot GDP_{t-1}+\delta \cdot M_{t-1}+ \varepsilon \cdot SC_{t-1}+e_t \quad (6.30)$$

$$\alpha \cdot IR_{t-1}= \alpha_1 \cdot SP_{t-1}+ \alpha_2 \cdot R_{t-1} \quad (6.31)$$

$$\beta \cdot GDP_{t-1}=\beta_1 \cdot C_{t-1}+\beta_2 \cdot I_{t-1+}\beta_3 \cdot G_{t-1+}\beta_4 \cdot EX_{t-1} \quad (6.32)$$

$$\varepsilon \cdot SC_{t-1}= \varepsilon_1 \cdot R_{t-1}+ \varepsilon_2 \cdot if_{t-1} \quad (6.33)$$

3. 汇率综合因素模型的计量检验

上述汇率综合因素模型的最大优点是较全面地概括了影响汇率的经济性因素。它的缺陷是不能建立自变量之间的严格的数量关系，汇率不是根据模型中的准确关系解出的，而是通过对各影响因素的影响力参数的估计值来估计出各影响因素与汇率之间的数量关系。“两阶段最小二乘法”为我们根据实际资料验证上述模型并进行实际操作提供了可靠的工具。

两阶段最小二乘法是先将式（6.13）至式（6.33）中影响国际货币储备 IR 的因素，影响国内生产总值 GDP 的因素和影响国内货币市场工具和债券交易 SC 的因素与这三因素（IR、GDP 和 SC）进行回归分析，然后再将这三因素与货币供给量合在一起与汇率进行回归分析。这样计算出的四大因素对汇率的影响（含参数 α、β、δ 和 ε）就包括了股票价格 SP、利息率变动 R、消费变动 c、投资变动 I、政府开支变动 G、出口 EX 以及通货膨胀率 if 对汇率的间接影响。

我们仍使用美国、日本和加拿大 1985 年至 1993 年的季度资料。除去利息率以外，所有的变量序列都做了指数化处理。这样，用两阶段最小二乘法估计出的参数值就反映了各因素变动与汇率变动之间的关系。

美元汇率的样本区间为 1985 年第 3 季度到 1993 年第 1 季度。由于使用两阶段最小二乘法，式（6.31）至式（6.33）中的自变量（SP、R、C、I、G、EX、if）就被作为工具变量来处理，其中通货膨胀率 if 用消费物价指数 CP 来表示。计算结果如表

6-6所示。利用“TSP”软件包对美国1985年第3季度至1993年第1季度国际货币储备指数IR、国内货币市场工具和债券季度平均的日交易额指数SC、国内总产值指数GDP和国内货币供给量指数M1与汇率指数er（ER=$/SDR）进行了回归计算。使用两阶最小二乘法（TSLS为两阶段最小二乘法的计算机指令），工具变量为利息率R、股票价格指数SP、消费物价指数CP、消费指数C、投资指数I、出口额指数EX和政府开支指数G。工具变量和自变量后边的（-1），表示该变量的观测值被滞后了一个季度，（-2）表示滞后了两个季度。由于在时间序列的回归分析中，序列相关和多重共线性很容易影响回归模型的可靠性，因此使用一阶自回归的校正方法消除或减弱这种影响，AR（1）为一阶自回归校正的计算机指令。

判定系数R^2和调整后的判定系数R^2分别为0.853和0.821，大于80%，表示估计值与实际值的拟合度很高，D-W检验值为1.869，接近2，表示序列相关得到了较好的校正。F检验值为26.73，说明各解释变量（自变量）与被解释变量（因变量）之间的相关性相当显著。T检验值大于1表示该自变量系数不为零的概率大于2/3，T检验值大于2表示该自变量系数不为零的概率大于95%。汇率与自变量的数量关系式如下：

$$er=2.29+0.12IR_{t-1}-0.6GDP_t+0.22M_{t-1}-0.52SC_t \quad (6.34)$$

式（6.34）表明，美国在t-1时期的外汇储备指数每增加1，美元汇率在t时期的指数将上升12%。美元汇率的变动滞后于美国外汇储备变动一个季度。美国外汇储备变动反映同期美国国际收支的变化，因此，外汇储备对汇率的滞后影响反映了美国实际发生的国际收支对美元汇率的影响滞后一个季度。式中，国内证券季度的平均日交易额指数与汇率指数的相关系数为-0.25，表示美国证券交易额指数在t时期增加1，会在同期使汇率指数下降0.25。式中，GDP指数与汇率指数的相关系数为-0.6，且不存在时滞，表示t时期的国内总产值指数上升1将引起同期（t时期）美元汇率指数下降 0.6。货币供给量指数与汇率指数的相关系数为 0.22，但这一影响有一个季度的时滞。表 6–6 表示 R_{t-1}，比汇率的 er_t 要前置两个季度。工具变量的时滞如下：

$$R_{t-2}\quad SP_{t-1}\quad CP_{t-2}\quad C_{t-1}\quad I_{t-1}\quad EX_{t-2}\quad G_{t-2}$$

在两阶段最小二乘法中，工具变量并不直接影响汇率，而是通过影响式（6.34）中的自变量，按式（6.13）至式（6.33）的关系间接影响汇率。

表 6–6 影响美元汇率因素的计量分析结果

LS. 因变量为：er
样本区间：1985.3−1993.1
观测样本数：31
工具变量：R（−2）SP（−2）CP（−2）I（−1）EX（−2）G（−2）
迭代四次达到收敛

自变量	相关系数	标准差	T 检验值
C	2.2922	0.8298	2.7623
IR（−1）	α：0.1156	0.0509	2.2708
SC	ε：−0.5176	0.2795	−1.8522
GDP	β：−0.5964	0.4209	−1.4168
M1（−1）	δ：0.2206	0.2182	1.0108
AR（1）	0.8569	0.0806	10.7388

R^2：0.853　　因变量均值：1.300
调整后 R^2：0.821　　因变量方差：0.078
回归标准差：0.033
D−W 值：1.869　　F 值：26.73

我们用同样的方法、同样的工具变量对日本的国际货币储备指数 IR、国内证券季度平均的日交易额指数 SC、国内生产总值指数 GDP 和货币供给量指数 M1 与汇率的指数进行回归分析。只是由于日本的工具变量和自变量对汇率产生影响的时滞与美国稍有差别，我们使用的样本区间稍有调整，为 1985 年第 4 季度

至 1993 年第 1 季度，观测样本数为 30 个。由于日本时间序列资料的序列相关性较美国要小得多，因此对日本的回归分析不必使用一阶自回归的校正方法。计算的结果如表 6–7 所示。

表 6–7　影响日元汇率因素的计量分析结果

LS. 因变量为：er
样本区间：1985.4–1993.1
观测样本数：30
工具变量：R（–2） SP（–1） CP（–3） C（–2） I（–1） EX（–2） G（–2）

自变量	相关系数	标准差	T 检验值
C	0.5388	0.1265	4.2195
IR	α：0.0973	0.0136	–7.1457
SC	ε：–1.0965	0.2577	–4.2550
GDP	β：0.6770	0.3526	1.9199
M1	δ：0.8225	0.3089	2.6625

R^2：0.8032	因变量均值：0.5968
调整后 R^2：0.7717	因变量方差：0.0812
回归标准差：0.0388	残差平方和：0.0376
D–W 值：1.8437	F 值：25.505

根据表 6–7 的计算结果，R^2 为 0.8，调整后的 R^2 为 0.77。拟合较好；D–W 检验值为 1.8，序列相关不大；F 检验值为 25.505，自变量与因变量的相关性显著；除 GDP 的 T 检验值为 1.92，不足 2 以外，其余自变量相关系数的 T 检验值都大于 2，表示系数不为零的概率大于 95%。日元汇率与其决定因素之间的关系可列式如下：

$$er_t=0.539-0.0973IR_t-1.097SC_t+0.677GDP_t+0.823M_{t-3} \quad (6.35)$$

工具变量的时滞：

$$R_{t-2} \quad SP_{t-1} \quad CP_{t-3} \quad C_{t-2} \quad I_{t-1} \quad EX_{t-2} \quad G_{t-2}$$

日元汇率的回归分析结果与美元汇率的分析结果有三点重要

差别：（1）美国 IR 指数与汇率指数 er 的相关系数为正，而日本为负；（2）日本的国际货币储备指数对汇率变动的影响没有时滞；（3）美国 GDP 与汇率的相关系数为负，而日本为正。

用与分析日本汇率完全相同的方法和样本区间，对加拿大元汇率指数、加拿大国际货币储备指数、国内证券季度日平均交易额指数、国内生产总值指数和货币供给量指数做回归分析，并用与日本相同的工具变量做两阶段最小二乘法。计算的结果如表 6-8 所示。

表 6-8 影响加拿大元汇率因素的计量分析结果

LS. 因变量为：er
样本区间：1985.4—1993.1
观测样本数：30
工具变量：R（-2） SP（-1） CP（-3） C（-2） I（-1） EX（-2） G（-2）

自变量	相关系数	标准差	T 检验值
C	1.1974	0.0615	19.459
IR（-1）	α：-0.0151	0.0042	-3.592
SC	ε：-0.1111	0.0348	-3.196
GDP	β：0.1553	0.0588	-2.639
MI（-3）	δ：0.1221	0.0566	2.138

R^2：0.958	因变量均值：0.9092
调整后 R^2：0.951	因变量方差：0.0639
回归标准差：0.014	残差平方和：0.0050
D-W 值：2.010	F 值：142.27

加拿大汇率指数与有关自变量的回归分析结果的各项指标要更好一些。判定系数 R^2 的值为 0.958，调整后的 R^2 值为 0.951，表明根据模型参数估计的值与真值的拟合度达到了 95% 以上。D-W 检验值为 2.010，近似等于 2，基本上不存在序列相关的影响。F 检验值为 142.27，表示估计的系数与汇率显著相关。T 检

验值的绝对值全部大于 2，表示全部系数不为零的概率在 95% 以上。加拿大元的汇率与其决定因素之间的数量关系可列式如下：

$$er_t=1.1974-0.015IR_{t-1}-0.111SC_t-0.1553GDP_t+0.121M_{t-3} \quad (6.36)$$

工具变量的时滞如下：

$$R_{t-2} \quad SP_{t-2} \quad CP_{t-3} \quad C_{t-3} \quad I_{t-2} \quad EX_{t-2} \quad G_{t-2}$$

6.2.4 比较分析

将美国、日本、加拿大三国根据回归分析得出的关系式及其工具变量的时滞结果代入汇率的综合因素模型 [式（6.30）~ 式（6.33）] 可得如下关系式。

美国：

（1）$er_t=2.29+0.12IR_{t-1}-0.52SC_t-0.6GDP_t+0.22M_{t-1}$

（2）$0.12IR_{t-1}=\alpha_1 \cdot SP_{t-1}+\alpha_2 \cdot R_{t-2}$

或：$IR_{t-1}=\alpha_1/0.12SP_{t-1}+\alpha_2/0.12R_{t-2}$

（3）$-0.6GDP_t=\beta_1 \cdot C_{t-2}+\beta_2 \cdot I_{t-1}+\beta_3 \cdot G_{t-2}+\beta_4EX_{t-2}$

或：$GDP_t=\beta_1/0.6C_{t-2}+\beta_2/0.67I_{t-1}+\beta_3/0.6G_{t-2}+\beta_4/0.6EX_{t-1}$

（4）$-0.52SC_t=\varepsilon_1 \cdot R_{t-2}+\varepsilon_2 \cdot CP_{t-2}$

或：$SC_t=-\varepsilon_1/0.52R_{t-2}-\varepsilon_2/0.52CP_{t-2}$

日本：

（1）$er_t=0.534-0.097IR_t-1.097SC_t+0.677GDP_t+0.823M_{t-3}$

（2）$-0.097IR_t=\alpha_1 \cdot SP_{t-2}+\alpha_2 \cdot R_{t-2}$

或：$IR_t=\alpha_1/0.097SP_{t-2}-\alpha_2/0.097R_{t-2}$

（3）$0.677GDP_t=\beta_1 \cdot C_{t-2}+\beta_2 \cdot I_{t-1}+\beta_3 \cdot G_{t-2}+\beta_4EX_{t-2}$

或：$GDP_t=-\beta_1/0.67C_{t-2}+\beta_2/0.671_{t-1}+\beta_3/0.67G_{t-2}+\beta_4/0.67EX_{t-2}$

（4）$-1.1SC_t=\varepsilon_1 \cdot R_{t-2}+\varepsilon_2 \cdot CP_{t-3}$

或：$SC_t=-\varepsilon_1/1.1R_{t-2}-\varepsilon_2/1.1CP_{t-2}$

加拿大：

（1）$er_t=1.2-0.02IR_{t-1}-0.11SC_t-_0.16GDP_t+0.12M_{t-3}$

（2）$-0.012IR_{t-1}=\alpha_1 \cdot SP_{t-2}+\alpha_2 \cdot R_{t-2}$

或：$IR_{t-1}=-\alpha_1/0.02SP_{t-2}-\alpha_2/0.02R_{t-2}$

（3）$-0.16GDP_t=\beta_1 \cdot C_{t-3}+\beta_2 \cdot I_{t-2}+\beta_3 \cdot G_{t-2}+\beta_4 EX_{t-2}$

或：$GDP_t=-\beta_1/0.16C_{t-3}+\beta_2/0.16I_{t-2}+\beta_3/0.16G_{t-2}+\beta_4/0.16EX_{t-2}$

（4）$-0.11SC_t=\varepsilon_1 \cdot R_{t-2}+\varepsilon_2 \cdot CP_{t-3}$

或：$SC_t=-\varepsilon_1/0.11R_{t-2}-\varepsilon_2/0.11CP_{t-3}$

在所列三国关系式的（2）~（3）式中，α_1 和 α_2，β_1 和 β_4，ε_1 和 ε_2 的值都没有给出，这是因为两阶段最小二乘法在估计 IR 与汇率的相关系数 α，GDP 与汇率的相关系数 β，SC 的相关系数 ε 的时候，是先计算工具变量与这三个变量的相关系数，但计算机并不给出其值，而是将其用作估计这三个变量与汇率相关系数的修正值，以便将工具变量对汇率的问题包括在上述自变量的相关关系式中。我们比较三国关系式中的（1）式，或式（6.15）、式（6.16）和式（6.17），其相关系数如表 6–9 所示。

表 6–9　美、日、加汇率决定参数比较

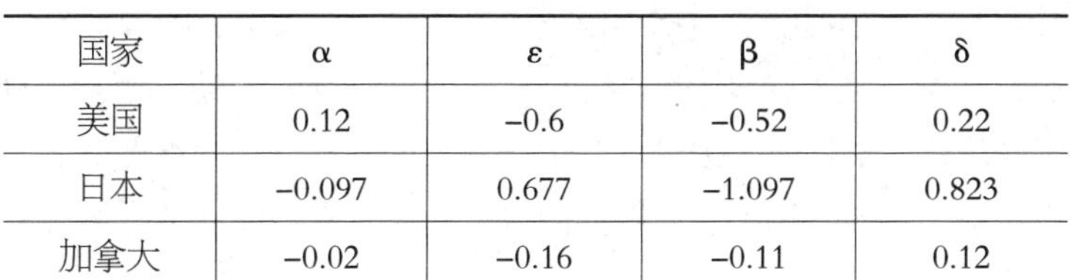

国家	α	ε	β	δ
美国	0.12	–0.6	–0.52	0.22
日本	–0.097	0.677	–1.097	0.823
加拿大	–0.02	–0.16	–0.11	0.12

从相关系数的符号看，只有加拿大的全部相关系数与前因素分析中的理论关系完全一致。美国国际货币储备与汇率的相关系数 δ 为正值，这与理论分析似乎不一致，其原因我们在因素分析中已经做过解释，这里不再赘述。美国的其他三个相关系数 ε、β 和 δ 与我们理论分析的情况完全一致。日本国内证券交易 SC 与汇率的相关系数为正值，与我们的理论分析有差异，对此我们尚不能做出有实际资料为根据的解释。但是，根据日本 GDP 与汇率的负相关系数 β 的绝对值相对其他国家要大得多

的情况，可以认为国际投资者主要是根据日本实际经济发展的状况来判断其汇率的未来趋势，而对日本国内证券业兴衰的判断与其他国家相反。当证券发行量和交易量增加的时候，人们不认为它会吸引更多的货币使日元升值，从而使日元汇率（¥/SDR）下降，而是担心日本的泡沫经济一旦破裂，会使日本金融资产的价格下跌，蒙受损失。由于这种预期使国际投资者在日本国内证券业兴旺的时期反而抛售手中的日元资产，造成日元国际供给量增加和需求量减少。这样，就会使日元贬值并使其汇率上升。

从三国汇率模型自变量相关系数的值来看，α 的绝对值小于其余三个系数 ε、β 和 δ 的值。这表示国际货币储备变动对汇率的影响力小于国内虚拟资本运动对汇率的影响力，也小于实际经济活动以及国内货币供给量对汇率变动的影响力。

根据实际资料的回归分析，我们可以得出以下结论：

（1）汇率的波动是与多种经济因素有关的，这些因素可以分为实际发生的国际收支（由国际货币储备变动代表），国内证券交易的活跃程度（由货币市场工具和债券代表），国内实际生产的状况（由 GDP 代表）和国内货币供给量的变动（由 M1 的供给量代表）这四大因素。其他因素，如利息率、通货膨胀率、股票价格指数、消费、投资、出口和政府开支的变动等，将通过影响上述的四大因素来影响汇率。

（2）国际货币储备的相关系数的绝对值同其他系数的绝对值相比要小得多，表明作为世界货币，一国货币的汇率变动主要不是由该国已经发生和正在发生的国际收支变动引起，而主要是由其国内货币供求变动（货币需求包括交易的货币和支持虚拟资本运动的货币需求）引起币值的变动引起的。

（3）国内货币供求引起币值变动对汇率产生影响的主要渠道，并不直接和立即反映在其国际收支平衡表中。国际投资者和从事国际业务的金融机构主要是依据该国国内的经济状况来预期该国货币命名的金融资产的未来收益，因此，一国国内经济状况将影响其货币在国际货币市场上的供求关系。在综合汇率模型中虽然没有列入国际金融资产在境外流动的因素，但它却是模型中隐含的一个主要因素。

7 虚拟经济与经济的虚拟化

在当代，一方面，虚拟资本的过度膨胀使得资本的价值增值过程正在独立化，证券的价格决定过程越来越脱离个别生产过程，与生产的社会过程和货币环境日益紧密地联系起来，任何货币领域里的波动都可能引起证券交易的波动并反馈到货币领域形成更大的金融风暴。另一方面，货币已经彻底地虚拟化了，在金融创新的推动下，新的金融工具、新的筹资方法不断涌现，使得传统的货币概念不再适应当代的情况。作为交换媒介的金融工具不再只限于传统的 M1 的范围，各种融资工具的变动能力大大提高，具有高度灵活性的准货币与各种证券之间的交换比以前任何时候都方便和快捷，这使得货币当局不能再只将货币供给量作为其需要严格控制的金融总量，而是需要考虑对金融资产的总量及其交易的活跃程度进行控制了。在国际上，货币虚拟化的必然结果是浮动汇率制度，所有的国际货币都具有虚拟货币所应有的一切特性，却没有虚拟货币在各国国内所受到的那种严格的数量控制。汇率的经常性波动造成了巨大的赢利机会，这种机会吸引和造就了一大批以国际金融投机为业的金融投机资本，也使得许多国际性的大银行和金融机构经常将大量资金投入这种投机活动。各国金融管制的放松，加强了各国金融市场的国际化，加强了各国金融市场之间的联系，每当一国国内发生金融动荡的时候，将很快波及与其联系最紧密的邻国的金融市场，而后波及全世界。国际金融投机在此期间往往起着推波助澜的作用。

虚拟资本的运动与虚拟化的货币结合在一起，形成了相对独立于实际经济的虚拟资本的价格决定过程和相对独立的运行过

程。我们将这个过程称为虚拟经济的过程。在这一章中，将以虚拟经济为中心来考察经济的虚拟化趋势。

7.1 金融深化与经济的虚拟化

金融深化是指在整个经济活动中金融活动所占的比例越来越大。在西方经济学家早期的研究中，曾经使用“货币化”这个词来描述使用货币的经济活动占总经济活动的比例越来越大的现象。如 20 世纪 60 年代美国经济学家弗里德曼（Milton Friedman）和施瓦茨（Anna J.Schwartz）在其著作《美国和英国的货币趋势》[1] 中，就曾发现货币量占国民收入的比例随经济的发展日益增长的现象。这标志着人们在经济活动中越来越多地使用货币，随着经济的发展，货币越来越深入到各种经济活动中去，非货币经济（如农民自己生产自己消费的农副产品等）越来越小。经济越是发达，货币化的程度就越深。自 1973 年美国经济学家萧（E. S. Show）和麦金农（R. J. Mickinnon）提出金融深化理论以来，越来越多的人将货币化的概念扩大到“金融深化”的概念上，用金融深化的概念来说明随着经济的进一步发展，不仅仅是货币化的程度加深，而且金融活动占总经济活动的比例越来越大的现象。在货币化的研究中，多使用货币存量占国民收入的比例来说明货币经济的发达程度。

许多西方经济学家认为金融活动对经济增长的贡献随着金融深化而不断增大。一方面，金融活动本身的产值占国内生产总值的比例也在增大；另一方面，金融深化给其他产业带来的更高的融资效率，促进了其他行业的发展从而提高了经济的质量，促进了经济增长。金融深化对就业、对第三产业的发展确有较大的促

[1] ［美］费里德曼、施瓦茨：《美国和英国的货币趋势》中译本，中国金融出版社1991年版。

进作用。虽然金融深化对工农业的促进作用也是不可忽视的，但却不像西方经济学家所认为的那样大。因为在当代经济中，第三产业的比重正在迅速增长，而传统的工农业的比例则相对不断缩小，经济增长的传统内涵已经发生了重大的变化。体育、文艺、旅游、金融保险甚至赌博（在其合法化的国家和地区）都被作为生产性的产业，其产值都被计入国民生产总值和国内生产总值。因此，我们不能在传统意义上去理解金融深化对经济增长的贡献，如果要从传统意义上理解经济增长，我们就应考虑金融深化对工农业生产的影响。这虽然是十分有意义的和十分令人着迷的一个研究课题，但却不是本书的主要任务。我们要考察的是金融深化对经济的虚拟化影响，经济增长的虚拟化也是我们不可回避的一个重要的问题。

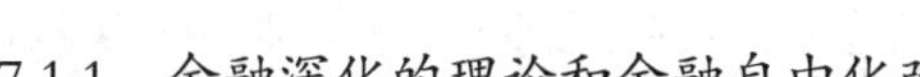

7.1.1 金融深化的理论和金融自由化改革

美国经济学家萧和麦金农于 20 世纪 70 年代提出了金融深化理论。他们反对凯恩斯关于货币的理论，提出了金融自由化的主张，并认为发展中国家存在着金融压抑（Finance Depression），如果实行金融自由化，将有利于其经济增长。在凯恩斯的理论中，货币有两个价格，一个是内部价格利息率，另一个是外部价格汇率。凯恩斯主张，利息率不应是市场经济中的内生变量，不应由市场经济自发的机制内在地决定，它应是市场经济的外生变量，由市场经济外部的力量、政府的货币当局来决定。各主要工业国家的政府在战后都信奉凯恩斯主义，因此，在直到 70 年代初布雷顿森林体系崩溃之前，在各国国内，由各国的货币当局严格控制着利息率，在国际，则实行着严格的固定汇率制度。凯恩斯认为，由政府或货币当局控制利息率，可以人为地使利息率经常处于一个较低的水平，从而刺激投资和经济增长。麦金农则认为。由外在力量来人为地控制利息率，将会使本来具有调节作用的利息率机制失去调节经济的作用。使金融机制受到压抑。因为，货币当局为了控制利息率，必然要对一系列的金融活动进行限制，如对信贷的配给进行管制等。金融管制限制金融活动，对资本的形成则是一种抑制，不利于经济增长。对于发展中国家，麦金农指出，这些国家通常在采取工业化战略的同时，为加强官方所认为的发展工业时各部门的优先次序，而对金融信贷进行严格的管理和控制。这些压抑了经济增长，发展中国家要获得持久的经济增长，就必须消除金融压抑，实行金融自由化。麦金农和萧的理论很快得到了一些人的赞同，到 80 年代形成了麦金农—萧学派。他们的理论与 80 年代兴起的金融深化之间起着相互推动的作用。西方的理论和西方主要工业国家的金融自由化，对发展中国家产生了重大影响。

自 80 年代以来，西方各主要工业国家相继实现了金融自由化（我们已经在前面的章节中做了论述）。一些发展中国家在 80 年代中后期也相继做出了金融自由化的改革，并引发了这些国家的金融深化。70 年代，智利、阿根廷、乌拉圭、墨西哥都先后进行了不同程度的金融自由化的改革。其主要措施是：放松和取消了对利息率的管制；取消了对信贷配给的管制；对国有化银行进行私有化改革；对外开放金融市场，允许外国的银行进入本国从事金融业务。这些国家的金融改革进行得较剧烈，在造成这些国家金融深化的同时也引发了通货膨胀和金融动荡，并使这些国家的经济增长受到很大影响。一些经济学家评论说，这些国家的金融改革与亚洲一些国家相比是不成功的，

在亚洲，金融改革也趋向于金融自由化，只是改革的力度没有拉美国家大，并有一定发展的市场经济做基础。在亚洲新兴市场国家中，新加坡和马来西亚是东南亚国家中经济市场化较早的国家。他们的对外开放较早，金融改革也较早。新加坡是一个有着对外开放传统的国家，从“二战”后就一直实行门户开放政策。一些有限度的外汇管制和信贷控制在 70 年代中期就被终止。从 1968 年开始建立境外货币市场，即“亚洲美元市场”，从而

开始了建立亚洲金融中心的努力。到 80 年代，开始鼓励本国的金融财团参与国际金融活动。包括鼓励本国大银行对外放款；鼓励本国证券商在境外包销国际证券；管理和经营国际证券；建立新加坡国际货币交易所（SIMEX）；建立“新加坡经销和自动报价系统证券交易所”（SES–DAQ），等等。马来西亚于 1973 年实行货币改革和金融改革，取消了外汇管制并建立了可变的汇率制度。这一变化是马来西亚对当时以美元为中心货币体系崩溃的反应。它一方面适应国际上刚刚开始的浮动汇率制度，使自己的货币汇价保持在可变的地位上，以适应当时剧烈动荡的世界货币制度；另一方面也加大了外汇市场的自由度，允许更大自由地兑换外汇。1978 年，马来西亚取消了国内的利息率管制，允许利息率由市场力量自发地决定。对信贷的管制也有所放松，鼓励证券市场的发展。到 80 年代进一步鼓励证券市场的发展，并鼓励对外的直接融资。这使得马来西亚在 80 年代金融体制与国际的联系更加紧密。马来西亚证券业比较发达，对外引资的规模也较大。泰国和印度尼西亚的金融改革是在改变发展战略的基础上展开的。泰国由于受到 70 年代末石油冲击的影响，国际收支出现了较大的困难；印度尼西亚也由于 80 年代初出口收入下降面临产业结构的调整。在此之前，这两个国家主要依赖农业和初级产品的出口以及进口替代工业来发展经济。他们意识到应该转变自己的发展战略，将进口替代型经济转变为出口导向型经济。发展出口导向型经济需要更新技术和设备。筹集足够多的资金是其当时所面临的首要问题，于是这两国进行了旨在吸引外资和鼓励国内储蓄的金融改革。他们首先放松了对外汇的管制，允许汇率自由浮动，使本国货币（泰国铢和印尼盾）贬值到与市场供求相一致的水平，以便增强本国的竞争力刺激出口。其次是取消了对利息率上限的限制，鼓励人民进行储蓄，扩大国内的资金来源。再次是放松对证券业的严格控制，大力发展直接融资的方式，刺激证券市场的迅速发展，特别是鼓励资本市场的发展。进入 90 年

代，这两个国家进一步加大了对外开放的步伐，在国际信贷市场上和国际证券市场上融资的数量不断增大，导致了外债的迅猛增长。在东盟五国中，菲律宾由于政治等方面的原因，经济发展较慢，金融改革的步伐较小。直到 90 年代，其金融体制也没有较大的变化。

7.1.2 主要工业国家的金融深化

在金融深化的研究中，多使用包括货币存量在内的金融资产总量占国内生产总值（GDP）的比例来表示金融活动在经济生活中重要程度的不断深化。在主要工业国家，随着 20 世纪 80 年代全面高涨的金融创新，出现了许多新的金融工具，使得这些国家的金融资产总量迅速膨胀。到现在，几乎所有的发达国家的金融资产总值都超过了这些国家的国内生产总值 GDP。我们使用国际货币基金组织发表的“国际金融年报”提供的统计资料绘制了表 7–1，该表中的金融资产总值包括 7 个西方主要工业国家的国内信贷总额、货币和准货币的期末存量、在准货币中未包括的债券存量、中央政府的贷款基金总额、股票市值、货币市场工具期末存量等项目。由于有些国家的资料不全，在股票市值、货币市场工具和中央政府贷款基金（有些国家没有）上会有一些遗漏。在上述资料中，货币和准货币包括了大部分债券和其他融资工具，国内信贷一般占国内融资的比例较大（占 1/3~1/2），股票市场的股票市值虽然影响重大，但在总金融资产中占的比例相对较小，因此这些遗漏不会影响我们的分析结果。

从表 7–1 可以看出，20 世纪 80 年代西方 7 个主要工业国家的金融资产总值占 GDP 的比例迅速提高。美国在 1980 年金融资产总值占 GDP 的比例只有 135.5%，到 1985 年增加到 205%，5 年中增长了 71.9 个百分点。在 1985 年到 1990 年的五年间，金融资产总值从 103341 亿美元增长到 151692 亿美元，增长了 51.6%。从 1990 年到 1995 年的五年中，金融资产总值增长到 215196 亿美

表 7-1　主要工业国家金融资产总额占 GDP 的比例变化情况（1980—1996）

年份	1980	1985	1990	1991	1992	1993	1994	1995	1996
美国（10 亿美元）									
金融资产 X	6013.3	10334.1	15169.2	16140.6	17263.4	18729.4	19573.2	21519.6	24406.4
GDP	4447.2	5040.0	5743.8	5687.9	5842.7	5973.1	6183.6	6309.1	6462.5
X/GDP（%）	135.2	205.0	264.1	283.8	295.5	313.6	316.5	341.1	377.7
意大利（兆里拉）									
金融资产 X	768.35	1481.69	2428.06	2755.96	3038.04	3240.21	3370.24	3450.69	3626.59
GDP	1051.0	1132.3	1310.7	1325.6	1333.1	1317.7	1346.3	1385.8	1395.4
X/GDP（%）	73.1	130.9	185.2	208.0	227.9	245.9	250.3	249.0	259.9
英国（10 亿英镑）									
金融资产 X	170.71	377.71	1310.59	1342.48	1395.97	1458.46	1564.08	1742.04	1917.3
GDP	423.49	468.07	551.12	540.31	537.45	548.59	569.63	583.82	596.29
X/GDP（%）	40.3	80.7	237.8	248.5	259.7	265.9	274.6	298.4	321.5
日本（兆日元）									
金融资产 X	497.27	748.18	1186.62	1234.19	1281.05	1297.67	1328.21	1362.58	1376.65
GDP	287.44	345.29	430.04	446.37	450.96	452.24	455.25	461.51	477.93
X/GDP（%）	173.0	216.7	275.9	276.5	284.1	286.9	291.8	295.2	288.0

续表

年份	1980	1985	1990	1991	1992	1993	1994	1995	1996
德国（10亿马克）									
金融资产X	3077.7	4273.3	6033.2	6604.9	7322.3	8093.4	8624.8	9246.5	9978.4
GDP	1945.0	2062.2	2429.4	2750.6	2811.1	2778.5	2858.0	2913.7	2952.4
X/GDP（%）	158.2	207.2	248.3	240.1	260.5	291.3	301.8	317.3	338.0
法国（10亿法郎）									
金融资产X	5262	6914	13080	13450	13812	13767	14050	15097	15555
GDP	5156.6	5560.7	6509.5	6560.4	6636.6	6548.2	6733.3	6873.6	6973.9
X/GDP（%）	102.0	124.3	200.9	205.2	208.1	210.2	208.75	210.96	223.0
加拿大（10亿加元）									
金融资产X	298.41	465.78	728.87	792.66	875.11	1001.34	1094.73	1162.65	1267.84
GDP	502.93	579.81	669.51	55	662.58	677.29	704.88	721.26	731.87
X/GDP（%）	59.3	80.3	108.9	120.5	132.1	150.1	155.3	161.2	173.2

资料来源 IMF："International Financial Statistics Yearbook 1997".

元，增长了41.9%。80年代前半期，金融资产增长的速度最快，平均年增长率为14.38%，80年代后半期金融资产的平均年增长率为10.32%，90年代前半期为8.3%。到1996年金融资产总值占GDP的比例已经达到377.7%。英国在80年代前半期金融资产总值一直没有超过其GDP，但金融资产总值的年平均增长率却高达24.2%，使得其金融资产占GDP的比例增加了1倍，从1980年的1707亿英镑增加到1985年的3777.1亿英镑。随着英国在80年代后半期为重建其世界金融中心地位而做的努力，其国内金融资产膨胀速度进一步提高，从1985年的3777.1亿英镑增加到1990年的13105.9亿英镑，增幅达2.74倍，年平均增长率为49.5%。进入90年代，英国金融资产的增幅大大下降了，从1990年到1996年的六年间金融资产总值仅增加了46.3%，年平均增长率下降到7.7%。80年代前半期，意大利是7国中金融深化速度较快的另一个典型。从1980年到1985年其金融资产总值增加了92.8%，年平均增长率为18.6%。80年代后半期，意大利金融资产年平均增长率为12.8%，进入90年代进一步下降到8.2%。在加拿大，金融资产的增幅相对较稳定。从1980年到1985年其金融资产增加了53.1%，年平均增长率为10.6%。80年代后半期，金融资产增加的幅度加大，增幅达56.5%，年平均增长率也提高到11.3%。进入90年代，加拿大金融资产膨胀的势头又有所提高，年平均增长率微增为12.3%。加拿大金融资产在16年中起伏不大，既没有英国和意大利在80年代初期40%以上的年增长率，也没有他们进入90年代以后金融资产增幅的下降。德国金融资产增长的情况类似于加拿大。在80年代前半期，德国金融资产的增幅较小，为38.8%，年平均增长率为7.8%。80年代后半期德国金融资产的增幅开始加大，从1985年到1990年其金融资产总值增加了41.2%，年平均增长率微增到8.2%。进入90年代，德国金融资产总值的年平均增长率提高到10.9%。德国金融资产总值在16年中一直保持较稳定的增长。

法国在 80 年代前半期，金融资产总值的年平均增长率只有 6.3%，80 年代后半期迅速提高到 17.8%，进入 90 年代则进一步下降到 3.2%，在 7 国中仅高于同期日本，低于其他工业国家。80 年代前半期，日本金融资产总值的年增长率为 10.1%，后半期为 11.7%。但是，到了 90 年代，日本金融资产的年平均增长率只有 2.7%，是同期 7 国中最低的。

在西方 7 个主要工业国家中，美国、英国、意大利、日本的金融资产在 80 年代都有大幅度的增长，进入 90 年代又都有所下降。其中，日本下降的幅度最大，这与日本泡沫经济破灭后，银行和其他金融机构的大量不良资产有关。德国和加拿大金融资产增长的幅度比较稳定，基本上保持着稳定增长的势头。尽管 7 国金融资产增长的幅度和速度在不同时期存在较大差异，但是从长期看，西方主要工业国家金融资产在过去的十几年中都有相当大的增长。

值得注意的是，在 1994 年到 1996 年的两年中，美国、英国和法国金融资产增长的速度有所加快，其余 4 国的金融资产增加速度都大大放慢了。美国在这一期间的年平均增长率为 12.3%，高于其 90 年代前半期的平均值 8.3% 和 80 年代后半期的平均值 10.3%。英国在这两年中金融资产的年平均增长率为 11.3%，高于其 1990—1996 年期间的年平均增长率 7.7%，法国的这个增长率为 5.4%，高于其 1990—1996 年间的金融资产年平均增长率 3.2%。德国这一时期的金融资产年平均增长率为 7.9%，低于其 1990—1996 年间的平均年增长率 10.9%；加拿大 1994—1996 年间的金融资产年平均增长率为 7.9%，低于其 1990—1996 年间的年平均增长率 12.3%；意大利和日本在 1994—1996 年间的金融资产年增长率则分别下降到 3.8% 和 1.8%，低于其 1990—1996 年间的年平均增长率 8.2% 和 2.7%。我们虽然不能肯定今后西方主要工业国家金融资产增长速度是否再次加快，至少像 80 年代那种年平均增长率超过 20% 甚至 40% 的情况今后一段时期内难于再出现。

从1996年的情况看，在西方7个主要工业国家中，美国金融深化的程度最高，其金融资产占实际GDP的比例为377.7%。其次是德国，其金融资产总值占实际GDP的比例为338%。英国排在第3位，其金融资产总值占实际GDP的比例为321.5%。其余国家金融资产总值占GDP的比例都低于300%，它们的金融资产总值占实际GDP的比例依次为：日本288%，意大利259%，法国223%，加拿大173%。除加拿大以外，主要工业国家的金融资产总值都在其实际GDP的两倍以上。这就是今天“金融深化”的具体表现。

在7国80年代以来的发展中，另一个值得注意的现象是金融资产的年平均增长率远远高于实际国内总产值的增长率。表7–2列出了7国金融资产年平均增长率与GDP年平均增长率的对比情况。美国1980年到1985年间的金融资产年增长率为14.38%，大大高于同期GDP的年平均增长率2.7%。在这一时期，金融资产的年平均增长率大约是GDP年平均增长率的5.3倍。80年代后半期和90年代前半期美国金融资产增长速度虽然有所放慢，但仍然高于同期GDP的年平均增长率（2.8%和2%）2倍到3倍。可见，美国进入80年代以后金融资产以高出GDP 3倍以上的平均速度膨胀。英国的情况就更典型，1980—1985年间，英国的实际GDP年平均增长率为2.1%，而金融资产年平均增长率为24.2%，高出GDP年增长率10.5倍。在1985—1990年间，英国的金融资产年增长率（49.5%）高出实际GDP年增长率（3.5%）13.1倍。即使在90年代英国金融资产增长速度大大减弱的时期，金融资产的年平均增长率（7.7%）也高于其实际GDP年增长率（1.4%）4.5倍之多。80年代以来，英国金融资产以高出实际GDP近10倍的平均速度膨胀。意大利80年代前半期金融资产增长速度是其实际GDP增长速度的12.4%倍，到80年代后半期下降到4倍，90年代又提高到近7.5倍。其他国家金融资产在80年代的增长速度都大大超过其实际GDP的增长速度。

表 7-2 金融资产年平均增长率与 GDP 年平均增长率的比率（%）

年份	1980—1985	1985—1990	1990—1996
美国			
金融资产年平均增长率 X	14.34	10.32	8.3
实际 GDP 年增长率	2.7	2.8	2.1
X/GDP	532.6	368.5	395.2
意大利			
金融资产年平均增长率 X	18.6	12.8	8.2
实际 GDP 年增长率	1.5	3.2	1.1
X/GDP	1240.0	400.0	745.5
英国			
金融资产年平均增长率 X	24.2	49.5	7.7
实际 GDP 年增长率	2.1	3.5	1.4
X/GDP	1.152 4	1414.3	550.0
日本			
金融资产年平均增长率 X	10.1	11.7	2.7
实际 GDP 年增长率	4.0	4.9	1.8
X/GDP	252.5	238.8	150.0
德国			
金融资产年平均增长率 X	7.8	8.2	10.9
实际 GDP 年增长率	1.2	3.6	3.43
X/GDP	557.1	227.8	320.6
法国			
金融资产年平均增长率 X	6.3	17.8	3.2
实际 GDP 年增长率	1.6	3.4	1.2
X/GDP	393.8	523.5	266.7
加拿大			
金融资产年平均增长率 X	10.6	11.3	12.3
实际 GDP 年增长率	3.1	3.1	1.6
X/GDP	341.9	364.5	768.8

资料来源 IMF：“International Financial Statistics Yearbook 1997”.

7.1.3 亚洲新兴市场国家的经济虚拟化

80 年代后半期，新兴市场国家的金融资产开始迅猛增长，到 90 年代中期，许多新兴市场国家，如泰国、马来西亚、新加坡、菲律宾等国金融资产占实际 GDP 的比例都赶上了发达国家，达到了 200% 以上。亚洲新兴市场国家的经济增长在 80 年代末到 90 年代中期大都保持着较高的速度，以致西方发达国家的一些经济学家都看好亚洲在 21 世纪的发展前景。随着这些国家经济的高速增长，世界发达地区和国家以及国际性大的金融机构纷纷向亚洲投资，这一方面促进了新兴市场国家经济发展；另一方面也加强了这些国家与国际的联系。在亚洲新兴市场国家间的合作日益加强的情况下，金融动荡很容易在这些国家之间传播。1997 年 2 月由泰国首先爆发的金融危机在几个月的时间内已经引起了整个亚洲的金融动荡，并迅速波及世界的其他地区。这次亚洲的金融动荡究其根源，是金融资产的膨胀过度所埋下的祸根，也是经济虚拟化的速度过快所致。

表 7-3 列出了 1980 年至 1996 年亚洲部分新兴市场国家金融资产增长和金融资产占实际 GDP 比例变化的情况。从表中可以看出，80 年代初，亚洲的新兴市场国家金融资产占其实际 GDP 的比例还较小，表中所列国家都没有超过 1。80 年代前半期，泰国、马来西亚、新加坡的金融资产增长迅速，到 1985 年，这三个国家金融资产总值占实际 GDP 的比例都超过了 1。其中泰国金融资产占 GDP 的比例达到了 127.4%，马来西亚为 137.9%，新加坡为 176.9%。这反映出，新加坡和马来西亚有较长的市场经济历史，特别是新加坡，在 80 年代初，其金融深化程度就已经很高，接近同期西方一些工业国家的水平，其金融资产占 GDP 的比例已经接近 100%。表中所列其他国家的这个过程稍晚，到 1990 年，除菲律宾以外，所有表中国家的金融资产总值占实际 GDP 的比例都超过了 1。菲律宾由于金融改革较晚，改革的力度也

较小，直到 1993 年其金融资产总值才超过其实际 GDP。1995—1996 年，除韩国和印度之外，表中所列国家的金融资产都膨胀到其 GDP 的两倍以上或接近两倍。其中，泰国在 1995 年就已经达到了 338.4%，是同期亚洲新兴市场国家中最高的。其次是马来西亚，其金融资产占实际 GDP 的比例在 1995 年达到了 260%。新加坡排在第三位，其金融资产占实际 GDP 的比例在 1996 年达到了 129.6%。虽然不低，但对有较好市场基础，特别是金融市场较发达的新加坡来说，这应是比较适当的一个比例。其他国家金融资产占实际 GDP 的比例依次为：1996 年，菲律宾 209%，印度尼西亚 194.1%，韩国 122.2%；印度金融资产占其 GDP 的比例在 1995 年为 155.1%，是 1995 年表中所列国家中占比最低的。

新兴市场国家金融资产膨胀的速度普遍高于主要工业国家。表 7–4 列出了新兴市场国家金融资产年平均增长率与其实际 GDP 年增长率的对比情况。泰国 1980 年到 1985 年间金融资产的年增长率为 22.7%，1985 年到 1990 年间提高到 28.8%，1990 年到 1996 年间进一步提高到 33.1%，80 年代以来泰国金融资产大约以 28.2% 的年平均增长率增长。这样的速度在西方也是少见的。印度尼西亚在 80 年代后半期的金融资产增长一度达到 72.8% 的年平均增长率，菲律宾进入 90 年代时的金融资产年平均增长率达到了 53.2%。其他国家金融资产的年增长率大约都在 20% 以上的年均水平。80 年代末、90 年代初，亚洲新兴市场国家的实际 GDP 增长速度也很高。泰国在 1980—1985 年间 GDP 的年平均增长率为 6.1%，1985—1990 年间提高到 12.8%，进入 90 年代，其实际 GDP 的年平均增长率也高达 9.9%。马来西亚实际 GDP 的年增长率一直保持着稳定增长的势头，1980—1985 年间为 5.7%，1985—1990 年间为 7.8%，1990—1996 年间为 10.3%。新加坡和印度尼西亚与马来西亚类似，基本保持着经济稳定增长的势头，1980—1985 年间新加坡和印度尼西亚实际 GDP 的年增长率分别为 7.0% 和 5.2%，1985—1990 年间分别为 9.9% 和 7.1%，1990—

表 7-3　亚洲部分新兴市场国家金融资产总额占 GDP 的比例变化情况（1980—1996）

年份	1980	1985	1990	1991	1992	1993	1994	1995	1996
泰国（10 亿泰铢）									
金融资产 X	795.8	1702.9	4158.7	4923.4	5965.9	7319.0	9060.8	11083.6	—
GDP	1024.9	1335.2	2191.1	2375.3	2559.8	2771.5	3014.9	3275.6	—
X/GDP（%）	77.6	127.4	189.8	207.3	251.2	264.1	300.5	338.4	—
马来西亚（百万林吉特）									
金融资产 X	54106	115700	205769	237730	282749	355114	382893	474180	—
GDP	64883	83305	115828	125575	135366	146665	160218	175631	—
X/GDP（%）	83.4	138.9	177.7	189.3	208.9	228.5	239.0	260.0	—
新加坡（百万新加坡元）									
金融资产 X	33208	80199	131413	151823	167644	187360	207230	233439	—
GDP	33583	45345	67879	72811	77394	85473	94064	102299	—
X/GDP（%）	98.9	176.9	193.6	208.5	216.6	219.2	220.3	288.2	—
菲律宾（10 亿比索）									
金融资产 X	186.22	366.16	631.68	681.57	783.18	1293.23	1570.38	2006.22	2646.78
GDP	917.1	855.4	1077.2	1071.7	1075.3	1098.1	1146.3	1200.9	1266.7
X/GDP（%）	20.3	42.8	58.6	63.6	72.8	117.8	137.0	167.1	209.0

续表

年份	1980	1985	1990	1991	1992	1993	1994	1995	1996
印度尼西亚（10亿印尼盾）									
金融资产X	16793	43390	201380	244297	258525	315452	378595	487772	577489
GDP	114609	144439	195597	209192	222705	237172	255055	276003	297579
X/GDP（%）	14.7	37.9	103.0	116.8	116.1	133.0	148.4	176.7	194.1
韩国（10亿韩元）									
金融资产X	34649	81683	213611	256899	286416	332772	373348	449997	337136
GDP	74345	111330	179539	195936	205860	217699	236376	257501	275851
X/GDP（%）	46.6	73.4	119.0	131.1	139.1	152.9	158.0	174.8	122.2
印度（10亿卢比）									
金融资产X	1645.1	2730.9	5934.8	6783.0	7646.4	8795.7	10211.1	10641.0	12776.7
GDP	3031.9	3937.8	5355.3	5378.0	5670.1	5944.0	6393.9	6862.4	—
X/GDP（%）	52.3	69.4	110.8	126.1	134.9	148.0	159.7	155.1	—

资料来源：IMF：“International Financial Statistics Yearbook 1997”.

表 7-4　亚洲新兴市场国家金融资产年平均增长率与 GDP 年平均增长率（%）

时间	1980—1985	1985—1990	1990—1996
泰国			
金融资产年平均增长率 X	22.7	28.8	33.1
实际 GDP 年增长率	6.1	12.8	9.9
X/GDP	372.1	225.0	334.3
马来西亚			
金融资产年平均增长率 X	22.8	15.6	26.1
实际 GDP 年增长率	5.7	7.8	10.3
X/GDP	400.0	200.0	253.4
新加坡			
金融资产年平均增长率 X	28.3	12.8	16.7
实际 GDP 年增长率	7.0	9.9	10.3
X/GDP	404.3	129.3	162.1
菲律宾			
金融资产年平均增长率 X	19.3	14.5	53.2
实际 GDP 年增长率	−1.3	5.6	2.9
X/GDP	…	258.9	1，834.5
印度尼西亚			
金融资产年平均增长率 X	31.7	72.8	31.1
实际 GDP 年增长率	5.2	7.1	8.7
X/GDP	609.6	1，025.3	357.4
韩国			
金融资产年平均增长率 X	27.1	32.3	9.6
实际 GDP 年增长率	9.9	12.2	8.9
X/GDP	273.7	264.8	107.9
印度			
金融资产年平均增长率 X	13.8	23.5	19.2
实际 GDP 年增长率	6.0	7.2	5.6
X/GDP	230.0	326.4	342.9

资料来源 IMF：“International Financial Statistics Yearbook 1997”.

1996 年间分别为 10.3% 和 8.7%。除菲律宾以外，表中所列国家自 80 年代以来的经济增长的年平均增长率都保持在 5% 以上。这些国家的经济增长率在世界上是相对较高的，但是其金融深化的速度却大大高于其经济增长的速度。从表 7-4 中可以看出，除新加坡在 80 年代后半期和 90 年代前半期，韩国在 90 年代前半期，由于经济增长相对较高而使得金融资产年平均增长率超过实际 GDP 年平均增长率不足 1 倍以外，其余国家在 80 年代以来的金融资产增长速度都超过了实际 GDP 的年增长率 1 倍以上。印度尼西亚在 80 年代后半期，由于金融资产膨胀的平均年率达到了 72.8%，尽管实际 GDP 的年增长率平均保持在 7.1% 的水平上，但差距毕竟太大，使得这一时期印度尼西亚的金融资产增长速度超过其实际 GDP 增长速度大约 9 倍以上。亚洲新兴市场国家金融资产的过度膨胀与其经济发展的水平不相适应，为其今后的金融动荡埋下了祸根。

7.1.4 金融深化与经济的虚拟化

如果按照西方经济学家的观点：土地、劳动、资本共同创造财富，而货币资本与实物资本在创造财富上是相同的，那么金融资产的高速增长就应加速 GDP 的增长。80 年代，西方主要工业国家金融资产的增长速度大大超过了实际 GDP 的增长速度，而且其规模迅速膨胀，多在 80 年代就已经超过实际 GDP 总量一倍到两倍。新兴市场国家就更是如此，它们多数都接受了美国经济学家麦金农和萧的金融深化理论。认为金融深化可以促进经济增长。如果确系西方经济学家所说，金融深化对经济增长有重要贡献，那么，在 80 年代末和 90 年代初就应引起西方经济的高速增长。但是，实际情况却恰恰相反，主要工业国家 80 年代的金融资产迅速膨胀不但没有给西方经济带来空前的繁荣，而且还给西方经济带来了一系列的麻烦。而新兴市场国家 80 年代、90 年代的金融深化也给这些国家造成了金融危机，并给正在高速增长的经济来了一个急刹车。特别是银行和金融机构的坏账问题，已经成了 80 年代金融深化留给 90 年代的一个世界性的难题。

金融深化的衡量指标中包括着货币存量的增长，因此金融深化中包括着货币化的过程。货币化则是指随着经济的发展，越来越多的非经济活动进入社会经济生活，使得使用货币的经济活动越来越多的现象。在货币化的过程中，许多过去不进入社会分工的活动逐步形成产业，被纳入社会经济生活之中。例如，做饭长期以来是家庭劳动，不属于人们的经济活动，最初的饭店、餐馆也并不是面对广大普通家庭的。随着经济的发展，越来越多的人和家庭逐步减少自己做饭的次数，餐饮业随之扩大了其服务对象。形成解决人们基本生活中吃饭问题的一个重要行业。随着越来越多的家庭摆脱了厨房的困扰，与其相关的家庭活动进入社会经济，扩大了人们需要使用货币的领域，促进了货币化。体育是最能说明问题的另一个例证，计划体制下的传统观念认为，体育是不生产的，它不但是非生产性的行业，而且还要消耗由工农业劳动生产出来的产品。从这个意义上说，它是一种纯消费的活动。普通人在家里的体育活动是玩，是消费。专业体育工作者是在从事一种“事业”，其目的是为国争光，或者是通过开展群众性的体育活动达到增强人民的体质的目的，等等，既不是为了赢利也不是为了发展经济。但是在市场经济中，体育活动既然是人们的消费活动，它就必然会被用来谋利。专业体育活动既然有人欣赏，就可以以某种方式将其组织起来不断地进行比赛来赚钱。当人们对体育活动的需求不断增大时，又可以组织各种专门为人们从事体育活动服务的俱乐部和其他体育机构。在意大利，足球已经形成了一个巨大的产业，连同生产与其相关体育用品的行业在内，足球产业的产值占其国内生产总值的 1/5 到 1/3（不同的统计口径计算的结果不同）。随着服务业的不断扩张，许多新的活动被纳入货币经济中来，成为名副其实的经济活动。这是货币化的一个重要原因。显然，货币化不过是生产专业化和生产社会

化的结果。

金融深化与货币化的基本含义是有区别的。我们所用的衡量指标中，除去作为交换媒介的狭义货币以外，更多的包含着经济活动中的其他金融资产，股票、债券、银行和其他金融机构的贷款（包括房地产等抵押贷款和其他贷款）以及其他融资工具。从性质上看，这些金融资产的增加不是经济活动中由于过去不被包括的经济活动进入社会经济而产生的，它们是债务关系的膨胀和资本的不断虚拟化造成的。虚拟资本的增加（除媒介商品交换的货币 M1 以外）并不直接增加物质产品，也不增加实物资本。20 世纪 80 年代以来虚拟资本的迅速扩张，一方面是现有债务证券化，即一笔资金双重或多重存在造成的；另一方面是过去没有发行股票、债券的企业的资产加入证券市场造成的。前者占的比例远远大于后者。由于前者的基础往往不是任何实际商品或实际资本，而是本来就虚拟化了的货币，如前面章节中提到的 ABS（以金融资产为抵押发行的新债券），因此，它的膨胀在理论上几乎是没有限制的。后者是原先没有发行股票和债券的企业增发股票和债券，标志着实物资本的虚拟化发展，也是生产社会化的一种进步。在实践中，这二者往往是结合在一起的，我们在理论上将其加以区分，是因为它们对经济的作用是有所区别的。一般来说，经济的虚拟化包括上述这两种情况。既然经济的金融化或金融深化主要是虚拟资本的扩张造成的，而虚拟资本的扩张与房地产业的虚拟价值膨胀合在一起，就实际上构成了经济中的虚拟部分。在当代经济中，实际经济的增长相对是缓慢的，而虚拟经济部分则在迅速膨胀。我们将经济中虚拟部分称作虚拟经济，将虚拟经济的膨胀速度超过实际经济增长速度的现象称作经济的虚拟化。

经济的虚拟化与泡沫经济有密切的关系，但却不能将二者等同起来。虚拟经济仅仅指经济中的金融资产和房地产业的膨胀，而泡沫经济则是在此基础上由于过度炒作而引起的虚拟经济中的

价格膨胀。在第 2 章中，我们曾指出泡沫经济与投入证券业和房地产业的货币量有关，而投入虚拟经济的货币数量的多寡又取决于多数人对证券价格和房地产价格的预期，只有在多数人预期房地产和证券价格会上涨的时候，才会有将资金投入虚拟经济的行为。在证券业和房地产业中存在着资本数目庞大的房地产商和机构投资者，他们有非常大的资金量，完全有力量将某种金融资产或个别地区的房地产价格炒起来。在他们认为某些资产的价格高估或被低估的时候，就会采取行动引起价格的普遍上涨。这时多数人对虚拟资产价格的预期会随之提高，导致大量资金涌入虚拟经济，造成经济泡沫。泡沫经济所指的就是金融资产和房地产价格被人为炒得很高的经济现象，而经济的虚拟化则是指构成泡沫经济的基础——虚拟经济的增长速度超过了实际经济增长速度这种现象。虚拟经济是经济泡沫下的淤泥，它会产生泡沫，但本身却不是泡沫。当泡沫破灭后，淤泥将被置于阳光之下，虚拟经济将倍受煎熬，一些银行和金融机构会破产，新证券发行减少，货币本身的虚拟性会受到检验，中央银行将为币值的稳定而付出代价，债务锁链将被破坏，信用危机将会洗劫整个经济，实际经济也将受到影响。当泡沫经济破灭以后，会留下大量的坏账，这时金融资产的虚拟性便暴露无疑，与实际资产相比，它根本不具备价值基础。坏账使信用制度遭到破坏，使金融机构虚弱不堪，过度膨胀的金融资产不翼而飞。“清除淤泥，晾干经济”，使金融资产与实际资产保持正常的比例关系将是一个漫长的过程。难怪货币学派的首领弗里德曼将 20 世纪 30 年代的大危机解释为金融危机的结果。在当代，当货币虚拟化与金融资产的膨胀结合在一起形成虚拟经济的时候，它将在一定时期造成虚拟繁荣的假象，这就是泡沫经济，一旦泡沫破灭，消除过度虚拟资本，消除过度虚拟经济活动的工作将会影响正常的企业经营，从而影响实际经济过程，对经济增长起抑制作用。

泡沫经济是在虚拟经济的基础上形成的，也是经济虚拟化

后的一个必然要产生的经济现象。从80年代起，西方主要工业国家的经济迅速地虚拟化，一些新兴工业国家也紧跟其后，在条件尚不成熟的时候实行金融自由化的政策，使得这些国家的金融资产和与其有密切关系的房地产业迅速膨胀，其膨胀速度甚至大大超过了发达国家的金融资产膨胀速度，这就是世界性的经济虚拟化。正是经济的虚拟化为当代的世界经济埋下了金融危机的种子。所谓金融深化，其实质是经济的虚拟化。

7.2 世界的金融风暴、根源及其前景

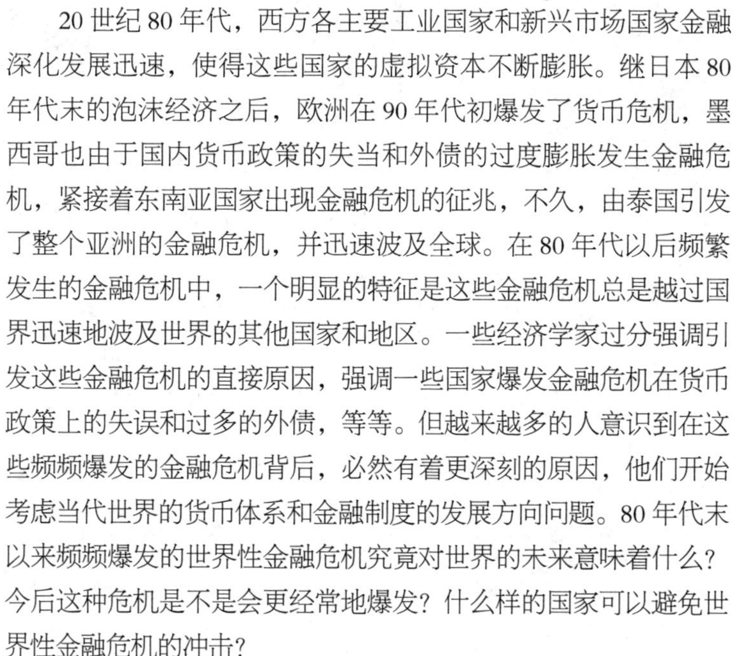

20世纪80年代，西方各主要工业国家和新兴市场国家金融深化发展迅速，使得这些国家的虚拟资本不断膨胀。继日本80年代末的泡沫经济之后，欧洲在90年代初爆发了货币危机，墨西哥也由于国内货币政策的失当和外债的过度膨胀发生金融危机，紧接着东南亚国家出现金融危机的征兆，不久，由泰国引发了整个亚洲的金融危机，并迅速波及全球。在80年代以后频繁发生的金融危机中，一个明显的特征是这些金融危机总是越过国界迅速地波及世界的其他国家和地区。一些经济学家过分强调引发这些金融危机的直接原因，强调一些国家爆发金融危机在货币政策上的失误和过多的外债，等等。但越来越多的人意识到在这些频频爆发的金融危机背后，必然有着更深刻的原因，他们开始考虑当代世界的货币体系和金融制度的发展方向问题。80年代末以来频频爆发的世界性金融危机究竟对世界的未来意味着什么？今后这种危机是不是会更经常地爆发？什么样的国家可以避免世界性金融危机的冲击？

进入90年代以后，在经历了最初的一段时期的衰退之后，西方主要工业国家开始恢复经济增长，新兴市场国家进入90年代也显示出了强劲的经济增长势头，整个世界几乎都在庆幸终于到来的经济增长和繁荣。美国从1991年的经济衰退中复苏后，

到 1997 年已经连续 6 年持续经济增长，虽然没有恢复到其 60 年代的水平，却也是 20 年来最好的一段时期。其他国家大都从 90 年代初的衰退中走出来，从 1994 年开始进入了经济增长的时期。表 7–5 列出了 1990 年以来西方 7 个主要工业国家 GDP 增长情况。从表中可以看出，90 年代初西方主要工业国家都曾不同程度地经历了一个经济衰退时期。首先是日本，其次是欧洲的英国、意大利、法国和较小程度的德国。这些国家的经济兴衰与其金融动荡有密切的关系。

表 7–5　1990—1996 年主要工业国家 GDP 的增长

年份	1990	1991	1992	1993	1994	1995	1996
美国							
GDP（10 亿美元）	5743.8	5687.9	5842.7	5973.1	6183.6	6309.1	6462.5
增长率（%）	—	−1.0	2.7	2.2	3.5	2.0	2.4
意大利							
GDP（兆里拉）	1310.7	1325.6	1333. 1	1317.7	1346.3	1385.8	1395.4
增长率（%）	—	1.1	0，6	−1.2	2.2	2.9	0.7
英国							
GDP（10 亿英镑）	551.12	540.31	537.45	548.59	569.63	583.82	596.29
增长率（%）	—	−2.0	−0.5	2.1	3.8	2.5	2.1
日本							
GDP（兆日元）	430.04	446.37	450.98	452.34	455.25	461.51	477.93
增长率（%）	—	3.8	1.0	0.3	0.6	1.4	3.6
德国							
GDP（10 亿马克）	2429.4	2750.6	2811.1	2778.5	2858.0	2913.7	2952.4
增长率（%）	—	3.7	2.2	−1.2	2.9	1.9	1.3
法国							
GDP（10 亿法郎）	6509.5	6560.4	6636.6	6548.2	6733.3	6873.6	6973.9
增长率（%）	—	0.8	1.2	−1.3	2.8	2.1	1.5

续表

年份	1990	1991	1992	1993	1994	1995	1996
加拿大 GDP（10亿加元）	669.51	657.55	662.58	677.29	704.86	721.26	731.87
增长率（%）	—	−1.8	0.8	2.2	4.1	2.3	1.5

资料来源：IMF："International Financial Stantistics Yearbook 1997".

注：* 号的数字为将基期从 1980 年改为 1990 年，由于计算 GDP 的价格变更，所以增长率做了调整。

7.2.1 日本泡沫经济后的困境

日本从 80 年代开始加大利息率自由化和金融对外开放的步伐。1986 年开始，日本在持续低利率的条件下，地价和股票价格上涨，持续到 1990 年 8 月才由日本银行再次提高利息率的事件引发，而一路下跌，使持续五年的经济泡沫破灭。日本泡沫经济破灭后，引发了严重的金融机构坏账问题，据 1995 年日本大藏省正式公布的数字，1990 年以来日本银行的不良资产，包括呆账和坏账，总计为 4710 亿美元。严重的不良资产威胁着日本金融体制的正常运转，降低了日本金融机构在国际上的信誉，削弱了日本在国际金融活动中的地位。继 1992 年日本金融危机后，日本的金融机构和银行由于不良资产而不断出现倒闭事件。1984 年底到 1985 年末，东京协和信用社、安全信用社、宇宙信用社、木津信用社和兵库信用社相继倒闭。到 1997 年末，日本最大的金融机构也加入了倒闭的队伍，11 月，山一证券和拓殖银行相继倒闭，其他大银行的坏账和呆账也日趋严重。倒闭事件，以及由于 1997 年后半年全球性股市暴跌引起的新的不良资产，使日本民众对银行的倒闭形成了一种恐惧。银行的不良资产问题抑制了日本的经济增长，也引起了日本企业倒闭的风潮。1997 年前 8 个月已经有 10446 家企业破产，是近 11 年来企业破产的最高峰。到 1997 年 11 月，破产企业数目有继续上升的趋势。

回顾日本这一段历史，多数经济学家都将泡沫经济归罪于私营部门对房地产和股票等证券的炒作，以及政府和货币当局对货币数量监管不利和利息率政策的失当。在现象上，人们已经看到，不良资产是日本泡沫经济后留下的一个严重的祸根。日本政府在 1996 年提出了对日本金融体制改革的计划，准备在 2001 年之前消灭不良资产并使日本金融市场成为与纽约、伦敦一样的国际金融中心。为了达到这样的目标，日本政府提出了进一步实行金融改革的三原则：自由化、公正化和全球化。日本政府实际正在谋求使日本成为一个与美国和欧洲相抗衡的大国的全球战略。作为第一步，日本试图在亚洲建立日元区，以便使日元成为其谋求大国地位的工具，在 1997 年 2 月开始由泰国引发的亚洲新兴市场国家的金融危机中，日本向泰国等国家进行金融支持，被一些亚洲经济学家看作是借机扩大日元影响，谋求建立日元区的举动。日本政府在泡沫经济破灭后所吸取的教训是应加快向美、英金融体制转化。日本政府认为，只要加强对金融活动的“公正、公开”的监督，就可以不再引起泡沫经济，也可以避免像“大和银行事件”这种触发金融动荡和危机的潜在威胁。但事实上却远非如此，1997 年后半年的世界性股票市场暴跌和随后的小企业倒闭风潮，又引起了日本金融机构新的不良资产。日本最大的 20 家银行（包括 10 家商业银行，7 家信托银行和 3 家长期信贷机构）截止到 1997 年 3 月底，总共拥有 8 万亿日元（合 630 亿美元）的未实现股权收益（即其证券的购买成本与其现价的差额）。一旦日经指数下降到 13000 点以下，这 20 家金融机构的股权收益将损失殆尽。如果股票价格进一步下跌，将使这些银行产生“资本 / 资产”比例的严重下降。如果这些银行为了符合巴塞尔协议对参与国际业务的金融机构的要求，出售这些证券，就会引起新的金融动荡。可见，泡沫经济过后的不良资产并不是暂时的现象，泡沫经济有着深厚的经济基础。问题并不在于曾经出现过泡沫经济，问题的实质是金融资产的过度膨胀产生了虚拟经

济，而虚拟经济所造成的经济虚拟化则会在货币条件合适的时候，产生出泡沫经济。

7.2.2 欧洲的金融动荡与虚拟货币的控制问题

欧洲从 20 世纪 60 年代以后，就开始了经济一体化的进程。随着欧共体各国间贸易往来的不断增大和各种国际经济事物的增加，以及 70 年代以后面临布雷顿森林体系崩溃后国际货币体系的混乱局面，欧共体各国越来越感到统一欧洲货币和金融市场对欧洲今后发展前景的重大意义。1991 年 12 月欧共体首脑在《马斯特里赫特条约》（简称《马约》）上明确规定，要在 1999 年实行单一货币。在欧洲货币一体化的进程中，欧共体首脑针对货币汇率以及相关货币政策的协商会议不断，但成果却不大。在《马约》刚刚公布不到一年的时间，欧洲就爆发了战后最严重的一次货币危机。由于德国在统一后，经济实力得到加强，而英国和意大利经济相对较弱，且都在经历着经济不景气的煎熬。德国马克坚挺，里拉和英镑疲软。在德国国内，由于刚刚统一，出现了巨额财政赤字，德国政府担心由此引发通货膨胀，因此在 1992 年 7 月将中央银行的贴现率提高到 8.75%，引起德国利息率上升。德国利息率的提高引起了外汇市场上抛售里拉和英镑、抢购马克的风潮。这使得马克升值，里拉和英镑贬值。对德国高利息率最先做出反应的是芬兰，芬兰中央银行由于抵御不住芬兰人将芬兰马克大量兑换成德国马克的压力，于当年 9 月 8 日宣布芬兰马克与德国马克脱钩，实行自由浮动。德国中央银行对此并没有采取相应的措施，也不理会英国和意大利等欧洲其他国家的要求，于 9 月 11 日宣布，德国不会降低利息率。这个态度使国际金融投机者看到了机会，大量国际资金转向德国马克，这使得里拉急剧下跌，意大利政府虽然两次提高贴现率，使其中央银行的贴现率达到了 15%，也抑制不住里拉下跌的势头。到 9 月 13 日，意大利中央银行宣布里拉贬值 3.5%，到 9 月 14 日德国政府宣布

降低德国中央银行贴现率到 8.25% 时，已经太晚了。更大的金融风暴已经形成了。9 月 16 日英镑狂泻至 1 英镑兑 2.64 马克，与美元的汇率也跌至1英镑兑 1.738 美元的最低水平。到了 16 日晚上，英国财政大臣拉蒙特宣布退出欧洲货币体系并同时宣布降低利息率 3 个百分点，17 日上午又降低利息率 2 个百分点，使利息率回到原来的水平 10%。意大利在 13 日宣布里拉贬值后仅仅 3 天，里拉兑马克的汇率再次跌破了新的汇率下浮的界线。意大利政府为了挽救里拉投入了大约 40 亿里拉的外汇储备，终未奏效，使得意大利政府不得不宣布里拉退出欧洲货币体系，实行自由浮动。欧共体各国财政首脑召开了长达 6 个多小时的紧急会议，最后宣布同意英国和意大利暂时退出欧洲货币体系。直到 9 月 20 日法国公民投票同意留在欧盟内，新形成的汇率格局才逐渐稳定下来。

欧洲 1992 年的货币危机仅仅是自 90 年代以来较严重的一次国际性的货币危机之一。它进一步表明，由于国际经济联系日益密切，各国的开放程度越来越大，传统上一个国家只根据自己的情况和利益来制定政策的观念已经行不通了。开放性越大的国家，其国内政策对外产生的影响也就越大，其受到外界冲击和影响的程度往往也越深。表面上看，欧洲货币危机的直接原因是德国国内货币政策的调整，而且这个调整仅仅是德国中央银行贴现率的正常调高。显然，仅此一举不足以解释欧洲的货币危机。再深一层的原因可以归纳如下：首先，人们可以看到欧洲货币体系内对欧洲货币单位（ECU）的定价原则及其调整办法，与变化的各国经济实力的对比关系往往不一致。要保持相对浮动较小的欧盟内部的汇率体系，就要使欧洲货币单位中各国货币的份额与其实际经济实力相一致，德国进入 90 年代以后经济实力大大加强，其货币在 ECU 中的份额已经与此不相吻合，在欧共体内重新调整货币的汇率关系已经是再所难免。其次，欧共体内各成员国的货币使用范围早已超出了欧洲，对于这些世界货币的投机行为往

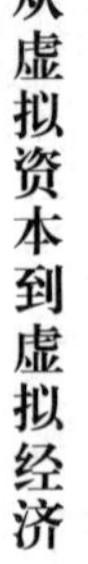

往是世界性的。当不受本国控制的巨额投机资本在外汇市场上冲击本国货币的时候，这些国家单靠自己的力量往往无法控制住本国货币的汇率。在本国货币最需要国际支持和协调的时候，结果往往是只能靠自己。其他国家是靠不住的。因为一个国家不可能既根据国内需要，又兼顾与其他国家的汇率关系以及其他国家的经济利益来调整利息率和制定国内政策。在这种情况下，国际有关国内政策的协调就十分重要。在国际利益冲突较小的时候，这种协调还可能实现，当国际利益冲突尖锐的时候，这种协调就不可能实现。所以在90年代初。当欧共体内部经济实力差距拉大，各国国内面临的主要经济问题有差距的时候，协调欧共体各成员国的国内政策就不可能了。当时，英国和意大利经济非常不景气，希望通过低利息率来刺激经济的增长，而德国经济增长率却不是非常低，他们面临的主要问题是通货膨胀的潜在威胁，其国内政策选择就必然是提高利息率。国内情况不同，采取的国内政策不同，而这些政策的差异会在外汇市场上表现为汇率的变动，引起人们对汇率的重新估价。而庞大的国际投机资金立即会抓住这种机会来牟利，结果国际的大规模货币投机对汇率的波动起着推波助澜的作用，形成国际金融风暴。

从根本上说，所有的金融危机其根源在于对虚拟货币和虚拟资本的控制。在国际化尚不发达的时候，如布雷顿森林体系崩溃以前，各国对国内的货币量控制是相当有效的，来自外部的货币冲击相对要小，在制定国内政策时主要根据国内状况。持续的经济差距拉大也不会造成国际投机资金的瞬间大规模冲击，因为国际投机资本尚无培育它的土壤——浮动汇率体制。在货币彻底虚拟化以后，由于浮动汇率造成了投机的土壤，很快就滋生出庞大的国际投机资本，而且，一些国际性的大银行也禁不住诱惑经常参与国际货币投机。这样，就造成了对虚拟货币和虚拟资本的失控。在国际上，由于没有像国内政府和中央银行那样的货币管理的权威机构，就不可能对国际货币进行有效的控制。而国际货币协调效率又很低，因此在国际上，货币和虚拟资本实际上是失控的。又由于各国的开放程度越来越大，外部的冲击往往使其不能再像以前那样，只从国内情况出发来制定国内政策。而外部货币冲击存在着相当大的不确定性，任何人都不可能事先预期可能发生的外部冲击。这样，各国货币当局也就失去了对国内虚拟货币和虚拟资本的完全的控制能力。各国中央银行对本国货币和虚拟资本的控制能力实际上已经大大减弱了。虚拟资本的过度膨胀使得货币当局对其的控制能力已经大大削弱，再加上虚拟资本的国际化，就进一步削弱了各国中央银行对货币的控制能力。

7.2.3 墨西哥的金融危机与墨西哥经济的虚拟化

墨西哥是一个新兴市场国家，是美国近年来的第三大贸易伙伴，受美国的影响较大。20 世纪 70 年代末和 80 年代初，美国的里根政府放弃了传统的凯恩斯主义经济政策。转而采取供给学派和货币学派的政策，将通货膨胀作为主要的治理对象实行紧缩。美国大幅度提高利息率导致墨西哥资本流向美国，墨西哥的外汇储备顷刻间几乎流失殆尽，迫使政府宣布墨西哥比索贬值。墨西哥比索的贬值使得墨西哥的外债负担骤然加重，因此在政府宣布比索贬值的同时也宣告停止偿还外债。这就是 1982 年震惊世界的墨西哥债务危机。危机之后，墨西哥通货膨胀持续居高不下，使得通货膨胀的幅度超过了墨西哥比索在外汇市场上贬值的幅度。加上墨西哥经常项目逆差不断扩大，使得墨西哥比索的汇价过高。为了摆脱困境，墨西哥政府在 1986—1987 年间不得不一再将比索汇率下调，并采取了私有化和金融自由化的政策。其目的是提高本国在国际上的竞争力，刺激本国经济增长。金融自由化的政策导致了外国资金的大量流入，加速了国内的通货膨胀。这样，一方面，墨西哥的通货膨胀率大大高于美国的通货膨胀率，导致墨西哥比索的再次高估。比索的汇价高估对出口十分不利，本来就处于逆差的经常项目收支因此而雪上加霜。墨西哥的经常项目赤字 1992 年达到 248 亿美元，1993 年达 234 亿美元，到 1994 年增加到 294 亿美元。经常项目的逆差产生了下调汇率的要求。另一方面，由于墨西哥自 1987 年以后一直采取稳定外汇的政策和金融自由化的政策，使得外资感到汇率风险大大减小，于是外资大量流入，使得墨西哥的国际收支在资本项目上大量顺差，这就在一定程度上缓和了墨西哥比索汇率下调的压力。但是，流入的外国资本并没有对墨西哥的出口商品的生产起多大作用。这就使墨西哥的繁荣过分地依赖于外资。当外资发现这一点的时候，就丧失了对墨西哥经济的信心，于是将投资于墨西哥股票和债券的资本撤出。在大量外资撤出的压力下墨西哥政府于 1994 年 12 月 20 日宣布墨西哥比索贬值 15.3%。这一措施实际上起到了相反的作用，外国投资者对墨西哥比索的信心进一步动摇，资本外逃更加汹涌。墨西哥在两天之内就损失了将近 50 亿美元的外汇储备，到 12 月 22 日，墨西哥外汇储备下降到只够墨西哥一个月进口额的水平，几近于枯竭。最后，墨西哥政府不得不宣布让墨西哥新比索自由浮动，政府不再干预外汇市场。此后的短短几天时间，墨西哥新比索下跌了 40%。这就是墨西哥 1994 年发生的金融危机，它使墨西哥经济受到沉重打击。由于墨西哥是北美贸易圈内的重要成员，美国对墨西哥的贸易一直是顺差，这对美国不断扩大的经常项目逆差是一个不小的弥补。墨西哥的金融动荡造成其外汇储备的急剧减少，迫使墨西哥减少从美国的进口。这会使美国已经存在的贸易收支逆差扩大。出于对自身利益的考虑，美国政府决定帮助墨西哥渡过这次金融危机。于是克林顿政府从美国外汇稳定基金中拿出 200 亿美元贷款给墨西哥，帮助墨西哥渡过了这个难关。

从 20 世纪 70 年代后，墨西哥已经经历了三次较大的金融危机。多数分析家认为，墨西哥金融危机的根源，第一，在于其对外资的过分依赖。第二，墨西哥在对外资的使用上也存在严重问题。投入墨西哥的外资多数不是用于出口产品的生产，而是用于替代进口产品的生产。这样使用外资无助于本国产品在国际上竞争力的提高，其结果必然是扩大贸易逆差。第三，投入墨西哥的外资中多数是短期资金，而且由于墨西哥鼓励其本国证券业开放，外国大量资本是以购买墨西哥各种证券的方式投入墨西哥的。这种投资的稳定性很差，一旦出现金融动荡，这些资金不是与墨西哥共渡难关，而是迅速出逃，这必然会加重已经出现的金融动荡。第四，墨西哥的金融自由化在开放金融市场的同时，没有严格的监控和有效的管理，以致在金融危机爆发时，货币当局无法采取有效措施控制外资抽逃。在新兴市场国家中，墨西哥国内金融资产的膨胀相对来说是相当严重的，其金融外债的比例也是相当高的。表 7–6 列出了 1985—1996 年间墨西哥国内主要金融资产（只包括国内贷款总额、货币加准货币、货币市场融资工具）和金融机构（银行和非银行金融机构）的外债总额的变化情况。第七列 $\frac{(1)+(2)+(3)}{(6)}$ 列出了墨西哥国内金融资产占其实际 GDP 的比例（以 1990 年价格计算）。我们可以看到，墨西哥金融资产膨胀的幅度确实惊人。仅在 1985 年其国内金融资产总值就超过实际 GDP 大约 60 倍，到 1996 年墨西哥金融资产总额已经是实际 GDP 的 2030 倍以上了。金融资产膨胀的速度也可以从股票价格指数的迅速增长看出来，以 1990 年底股票价格综合指数为 100，1985 年仅为 1.1，股票价格在 5 年中膨胀了近 100 倍。随后，股票价格膨胀速度大幅度下降，但仍然远远高于实际经济增长，到 1996 年，股票价格指数为 554.8，六年中膨胀了 5.5 倍以上，墨西哥外债的增长也是十分惊人的，1996 年到 1997 年间外债的增长幅度分别达到了 157.2% 和 144.5%。金融资产的膨胀和外债的膨胀导致了 1987 年墨西哥比索的第二次大幅度贬值。从 1988 年开始，外债的膨胀速度有所减缓，但金融资产的膨胀速度仍然没有降下来，加上 1991 年以后，外债继续增长，到 1994 年终于酿成金融危机，迫使墨西哥比索第三次大幅度贬值。

表 7–6　1985—1996 年墨西哥国内金融资产、外债及其占 GDP 的比例

年份	国内贷款总额（1）（百万新比索）	货币加准货币（2）（百万新比索）	货币市场工具（3）（百万新比索）	总计（4）（百万新比索）	金融机构外债总额（5）（百万新比索）	实际 GDP（6）（百万新比索）	$\frac{(1)+(2)+(3)}{(6)}$ 倍数	股票价格指数
1985	25580	11936	937	38456	12595	636	60.5	1.1
1986	55974	21299	4922	82195	32404	616	133.4	4.1
1987	125318	52656	9637	187611	79230	627	299.2	28.4
1988	174663	43448	71201	289312	79919	635	455.6	33.1
1989	236282	93818	49835	379935	92653	661	574.8	57.7
1990	305330	164952	15651	485933	91152	695	699.2	*100
1991	394778	246335	14059	665172	103879	724	904.9	190.1
1992	479561	302593	20823	802977	11125	750	1070.6	291.3
1993	537580	346468	30472	914520	134624	765	1195.5	325.6
1994	732826	421749	39132	1193707	271844	799	1494.0	442.1
1995	852110	562121	59238	1473469	732336	750	1964.6	389.3
1996	753776	790439	55725	1599.940	337504	788	2030.3	554.8

资料来源：IMF："International Financial Stantistics Yearbook 1997".

显然，金融资产和外债的过度膨胀是墨西哥金融危机的最直接原因。从金融资产占实际 GDP 的比例来看，墨西哥经济由于金融资产的过度膨胀使得其金融活动几乎脱离了实际经济活动，虚拟经济不是附着于实际经济而是脱离实际经济自行膨胀，其结果必然是引起墨西哥经济的衰退和长期的不景气。1994 年金融危机以后，墨西哥实际 GDP 连续两年低于 1994 年的水平。

7.2.4 泰国与东南亚金融危机

从 1997 年 2 月起，到 1997 年 11 月的一段时期，首先由泰国引发的金融危机迅速蔓延到整个亚洲，并波及整个世界，引起了许多经济界人士的关注。与墨西哥类似，泰国从 20 世纪 80 年代以来金融资产迅速膨胀，在东南亚国家中是最高的。与此同时，泰国的外债也迅速增加，1992 年为 200 亿美元，到 1995 年增加到 659.1 亿美元，截止到 1997 年 9 月，泰国的外债已近 900 亿美元。这些外资的使用效率虽然比墨西哥要好，但对其出口产品的推动作用却不大。在这种情况下，泰国的房地产业一度十分火爆，大量资金投向房地产业和金融资产。从 1996 年下半年开始由于房地产业的不景气以及企业收益率锐减，银行和其他金融机构开始出现大量的呆账和坏账，到 1997 年 2 月，呆账已达 400 亿美元以上。一些业内人士认为泰铢已经被严重高估，泰铢贬值在即。在外汇市场上，泰铢贬值的谣言四起，人们对泰铢的信心动摇，泰国中央银行一方面在新加坡外汇市场上干预泰铢汇价，另一方面否认有关泰铢即将贬值的传闻。但是泰国国内金融坏账已经相当严重，政府不得不采取措施处理金融机构的坏账，这使得外汇市场上对泰铢的信心进一步降低。到 3 月 5 日泰铢降到 1992 年 6 月以来的最低点。到 3 月 10 日，泰国政府宣布，将发行 1000 亿泰铢（约合 38.7 亿美元）的 7 年期债券用以支持自 1993 年以来不景气的房地产业。但是这并没有阻止泰铢的进一步下跌，到 5 月份，泰铢又创下新低点，达到 1 美元兑换 26.21

泰铢。同泰国中央银行在过去十年里一直设法保持的官方汇价1美元兑换25泰铢相比，已经跌去了4.63%。面对日益严重的局势，泰国中央银行与新加坡金融当局共同干预泰铢汇价，但收效甚微。经过一个小幅度的短暂回升，泰铢重又下跌，并且波及其他邻国的货币汇价。东南亚各国货币汇价的普遍下跌导致这些国家的投资者（包括大量的外国投资者）对这一地区的市场失去信心，股市也接连下跌。国际投机资本也借此机会进行大规模的投机活动，造成这一地区外汇市场的剧烈动荡。为了挽救不断贬值的货币，泰国在5月份投入了40亿美元的外汇储备干预泰铢汇价，其他国家也联合行动干预泰铢汇价和本币的汇价。这些努力都付诸东流了。到7月2日，泰国中央银行宣布泰铢与美元脱钩，实行自由浮动，放弃以盯住美元为主的对一揽子货币的固定汇率制度。这种制度被东南亚各国看作是曾经给这些国家带来经济繁荣的汇率制度。泰铢自由浮动以后，其汇价进一步下跌，到7月16日泰铢已经跌到1美元兑换29.85泰铢的水平。

泰国的金融危机迅速波及东南亚其他国家，波及南美和世界其他地区。首先是菲律宾。菲律宾比索在泰国宣布泰铢自由浮动后不久就一路下跌，到7月11日不得不宣布菲律宾比索扩大其浮动的范围，实际上也实行了自由浮动的汇率制度。在这一决定宣布的当天，菲律宾比索就下跌了11.5%，此后一星期内又下降了11%。同一天，缅甸元也从1美元兑换160缅甸元暴跌到1美元兑换240缅甸元，马来西亚中央银行从3月开始就不断干预外汇市场，捍卫林吉特的汇价。在11日这一天也没能逃脱汇率下跌的厄运，作为紧急措施，马来西亚中央银行当天就宣布将利息率大幅度上调。到7月14日，印度尼西亚在损失了大量外汇储备干预印尼盾汇价下跌未果之后，宣布放弃维持与美元挂钩的汇率制度。从7月2日泰铢贬值后，印尼盾贬值了大约14%，在7月21日到25日，金融危机全面爆发，各国中央银行的干预不再起任何作用。泰铢跌到1美元兑换32.7泰铢的新低点，跌幅达

21.5%。马来西亚的林吉特、菲律宾比索、新加坡元等都大幅度下跌。截止到 9 月底，泰铢下跌了大约 46%，印尼盾下跌了大约 25%，林吉特和比索大约下跌了 20%，新加坡元大约下跌了 6.7%。东南亚各国曾经坚持数十年，并从中获得了经济繁荣的可调节的固定汇率制度，在这次金融危机中被彻底摧毁了。随后，东南亚各国股市狂泻，并波及全世界。巴西的证券市场受到冲击，股票价格大幅度下跌，仅 10 月 28 日一天就下跌了 14.9%，香港股市在此之前，于 23 日下跌了 10.4%，到 10 月 28 日这一天又下跌了 13.7%。欧洲各股市在 10 月 28 日也都大幅度下跌，我国台湾及美国的股市也大幅度下跌。到 10 月末，几乎全球的金融市场（除中国等少数国家外）都受到了冲击。进入 11 月份以后，危机进一步发展，有关韩国国内企业倒闭和银行因不良资产陷入困境的报道不断，韩国财政院在 1997 年 11 月 13 日的一份声明中说："韩国不会成为另一个泰国或墨西哥"，"虽然韩国 305 亿美元的外汇储备略少于国际货币基金组织建议的数额"，但足以避免发生货币危机[1]。但是韩元的汇价不断下跌，从 2 月份危机开始到 11 月 12 日，韩元对美元的汇率已经下跌了 17%。到 12 月 2 日，韩国决定接受国际货币基金组织的紧急援助，成为东南亚金融危机中第四个接受国际货币基金组织金融援助的国家。这意味着韩国将接受国际货币基金组织的严格金融监控，失去部分金融方面的主权。一些经济学家认为，现在说这次危机已经过去为时尚早，它是否会继续下去仍然很难说。

对于这次东南亚金融危机的原因，归纳起来有以下几点：第一，东南亚国家实行盯住美元的固定汇率制度的时间过长，汇率过于僵死，拒绝小幅度的逐渐调整就会将问题积累起来酿成大祸；第二，外资增长过快，出口相对增长不利，外资利用的效率不高，本国产品的国际竞争力小，导致经常项目逆差不断增大；

[1] 香港：《亚洲华尔街日报》1997年11月13日。

第三，国内金融市场对外开放的同时，没有有效的监管和必要的控制，在危机爆发时就缺乏有效的措施和手段；第四，本国房地产和金融资产增长过快，导致呆账和坏账过于庞大，引发了国内金融危机；第五，外汇储备过少，不能有效地反击国际投机资本对本国货币的大规模投机；第六，政策失误，没有将资金投向教育和基础设施建设，使国民经济没有能够长期作支柱的后盾。

同墨西哥金融危机相比，这次危机中十分引人瞩目的是国际投机资本的兴风作浪。墨西哥危机中国际投机资本虽然也起着重要的作用，但却不像这次东南亚金融危机这样，由政府首脑直截了当地指责国际货币投机者。马来西亚首相马哈蒂尔数次大骂“国际大炒家”索罗斯，指责以索罗斯为代表的国际投机资本是这次金融危机的罪魁祸首。马哈蒂尔对索罗斯的指责立即引起了东南亚各国的赞同，一些分析家虽然不同意将国际投机资本的兴风作浪看成是最主要的原因，但也不否认国际投机资本应对这次金融危机承担重要责任。有报道说，索罗斯从 1997 年 2 月就开始插手泰铢投机，到 7 月份他否认一手造成了这次金融危机时，他已经获得了丰厚的利润。索罗斯是否应对这次金融危机负责并不重要，重要的是我们应该看到在国际存在着许多像索罗斯这样的国际投机资本家，他们的资金实力雄厚，动辄几十亿上百亿美元。他们与国际大银行有着广泛而密切的关系，转瞬间可以调集比自有资本大数倍、数十倍的资金，从一个国家到另一个国家进行货币投机。在这次金融危机中更多的人认识到，国际投机资本的实力已经不是一个小国，甚至一个中等国家所能抗衡的了。它们信息灵通，行动诡秘，动作果断，反应灵敏且实力强大。国际投机资本活动的国际空间，有如一片无人控制的广大的荒野，而投机资本就是游荡在这片荒野上的狼群，他们终日 24 小时寻找猎物，一旦发现，就会蜂拥而上，弱者是没有办法抵抗的。在浮动汇率下，他们有足够的机会赚钱，不是创造，而是巧取，也是豪夺。正是这些巧取豪夺的机会使国际投机资本不断“繁殖”，

进入90年代它们已经泛滥成灾。多数国家的政府对这些国际投机者并无好感，许多学者和政府官员都主张通过官方的国际协调共同抑制国际金融投机。

7.2.5 世界金融动荡频繁的根源及其控制

自20世纪80年代以来，世界性的金融危机频繁出现。每次金融危机的直接原因都有所差别，危机的爆发也因国家不同，环境不同，经济基础和政治制度不同而表现出不同的特点。但是，这些危机的爆发却有着共同的经济运行基础。在当代，几乎所有发达市场经济和新兴市场经济都是在如下三大基础上建立的：（1）货币已经彻底虚拟化了；（2）金融资产迅速膨胀，并超过实际GDP一倍以上，它们与房地产业一起形成虚拟经济；（3）国际联系日益紧密，经常项目收支和资本项目收支已经占其国内生产总值的很大比例，至少超过15%。可以说当代发达和较发达的市场经济同70年代初相比，其运行基础已经发生了重大的转变。现代市场经济运行的上述三大基础之间又是相互影响的。而一个国家能否持续稳定地发展经济，再不可能依赖于市场经济自发的力量就可以做好。在相当大的程度上，任何发达和较发达的市场经济是否能够保持稳定的经济增长，一方面依赖于政府和货币当局对当代市场经济运行规律的认识程度和把握的程度；另一方面也依赖于本国政府与国际上其他经济伙伴的政策协调上的效率。至少在没有发生进一步重大变化的时期是如此。

虚拟货币同黄金作货币的时候不同，虚拟货币的三个基本变量的确定都与金本位和金汇兑本位时不同。虚拟货币的第一个需要确定的变量是货币的国内价值或称货币的币值，第二个变量是货币的内部价格——名义利息率（西方经济学家用语），第三个变量是货币的外部价格——汇率。第一个变量是基础，决定着后两个变量，但又受到后两个变量的影响。货币的虚拟化使得货币币值的决定不再是以某种特定物品（如黄金）的价值为基础，货币币值的决定是由货币当局对货币量的控制来确定的。在货币虚拟化以后，货币币值的确定主要依赖于本国的货币当局根据国民经济需要的状况所决定的货币供给量。但是，上述的后两个因素，又使得货币当局对货币币值的控制力大大削弱。因为，货币币值决定的最基本因素是货币总量与商品和劳务总量的关系，当代货币币值的衡量标准不再是它能兑换多少黄金，而是单位货币能购买多少商品和服务，即货币在国内的购买力。由于其他金融资产的膨胀，媒介商品和服务交换的货币 M1 可以经常在实际商品和金融资产之间迅速转换。而其他金融资产的数量又远远超过本国商品和服务的总和，这样滞留在金融市场上的 M1 将很容易在大规模金融动荡时大量从金融市场涌入商品和服务市场或相反。这就必然使得用商品和服务衡量的货币币值经常因此而发生变动，即货币的国内购买力经常变动。多数国家的货币当局的办法是不再控制 M1，而是控制广义货币 M2 或 M3。这在虚拟经济非常大的经济中等于让货币币值经常处于变动之中。利息率是货币借贷（短期借贷）和资本借贷（长期借贷）的价格，如果货币供给量稳定，M1 和其他金融资产的界限清楚，在实际利息率保持不变的情况下，M1 的变动就会全部转化为名义利息率的变动。这就是实际利息率等于名义利息率减去通货膨胀率的简单关系式。但是，由于“货币创造能力”扩大到许多非银行金融机构，金融创新又不断创造出储蓄的新方式、借贷的新方式，使得 M1 的变化比过去经常和频繁。这样，中央银行就很难控制住可以媒介商品和服务交换的货币数量。当多数国家不再直接控制利息率的时候，利息率就会根据短期借贷关系的变化经常波动，而在金融资产过度膨胀的国家，短期投机资本非常发达。这些资金在各种金融资产和其他产业之间流动，一旦出现较高收益的机会，就会集中流向某种资产或行业造成该产业产出价格的高估。在众多行业的产品中，金融资产和房地产由于没有生产周期（前者）和具有较高的稀缺性（后者），最适合短期投机资本的口味，一旦

这些属于虚拟经济范畴的资产价格被炒起来，就会吸引其他资金大量进入，产生经济泡沫。经济泡沫越大，滞留在金融市场和房地产市场的货币量就越多。媒介商品和服务的货币量就越少，货币购买力就越高，货币币值也越高。但这时金融资产的价格猛涨，名义利息率相对较低。一旦投机资本率先发现泡沫过大，迅速撤出资金，不久就会引发经济泡沫破灭，导致那些来不及撤出的资金被套和因其持有的金融资产或房地产价格大跌而遭受损失和亏损，形成大量坏账和呆账。这时金融资产的虚拟性暴露无疑，如果中央银行只控制广义货币，就不可能避免 M1 与其他金融资产之间的互换，从而不能大致准确地控制货币币值。货币币值是货币外部价格——汇率的基础，一旦货币币值变化，其汇率将受到影响。通过控制利息率来调节货币的数量将有两方面的影响，一方面，利息率的高低对金融资产的价格有重大作用，另一方面，对本币的汇价有主要调节作用。因此利息率实际是同时作用于三个变量，即货币供给量（从而货币币值或国内购买力）、金融资产价格（从而流入和滞留在金融市场上的货币量）和资本项目的国际收支（从而汇率）。一个政策工具同时针对三个目标显然是调节不好的，顾此失彼肯定会经常发生。如果货币当局不对利息率进行直接和间接的控制，任其自由浮动，而将注意力集中在 M1 的供给量上，一方面，这种控制本身在当代发达市场经济中能否有效地实现就值得怀疑；另一方面，利息率的经常变动也将给开放国内金融市场的国家引来短期国际投机资本，这将引入汇率大幅度波动的潜在威胁。当本币汇率大幅度波动时，外汇储备就要变化，储备的变化会引起银行货币创造能力的变化，引起货币供给的变化。除非控制金融资产价格的工具与控制 M1 的工具以及控制汇率的工具能够区别开，或分别对这三个变量起主要调节作用的政策工具之间的相互影响较小，否则肯定会出现顾此失彼的状况。

对于狭义货币对外的金融资产的数量控制，在金融资产大大

高于 GDP 的发达市场经济和较发达市场经济中具有特殊的重要意义。在前述金融危机的实例中，我们已经看到虚拟资本膨胀对金融危机的重要作用，因此对金融资产的总量和膨胀速度应有所控制，这里讲的控制不是指对金融资产和房地产价格的控制，而是对其总量和膨胀速度的控制。在西方发达国家，对此没有总量的控制，而是由金融管理机构建立起一套法律和规章制度，在这些法律和规章制度下实行自我控制。如果规章制度严格有效，金融资产的扩张就不会超出实际经济太远。但是，尽管信用评级制度和必要的证券发行审批制度在一定程度上可以起到控制证券和信贷过度膨胀的作用，但是，当银行和非银行金融机构为房地产业和证券业直接或间接融资的时候，虚拟经济（包括房地产业和证券业）就会迅速膨胀，而且当前的金融衍生物的交易规模与其保证金相差悬殊，虚拟交易（即不等到最后交割的交易）的量占总交易量的 88%，实际交易额仅有 2%，这意味着在期货交易中，虚拟交易是实际交割的 44 倍。参与期货交易的产品越多，虚拟交易的膨胀速度越快。对于金融期货和外汇期货交易问题就更严重，因为货币本身就是虚拟的。在发达国家和新兴市场国家对于包括房地产业和证券业在内的虚拟经济，目前尚无有效控制。传统的控制工具利息率主要是对其价格有调节作用，对金融资产膨胀的幅度和速度只有间接的调节能力。金融资产如果失控，虚拟经济就会迅速膨胀，形成经济的虚拟化。因此对金融资产膨胀的控制将是各发达国家和较发达国家面临的又一个重要课题。

货币的外部价格——汇率在当代的金融危机中总是各方面问题的汇集点，它综合了各方面的因素，当它大幅度波动的时候，一方面表明国内经济出了问题，特别是国内金融领域出了问题，同时也表明国际经济关系发生了变化；另一方面，汇率的大幅度波动也会影响国内金融体系的正常运转和既定的国际经济关系。汇率的决定在前一章中已经做了研究，这里需要强调的是，决定汇率的首要因素是货币的国内价值，即由国内货币数量与实际

GDP 的关系所决定的货币在国内的购买力。在上一章的分析中已经看到，国内的货币供给量和国内生产总值（GDP）与汇率的相关系数最大。这就是说，汇率大幅度变动的根源首先在国内。其次，国际资本的流动也对货币的汇率起着重要作用。在当代各国金融市场开放度日益增大的时候，特别是对外资实行国民待遇的国家，进入本国的资金往往与国内资金混在一起，一方面对货币币值起作用，另一方面也通过影响国际收支直接影响汇率。反过来，当汇率变动时，也会通过影响国内货币数量和金融资产的数量与实际 GDP 的关系影响货币在国内的购买力，也就是影响货币币值。在国内货币变量中，利息率起着多方面的作用。它对实际变量的作用通常要有一个时滞，而对货币变量的作用则是在很短的时间内就生效的。当利息率调高时，国内股票市场会立即做出价格下跌的反应，随后国际资本流动开始因此而发生变化。控制汇率通常使用的政策工具主要是利息率，但是利息率在短期虽然可以对调节汇率起重大作用，但在长期利息率的调高或调低会对国内的实际经济产生持续时间较长的影响。因此为了兼顾国内和国际经济关系，发达国家的政府通常需要协调其内部的经济政策。七国集团首脑会议就是这样一个组织。但是，自“广场会议”以来，这种国际政策协调的作用是不稳定的。在形势较严重地影响到其共同利益时，协调容易达成一致，在七国之间的利益冲突较大时，七国首脑会议就没有什么实质性的作用。在最近的丹佛会议上就没有什么实质性的决议，因此，指望国际政策协调也是靠不住的。在一些区域性经济组织中，这种国际上的国内政策协调就相对有效一些。例如，欧洲联盟在马约中就规定了各国在国内政策上要达到的目标。虽然这些目标的实现存在着重重困难，却向世界表明了一种进步。在国与国之间联系日益紧密的情况下，共同解决面临问题的唯一途径是加强合作和政策协调。东盟在经历了 1997 年 7 月的金融风暴以后，深深感到东盟在协调一致共同干预外汇市场的重要性，为了加强干预的力量，东盟国

家在原则上一致同意建立共同基金，以备不时之需。

总之，在当代市场经济运行基础发生了重大变化的情况下，要保持稳定的经济增长，控制好货币数量的同时必须控制好虚拟经济的膨胀规模和膨胀速度。在国际上，经济合作和国内政策的国际协调会日益加强，区域性的一体化会进一步发展；重建以黄金为基础的固定汇率制度已不可能，加强各国间的货币政策合作虽不会带来固定汇率制度那样稳定的货币环境，也会改善汇率波动的幅度和频率。区域性的单一货币在21世纪会在欧盟实现，这将成为一体化经济的典范。只要欧洲单一货币与欧洲联邦能够实现，其他一体化经济的进程将会加快。只有当世界各民族所使用的货币减少到几种，同时货币的发行又不是控制在某一个国家的时候，新的稳定的世界货币体系才可能建立起来。这将是一个漫长的过程。

7.3 结 论

虚拟经济是市场经济高度发达的产物，经济的虚拟化是经济社会化高度发展的必然结果。回顾当代资本主义市场经济的发展历程，我们看到，首先是商品的内在矛盾——使用价值和价值的矛盾——随着商品经济的发展演化为商品和货币的外在对立。这就是说，在商品的社会属性（价值）与商品物质属性（使用价值）的矛盾中，商品的社会属性取得了独立的表现形式，即货币只有价值的意义。其次，当资本主义市场经济出现的时候，资本主义生产过程是价值增值过程和物质生产过程的统一，物质生产过程是生产过程的物质属性，价值增值过程是生产过程的社会属性。随着市场经济的进一步发展，资本主义生产过程的内在矛盾外化为实际生产过程和虚拟价值增值过程的对立，资本主义生产过程的社会属性也取得了独立化的表现形式——虚拟经济。同虚拟货币一样，虚拟经济作为生产社会化高度发展的产物，也要求

高度有效的社会化管理。当人们认识不到这一点的时候，虚拟经济就要兴风作浪，迫使政府和货币当局认识到对虚拟经济管理的重要性。哪一个政府轻视这个管理责任，哪个政府就要受到惩罚，谁放弃这个责任谁就要倒台。

在国际化、全球化不断发展的今天，虚拟化的国际货币要求国际化的统一管理和控制。这是经济规律的客观要求。我们虽然现在还看不到实现这种世界性统一货币的具体途径，却也可以从频繁爆发的世界性金融危机中看到这种要求是迫切的。在区域一体化的典型——欧洲联盟，统一货币已经不是不可能的了。如果21世纪，欧洲统一了货币，随着欧洲经济的迅速发展，将会有越来越多的这种统一货币的一体化区域出现。世界货币的种类越少，重建稳定的世界货币体系的可能性越大。当然，也存在着在扩大世界银行作用的基础上，在强化联合国权威性的基础上重建稳定的世界货币体系的可能性，但是，至少在矛盾和冲突不断的当代国际环境中，这种可能性微乎其微。但是在经济联系日益密切的发展趋势中，共同利益会越来越重要。既然生产的社会化发展已经越过了国界，那么，在世界范围内的生产社会化及其高度统一的社会化控制就是迟早要实现的。

从20世纪90年代开始，人们已经看到世界发展的总基调发生了变化，冷战时期的对立，已经让位于和平、发展和共同繁荣目标下的协商与合作。一些政府，特别是经济实力强大的某些国家的政府也有人依然在谋求霸权，但是，世界由少数人左右的时代即将过去，世界不是在退步，而是在大踏步地前进，没有人能够阻挡世界的进步。现代化的科技不再是首先用于毁灭性的战争目的，它们大多数被用来从事经济建设和提高人们的生活质量。民间的经济往来使各个国家和民族之间越来越相互了解，使得国与国之间，民族与民族之间的经济利益关系日益密切。政治家们更多的是在为尖锐的经济利益冲突寻找解决的途径，或是为日益重要的共同的经济利益寻求合作和联盟。各国为军事需要而进行

的大规模战略性投资已经让位于民用和基础建设投资。当代的新一届政治家大都受过良好的教育，他们对世界各民族的了解比冷战前的一代领导人要更多一些，也更深刻一些。发展中国家的政府正在改革他们不适应当代经济发展的旧体制，发达国家也在寻求长期稳定发展经济的途径和政策。这些都有利于各国集中力量发展本国经济。后起的工业国家正在赶上发达国家，经济实力的对比正在发生着重要的变化。如果说，19 世纪是英国的世纪，20 世纪是美国的世纪，那么 21 世纪则很可能是中国的世纪和亚洲的世纪。古代中国、古印度、古埃及这些为人类发展做出过重大贡献的古老国度，在经历了 200 多年西方文化冲击之后，该是重新对世界做出新贡献的时候了。

后　记

“虚拟资本”是马克思的概念，它在概括当代金融深化和货币化的本质属性上更贴切，也更适合用来研究当代的市场经济。我认为，马克思对商品内在矛盾的分析所体现出的方法的精妙，以及这一理论的深刻程度和由此而蕴涵的预见性，是当代任何有关货币的理论都无法比拟的。因为我们从中可以看到今天货币虚拟化的影子，看到价值增值独立化为虚拟经济的影子。坚持马克思的方法和基本理论对我来说并不存在任何功利主义的因素。在我看来，马克思是一位大学者，一位大经济学家，作为革命家他不如他的后来者列宁和毛泽东，但是作为经济学家他却大大地超过了他的任何追随者。过去，许多马克思主义者将马克思主义的精髓看作是他的“无产阶级专政”学说，我认为马克思主义的精髓是他关于“历史唯物主义”的学说。当马克思创立他的无产阶级专政学说的时候，中国还在清朝的道光年间，既没有无产阶级也没有资产阶级。在20世纪前半叶的中国革命中，只有毛泽东尊重了中国历史延续下来的状况，提出了人民民主专政的建国主张，这符合中国国情的历史性要求，他成功了。现在再谈西方国家无产阶级革命和无产阶级专政，显然不如30年代来得现实。而马克思理论中最有生命力的部分是他的历史唯物主义的方法，是他利用这个方法对资本主义经济体系的分析。他对商品经济内在矛盾的分析和对资本主义生产过程二重性的分析是相当精辟的。在西方，虽然至今没有发生他所预见的无产阶级革命的成功，但他揭示的资本主义内在矛盾却依然存在，并且继续发展。马克思所揭示的矛盾已经蕴涵着当代发达资本主义国家现实的一

切重大变化。本书的一个重要目的就是从虚拟资本的发展这个切入点来再现马克思所揭示的商品内在矛盾和资本主义二重性的继续发展。马克思的理论对经济体制变化的预见性是相当惊人的，本书也许有助于读者理解这一点。

本书是在我 1994 年撰写的博士论文基础上写成的，在成书过程中做了一些修改和补充。在本书主要内容的撰写过程中，我的导师魏埙教授曾给予耐心和细致的指导。在对马克思的有关理论和西方有关理论的研究上，魏埙教授的指教使我受益终身。如果本书能在马克思主义经济学的发展上起一点推动作用的话，将是我所能做到的对我的导师魏埙教授的最有意义的报答。在最初的写作计划中，我曾邀请吴鑫博士合作。她正在研究资本市场的国际化问题，而且对当代资本市场的国际化发展和全球化发展的前景颇有见解。由于她的研究正处于关键阶段，所以合作不得不中断。但是，我还是要感谢她为我提供了非常有益的部分资料和建议。本书的基本观点如有不当，当由作者负全部责任。

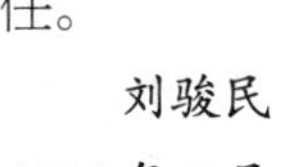

刘骏民

1998 年 4 月

参考文献

[1] 马克思，恩格斯 . 马克思恩格斯全集 . 第 24 卷、25 卷、26 卷[M]. 北京：人民出版社，1975.

[2] 魏埙 .《资本论》的理解与启示 . 第三册[M]. 天津：南开大学出版社，1984.

[3] 钱荣堃，马君璐 . 加拿大金融制度[M]. 北京：中国金融出版社，1990.

[4] 何自力，郑子彬 . 法国市场经济体制[M]. 兰州：兰州大学出版社，1994.

[5] 张志超 . 韩国市场经济体制[M]. 兰州：兰州大学出版社，1994.

[6] 高峰 . 发达资本主义经济中的垄断与竞争[M]. 天津：南开大学出版社，1996.

[7] 胡代光，胡企林 . 现代市场经济的理论与实践[M]. 北京：商务印书馆，1996.

[8] 王继祖 . 金融深化论，廿年来的发展与影响[J]. 南开经济研究，1997（5）.

[9] 李罗力 . 金融风暴——东南亚金融危机透视[M]. 贵阳：贵州人民出版社，1997.

[10] 保罗 · 米克 . 美国货币政策和金融市场[M]. 谭秉文，等译 . 北京：中国金融出版社，1988.

[11] 铃木淑夫 . 日本的金融政策[M]. 张云方，等译 . 北京：中国发展出版社，1995.

[12] 约翰 · G. 格利，爱德华 · S. 肖 . 金融理论中的货币

[M]. 贝多广，译 . 上海：上海三联书店，上海人民出版社，1994.

[13]弗兰克·J. 法博齐，T. 德萨·法博齐 . 债券市场，分析与战略[M]. 郭世贤，等译 . 北京：中国金融出版社，1992.

[14] MICHAEL MELVIN.International Money And Finance [M]. Harper Collins Publishers Inc，1992.

[15] LAWRENCE S. RITTER，WILLIAM L. SIBER. Principles of Money，Banding，and Financial Markets [M] .Basic Books Inc，1974.

[16] ROBERT A. JARROW.Finance Theory [M] .Prentice-Hall Inc，1988.

[17] RUDOLF RICHTER.Money [M] .Translated in English from German by Wolfgang F. Stolper.Springer-Verlag Berlin. Heidelberg，1989.

[18] WILFRIED GUTH.Econornic Policy Coordination [M]. International Monetary Fund，1988.

[19] PETER JONES.Management in Service Industries [M]. Longman Group UK Limited，1989.

[20] ROBERT SOLOMON.The Transformation of the World Economy 1988—1993 [M] .Macmillan Press LTD，1994.

[21] STEPHEN P. JARCHOW.Real Estate Investment Trusts Tax，Securities，and Business Aspects [M] .John Wiley & Sons Inc，1988.

[22] FRANK HOLMES.Economic Adjustment：Policies and Problems [M] .International Monetary Fund，1987.

[23] VEB P. GANDHI.Supply-Side Tax Policcy [M]. International Monetary Fund，1987.

[24] PARL DAVIDSON.Post Keynesian Macroeconomic Theory [M]. Edward Esgar Publishing Limited，1987.

[25] ELIJAH BREWER, WILLIANM E. JACKSON, THOMAS S. Mo NDSCHEAN.Risk, Regulation, and S&L Diversification into Nontraditional Assets [J] .Journal of Banking & Finance, 1996 (20): 723–744.

[26] KRISTIAN RYDQVIST.Takeover Bid and the Relative Prices of Shares that Differ in Their Voting Rights [J] .Journal of Banking & Finance, 1996 (20): 1407–1425.

[27] J. C. BERGHELEMY, A. VAROUDAKIS.Economic Growth, Convergence Clubs, and the Role of Financial Development [J] .Oxford Economic Papers, 1996 (48): 300–328.

[28] WOLFGANG BESSLER, TOM NOHEL.The Stock-market Reaction to Dicidend Cuts and Omission by Commercial Banks [J] .Journal of Banking & Finance, 1996 (20): 1485–1508.

[29] PHILIP E. STRAHAN.Asset Returns and Economic Disasters Evidence from the S&L Crisis [J] .Journal of Monetary Economics, 1995 (36): 189–217.

[30] S. RAO AIYAGARI, NEIL WALLACE , RANDALL WRIGHT.Coexistence of Money and Interest-bearing Securities [J]. Journal of Monetary Economics, 1996 (36): 397–419.

[31] ROBERT HRDSON, MICHADL DEMPSEY, KEVIN KEASEY.A Note on the Weak from Efficiency of Capital Markets: The Application of Simple Technical Trading Rules to U.K. Stock Prices–1935 to 1994 [J] .Journal of Banking & Finance, 1996 (20): 1121–1132.

[32] ARTHUR BENAVIE, EARL GRINOLS, STEPHEN J. TURNOVSKY.Adjustment Costs and Investment in a Stochastic Endogenous Growth Model [J] .Journal of Monetary Economics, 1996 (38): 77–100.

[33] DENNIS GLENNON. JULIA LANE.Financial Innovation, New Assets, and the Behaivor of Money Demand [J] . Journal of Banking & Finance, 1996 (20) : 207–225.

[34] ANJAN V, THAKOR.The Design of Financial Systems: An Overiew [J] .Journal of Banking & Finance, 1996 (20) : 917–948.

[35] MARTIN FELDSTEIN, JAMES H.STOCK.Measuring Money Growth Financial Markets Are Changing [J] .Journal of Monetary Economics, 1996 (37) : 3–27.

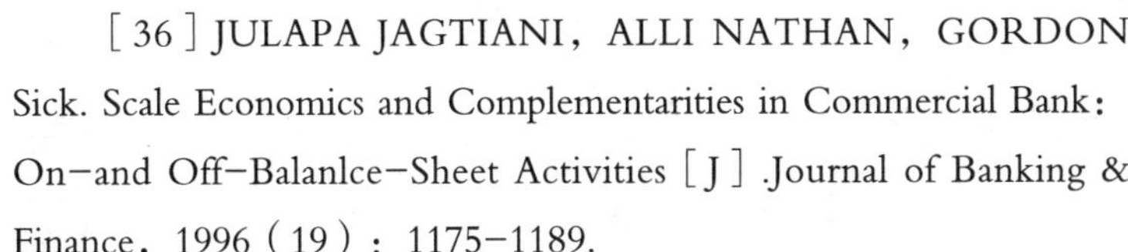

[36] JULAPA JAGTIANI, ALLI NATHAN, GORDON Sick. Scale Economics and Complementarities in Commercial Bank: On–and Off–Balanlce–Sheet Activities [J] .Journal of Banking & Finance, 1996 (19) : 1175–1189.